中宣部2022年主题出版重点出版物

"十四五"国家重点图书出版规划项目

纪录小康工程

全面建成小康社会

湖南奋斗者

HUNAN FENDOUZHE

本书编写组

湖南人民出版社·长沙

总　序
为民族复兴修史　为伟大时代立传

　　小康，是中华民族孜孜以求的梦想和夙愿。千百年来，中国人民一直对小康怀有割舍不断的情愫，祖祖辈辈为过上幸福美好生活劳苦奋斗。"民亦劳止，汔可小康""久困于穷，冀以小康""安得广厦千万间，大庇天下寒士俱欢颜"……都寄托着中国人民对小康社会的恒久期盼。然而，这些朴素而美好的愿望在历史上却从来没有变成现实。中国共产党自成立那天起，就把为中国人民谋幸福、为中华民族谋复兴作为初心使命，团结带领亿万中国人民拼搏奋斗，为过上幸福生活胼手胝足、砥砺前行。夺取新民主主义革命伟大胜利，完成社会主义革命和推进社会主义建设，进行改革开放和社会主义现代化建设，开创中国特色社会主义新时代，经过百年不懈奋斗，无数中国人摆脱贫困，过上衣食无忧的好日子。

　　特别是党的十八大以来，以习近平同志为核心的党中央统揽中华民族伟大复兴战略全局和世界百年未有之大变局，团结带领全党全国各族人民统筹推进"五位一体"总体布局、协调推进"四个全面"战略布局，万众一心战贫困、促改革、抗疫情、谋发展，党和国家事业取得历史性成就、发生历史性变革。在庆祝中国共产党成立100周年大会上，习近平总书记庄严宣告："经过全党全国各族人民持续奋斗，我们实现了第一个百年奋斗目标，在中华大地上全面建成了小康社会，历史性地解决了绝对贫困问题，正在意气风发向着全面建成社会主义现代化强国的第二个百年奋斗目标迈进。"

这是中华民族、中国人民、中国共产党的伟大光荣！这是百姓的福祉、国家的进步、民族的骄傲！

全面小康，让梦想的阳光照进现实、照亮生活。从推翻"三座大山"到"人民当家作主"，从"小康之家"到"小康社会"，从"总体小康"到"全面小康"，从"全面建设"到"全面建成"，中国人民牢牢把命运掌握在自己手上，人民群众的生活越来越红火。"人民对美好生活的向往，就是我们的奋斗目标。"在习近平总书记坚强领导、亲自指挥下，我国脱贫攻坚取得重大历史性成就，现行标准下9899万农村贫困人口全部脱贫，建成世界上规模最大的社会保障体系，居民人均预期寿命提高到78.2岁，人民精神文化生活极大丰富，生态环境得到明显改善，公平正义的阳光普照大地。今天的中国人民，生活殷实、安居乐业，获得感、幸福感、安全感显著增强，道路自信、理论自信、制度自信、文化自信更加坚定，对创造更加美好的生活充满信心。

全面小康，让社会主义中国焕发出蓬勃生机活力。经过长期努力特别是党的十八大以来伟大实践，我国经济实力、科技实力、国防实力、综合国力跃上新的大台阶，成为世界第二大经济体、第一大工业国、第一大货物贸易国、第一大外汇储备国，国内生产总值从 1952 年的 679 亿元跃升至 2021 年的 114 万亿元，人均国内生产总值从 1952 年的几十美元跃升至 2021 年的超过 1.2 万美元。把握新发展阶段、贯彻新发展理念、构建新发展格局、推动高质量发展，全面建设社会主义现代化国家，我们的物质基础、制度基础更加坚实、更加牢靠。全面建成小康社会的伟大成就充分说明，在中华大地上生气勃勃的创造性的社会主义实践造福了人民、改变了中国、影响了时代，世界范围内社会主义和资本主义两种社会制度的历史演进及其较量发生了有利于社会主义的重大转变，社会主义制度优势得到极大彰显，中国特色社会主义道路越走越宽广。

全面小康，让中华民族自信自强屹立于世界民族之林。中华民族有五千多年的文明历史，创造了灿烂的中华文明，为人类文明进步作出了卓越贡献。近代以来，中华民族遭受的苦难之重、付出的牺牲之大，世所罕见。中国共产党带领中国人民从沉沦中觉醒、从灾难中奋起，前赴后继、百折不挠，战胜各种艰难险阻，取得一个个伟大胜利，创造一个个发展奇迹，用鲜血和汗水书写了中华民族几千年历史上最恢宏的史诗。全面建成小康社会，见证了中华民族强大的创造力、坚韧力、爆发力，见证了中华民族自信自强、守正创新精神气质的锻造与激扬，实现中华民族伟大复兴有了更为主动的精神力量，进入不可逆转的历史进程。今天，我们比历史上任何时期都更接近、更有信心和能力实现中华民族伟大复兴的目标，中国人民的志气、骨气、底气极大增强，奋进新征程、建功新时代有着前所未有的历史主动精神、历史创造精神。

全面小康，在人类社会发展史上写就了不可磨灭的光辉篇章。中华民族素有和合共生、兼济天下的价值追求，中国共产党立志于为人类谋进步、为世界谋大同。中国的发展，使世界五分之一的人口整体摆脱贫困，提前十年实现联合国 2030 年可持续发展议程确定的目标，谱写了彪炳世界发展史的减贫奇迹，创造了中国式现代化道路与人类文明新形态。这份光荣的胜利，属于中国，也属于世界。事实雄辩地证明，人类通往美好生活的道路不止一条，各国实现现代化的道路不止一条。全面建成小康社会的中国，始终站在历史正确的一边，站在人类进步的一边，国际影响力、感召力、塑造力显著提升，负责任大国形象充分彰显，以更加开放包容的姿态拥抱世界，必将为推动构建人类命运共同体、弘扬全人类共同价值、建设更加美好的世界作出新的更大贡献。

回望全面建成小康社会的历史，伟大历程何其艰苦卓绝，伟大胜利何其光辉炳耀，伟大精神何其气壮山河！

这是中华民族发展史上矗立起的又一座历史丰碑、精神丰碑！这座丰碑，凝结着中国共产党人矢志不渝的坚持坚守、博大深沉的情怀胸襟，辉映着科学理论的思想穿透力、时代引领力、实践推动力，镌刻着中国人民的奋发奋斗、牺牲奉献，彰显着中国特色社会主义制度的强大生命力、显著优越性。

因为感动，所以纪录；因为壮丽，所以丰厚。恢宏的历史伟业，必将留下深沉的历史印记，竖起闪耀的历史地标。

中央宣传部牵头，中央有关部门和宣传文化单位，省、市、县各级宣传部门共同参与组织实施"纪录小康工程"，以为民族复兴修史、为伟大时代立传为宗旨，以"存史资政、教化育人"为目的，形成了数据库、大事记、系列丛书和主题纪录片4方面主要成果。目前已建成内容全面、分类有序的4级数据库，编纂完成各级各类全面小康、脱贫攻坚大事记，出版"纪录小康工程"丛书，摄制完成纪录片《纪录小康》。

"纪录小康工程"丛书包括中央系列和地方系列。中央系列分为"擘画领航""经天纬地""航海梯山""踔厉奋发""彪炳史册"5个主题，由中央有关部门精选内容组织编撰；地方系列分为"全景录""大事记""变迁志""奋斗者""影像记"5个板块，由各省（区、市）和新疆生产建设兵团结合各地实际情况推出主题图书。丛书忠实纪录习近平总书记的小康情怀、扶贫足迹，反映党中央关于全面建成小康社会重大决策、重大部署的历史过程，展现通过不懈奋斗取得全面建成小康社会伟大胜利的光辉历程，讲述在决战脱贫攻坚、决胜全面小康进程中涌现的先进个人、先进集体和典型事迹，揭示辉煌成就和历史巨变背后的制度优势和经验启示。这是对全面建成小康社会伟大成就的历史巡礼，是对中国共产党和中国人民奋斗精神的深情礼赞。

历史昭示未来，明天更加美好。全面建成小康社会，带给中国人民的是温暖、是力量、是坚定、是信心。让我们时时回望小康历程，深入学习贯彻习近平新时代中国特色社会主义思想，深刻理解中国共产党为什么能、马克思主义为什么行、中国特色社会主义为什么好，深刻把握"两个确立"的决定性意义，增强"四个意识"、坚定"四个自信"、做到"两个维护"，以坚如磐石的定力、敢打必胜的信念，集中精力办好自己的事情，向着实现第二个百年奋斗目标、创造中国人民更加幸福美好生活勇毅前行。

目　录

▌三、中国特色社会主义新时代（2012— ） ………… 171

一、社会主义革命和建设时期

（1949—1978）

毛岸英：领袖的儿子，普通的战士

人物档案

毛岸英（1922—1950），湖南韶山人。毛泽东与杨开慧的长子，生前系中国人民志愿军司令部俄语翻译和秘书。在抗美援朝战争中牺牲，安葬于朝鲜平安南道桧仓郡中国人民志愿军烈士陵园。被评为100位新中国成立以来感动中国人物、最美奋斗者。

1922年10月24日出生于湖南长沙的毛岸英，年幼时随父母辗转多地。1930年，跟母亲杨开慧一同被反动军阀抓进监狱。后来，他去苏联学习，其间加入联共（布），参加抗击德国法西斯的战争。回国后到解放区搞过土改。抗美援朝战争打响，他主动请缨入朝参战，1950年11月25日在以美军为首的"联合国军"空袭中牺牲，年仅28岁。毛泽东得知毛岸英牺牲的消息后说："打仗总是要死人的嘛！志愿军已经献出了那么多指战员的生命。岸英是一个普通的战士，不要因为是我的儿子，就当成一件大事。"

毛岸英

艰苦备尝，奋斗不息

　　毛岸英 8 岁时，与母亲杨开慧在长沙县板仓的住所被当时国民党"清乡"司令部所属的"铲共义勇队"区队长范觐熙（杨开慧家邻居）带领的枪兵抓获，后被解送到长沙协操坪监狱。

　　1930 年，杨开慧被杀害后 10 多天，毛岸英才被舅舅杨开智、舅母李崇德从监狱接回。为了避免再遭迫害，毛岸英与弟弟毛岸青、毛岸龙由外祖母、舅母送到当时党中央机关所在地上海，由叔父毛泽民安排进了大同幼稚园。大同幼稚园是为了安置、救济和培养革命后代，由党的外围组织中国互济会出面开办的。1932 年 3 月，鉴于大同幼稚园已经暴露，党组织决定将其解散。

毛岸英和弟弟毛岸青被"红色牧师"董健吾带回家。因 1933 年中共中央迁往江西瑞金，党的经济资助中断，董健吾的原配妻子在生活困难时，对待毛岸英兄弟的态度变坏，兄弟俩一度过着流浪生活。新中国成立后，毛岸英、毛岸青在不同场合都说过"那是'三毛流浪记'的日子"。后来，董健吾与地下党接上关系，于 1936 年托东北军将领李杜将毛岸英兄弟送往欧洲。随后毛岸英兄弟俩到达莫斯科，进入国际儿童院。

艰难困苦，并未压垮毛岸英。他聪明好学、勇敢坚韧并爱好军事、政治和时事，逐渐成了国际儿童院里的"小领袖"，先后担任少先队大队长、儿童院团支部书记和区团委委员。毛岸英还经常应邀到各处作报告。他写的一篇长达 3000 多字的文章《中国儿童在苏联》，文笔流畅优美，被当时在莫斯科治疗臂伤的周恩来带回国，后刊登在 1940 年 4 月 12 日的《新中华报》上，报社还配发编者按。

公私分明，一身正气

每年烈士纪念日，不少市民会来到韶山市烈士陵园六亲台，向毛岸英铜像敬献鲜花，缅怀烈士。

韶山市党史办相关负责人表示，在当时的同龄人中，像毛岸英这样经历曲折的人非常少。作为毛泽东的长子，毛岸英深受父亲大公无私精神的影响，一直反对别人对他另眼看待。

湖南解放后，毛岸英非常怀念当年冒着危险照料自己的外婆向振熙和其他亲属，经父亲同意，专门回湖南老家为外婆祝寿。回到外婆家，一些亲属按照旧观念向毛岸英提出安排职务的要求。他不讲情面，没有答应。

在韶山市委党史研究室，保存着一封毛岸英的书信（复印件），是他在 1949 年 10 月 24 日写给表舅向三立的，信中写道："我爱我的外祖母，我对她有深厚的描写不出的感情。但她也许现在在骂我'不孝'，骂我不照顾杨家，不照顾向家。我得忍受这种责骂，我决不能也决不愿违背原则做事，我本人是一部伟大机器的一个极普通平凡的小螺丝钉。同时也没有'权力'，没有'本钱'，更没有'志向'来做这些扶助亲戚高升的事。至于父亲，他是这种做法最坚决的反对者。因为这种做法是与共产主义思想、毛泽东思想水火不相容的，是与人民大众利益水火不相容的，是极不公平、极不合理的。"字里行间，表达了毛岸英一种朴素的、大公无私的爱国情怀。

1950 年 10 月，美帝国主义把朝鲜战火烧到了鸭绿江边。毛泽东号召全国人民抗美援朝，保家卫国。10 月 7 日，中国人民志愿军入朝前夕，新婚不久的毛岸英主动请缨入朝参战。

毛岸英主动找到彭德怀，要求"彭叔叔"带他去朝鲜。毛泽东身边的工作人员和负责保卫工作的李克农都不同意。因为他们知道毛泽东一家为革命斗争已经付出了巨大的牺牲，更何况这次出国作战，面对的是拥有世界上最强大火力的以美军为首的"联合国军"，要"锻炼"也绝不能选择这种随时可能牺牲的时候和地点。当中南海里的许多人都来劝毛泽东出面阻止时，得到的回答只是："谁叫他是毛泽东的儿子！他不去谁还去！"

"埋骨何须桑梓地，人生无处不青山。"这是毛泽东少年时代的誓言，却没想到成为儿子毛岸英的真实写照。从小到大，毛岸英都没有以领导人之子的身份自居，在艰苦环境下，他历经多种角色的磨炼，最终成为一个谦虚谨慎、待人真诚的人，一个胸怀壮志、忠于祖国的人，一个信仰和平、具有国际主义和爱国主义精神的人。

（作者：徐荣　曾佰龙　蒋睿）

罗盛教：伟大的国际主义战士

人物档案

罗盛教（1931—1952），湖南新化人。1951年加入中国人民志愿军。1952年1月2日，为抢救落水的朝鲜儿童壮烈牺牲，年仅21岁。同年，中国人民志愿军领导机关为罗盛教烈士追记特等功，并追授他一级爱民模范称号。朝鲜民主主义人民共和国授予他一级国旗勋章和一级战士荣誉勋章。被评为100位新中国成立以来感动中国人物、最美奋斗者。

在朝鲜，安葬他的佛体洞山被改名为"罗盛教山"，山上纪念碑上镌刻着朝鲜人民领袖金日成的题词："罗盛教烈士的国际主义精神与朝鲜人民永远共存。"70年过去，那个在数九寒冬里向着冰河义无反顾纵身跃下的年轻身影从未走远，至今仍然震撼我们的心灵。

罗盛教

四次托举救出朝鲜少年

资江水从新化县城穿流而过，紧邻资江的罗盛教纪念馆静静矗立。馆内，一幅幅图片、一行行文字诉说着罗盛教短暂而不平凡的一生，令前来缅怀的人们感动不已。

纪念馆的讲解员邹虹引导人群往前走。她饱含深情，讲述着罗盛教生命中的最后一个早晨。从 1998 年"结识"罗盛教以来，每讲到动情处她都会潸然泪下。

1952 年 1 月 2 日晨，朝鲜平安南道成川郡石田里村，气温低至零下 20 摄氏度，北风凛凛，刺人心骨。4 个孩子在石田里村附近栎沼河结冰的河面上玩耍。这是战争年代难得的祥和景象。

"崔莹掉下去了!"一声喊叫划破天空,河面上出现一个冰窟窿,周围躁动起来。

正和战友们进行手榴弹投掷训练的罗盛教听到呼救声,立即向出事地点飞奔。他边跑边脱掉棉衣棉裤,"扑通"一声,纵身跳入冰窟窿。

一次、两次、三次……罗盛教第四次把崔莹托出水面,由于冰面太薄,无法将崔莹托举上来。随后战友找来杆子,将崔莹拖了上来,却不见了罗盛教的身影。

慌忙赶来的乡亲们一拥而上,用铡刀、斧头、菜刀等,对冰面一阵砍砸。顾不上刺骨的河水浸湿身体,他们得把河里的罗盛教拉上来!

最终在河下游,离冰窟窿几丈远的地方,乡亲们找到了罗盛教的遗体。"罗盛教!罗盛教!"无数声呜咽呼唤,却再也没有回应。

罗盛教的生命永远定格在这一个早晨。

"我要把我的那块墓地给志愿军同志!"受过罗盛教帮助的朝鲜老妈妈元善女悲痛地说。

罗盛教被朝鲜民众以最高礼仪葬在当地佛体洞山。这个 21 岁的湖南伢子从此长眠在他为之战斗的第二故乡,永远陪伴在朝鲜人民身边。

永不褪色的精神丰碑

"罗盛教置自己的生命于不顾,一心只为救人。他不仅是朝鲜人民心目中最可爱的英雄,也是中朝两国人民友谊的象征。"罗盛教纪念馆馆长张树全介绍。为了纪念罗盛教,1953 年朝方授予罗盛教一级国旗勋章、一级战士荣誉勋章。

罗盛教牺牲的地方，更名为"罗盛教村"，安葬他的山也命名为"罗盛教山"。当地先后出现过"罗盛教生产突击队""罗盛教合作社""罗盛教合作农场"等。罗盛教所救的少年崔莹，后来加入朝鲜人民军，成长为军队高级指挥官。

2009年，罗盛教被评为100位新中国成立以来感动中国人物。2019年9月，罗盛教的弟媳、年过七旬的陈纯老人走进人民大会堂，领取国家授予罗盛教烈士的最美奋斗者荣誉奖章。"这是国家对新中国成立以来各个时期的先进分子、各行各业的杰出代表授予的荣誉称号，是载入史册的光荣啊！"陈纯老人说。

陈纯老人讲述了罗盛教生前的故事："哥哥从小心地善良。听家里人说，一次放学回来的路上，一位家境困难的同学被雨淋得全身湿透。哥哥二话不说，脱下身上的衣服给了那位同学，自己却穿上同学的湿衣服、湿鞋子回家。"

在中国人民解放军湘西军政干部学校学习时，罗盛教"苦事累事都冲在前面"。1949年冬天，用来做桥梁的大树被锯倒后滚进水沟，师生们用绳捆住树干往上拉。罗盛教不顾严寒，卷起裤腿，跳入水沟，使劲抬树干。其他同学见状也纷纷跳入水中，合力将树抬了上来。因为这件事，罗盛教所在的中队被授予开路先锋称号。

1951年，罗盛教加入中国人民志愿军，奔赴朝鲜。一个被美军轰炸的早晨，罗盛教在日记中写道："当我被侵略者的子弹打中以后，希望你不要在我的尸体面前停留，应该继续勇敢前进，为千万朝鲜人民和牺牲的同志报仇！"

罗盛教用他短短21年的人生，书写了一部壮丽的奋斗史，激励着一代又一代人。

2018年3月23日，17岁学生王健成和同学在罗盛教纪念馆附近散步，忽然听到河边有人呼救，他们来不及多想立刻跑过去。跑到河边，王健成看到一名妇女在河水中挣扎，他毫不犹豫跳入河中，拼尽全力救起落水妇女。

有人问王健成，是什么力量使他在湍急的河水前义无反顾。他腼腆地说："旁边就是罗盛教纪念馆，是罗盛教烈士激励了我。"

资江奔腾向前，滚滚不息。1952 年 1 月那个早晨，奋力一跃的罗盛教永远不会被忘却。

（作者：邹娜妮）

雷锋：平凡而伟大的共产主义战士

人物档案

雷锋（1940—1962），湖南望城人。1960年入伍，1962年8月不幸因公殉职，年仅22岁。雷锋把有限的生命投入到无限的为人民服务中去，是平凡而伟大的共产主义战士。1963年3月5日，《人民日报》发表毛泽东同志亲笔题词："向雷锋同志学习。"此后，全国广泛开展学雷锋活动。被评为100位新中国成立以来感动中国人物、最美奋斗者。

湖南雷锋纪念馆内，一幢青瓦黄墙的土砖茅屋静静伫立。1940年12月18日，雷锋在此出生。1962年8月，雷锋不幸因公殉职。在雷锋短短22年的人生历程中，没有惊天动地的壮举，有的只是日复一日地坚守岗位、默默奉献、爱党爱民、克己为公、无私助人。他用"平凡"的付出，铸就了伟大的精神。

雷锋

如果祖国需要……

　　新中国成立前，雷锋的亲人相继去世，他 7 岁成为孤儿，流浪乞讨。六叔祖父和六叔祖母收养了他，邻居们关心照顾他。新中国成立后，他在土改中分到了房屋和土地，当地政府还免费送他上学。热爱党和国家、关心与帮助他人的种子，在年幼的雷锋心里萌芽。

　　1954 年，洞庭湖区遭遇特大洪灾，湖南组织 80 多万人进行洞庭湖堤垸修复工程，全省人民有钱捐钱、有物捐物。还在读书的雷锋心里着急，放学后便跑去向卖草鞋的老人求教，学会技术后自织草鞋捐献给治湖民工。

　　1956 年，《新湖南报》头版头条发表《向冯健同志学习》的文章，报道望城县西塘农业社冯健同志高小毕业后参加农业生产，被评为全省养猪模范的事迹，并号召高小毕业生适应新中国农业发展需要参加农业生产。

冯健的事迹深深打动了雷锋，当大部分学生都想到高一级学校求学时，他在高小毕业典礼上郑重宣示自己的人生抉择："我响应党的号召，去当新式农民——做个好农民，驾起拖拉机耕耘祖国大地，将来要做个好工人建设祖国，将来要做个好战士，拿起枪用生命和鲜血保卫祖国，做人类英雄。"

做一个永不生锈的螺丝钉

1956 年，高小毕业的雷锋被调至望城县机关担任通讯员，遇见了人生路上一位重要的良师益友——时任望城县委书记张兴玉。

在雷锋眼里，张兴玉既是党的代表，又是自己的父辈。张兴玉外出开会或下乡，总是将雷锋带在身边，给他讲革命历史和英雄故事。从土地革命、抗日战争到抗美援朝，从郭亮、杨开慧、方志敏到刘胡兰、邱少云、黄继光，张兴玉讲得感人，雷锋听得动容，流着泪感慨："我连他们的百分之一也不如。"

张兴玉还用格言"知识就是力量"激励雷锋，为他的学习创造条件、提供帮助。正是在这个时期，雷锋阅读了《毛泽东选集》《钢铁是怎样炼成的》等著作，共产主义信念、坚定不移跟党走的思想越发坚定。

1957 年秋，在陪同张兴玉下乡检查返回途中，雷锋看见路上有颗螺丝钉，不经意一脚踢到路边。张兴玉却走过去拣起来，小心抹去灰尘装进口袋。几天后，他叫雷锋把螺丝钉交给县机械厂，并语重心长地告诫雷锋：螺丝钉虽小，机器上少了却不行。在国家大事中，每个人都要自觉发挥螺丝钉作用。

这番话深深刻进雷锋心底，留下终生难忘的记忆。1958 年 6 月 7 日，他在日记《七问》中写道："如果你是一颗最小的螺丝钉，你是否永远坚守着你生活的岗位上？"1962 年 4 月，雷锋牺牲前 4 个月，他在日记中写道："我要不断地加强学习，提高自己的思想觉悟……在伟大的革命事业中做一个永不生锈的螺丝钉。"

这一字一句所体现的精神，穿越半个多世纪仍然滚烫。

做一个有利于人民、有利于国家的人

1957 年，雷锋将原名雷正兴改为雷锋。他说："共产党是工人阶级的先锋队，我要成为其中的一员，做个先锋战士。"

1957 年 10 月，望城县整治沩水时，雷锋主动要求到艰苦的工地工作。围垦团山湖办国营农场时，他又主动请缨，成为望城第一批拖拉机手。1958 年 10 月，鞍钢为确保钢铁工业发展来望城招工，雷锋毫不犹豫地报名，成为一名钢铁工人。1959 年 12 月，沈阳军区征兵，虽然身高、体重等条件不好，但雷锋仍然以坚定的革命信念和为保卫祖国作贡献的决心获特批入伍。干一行爱一行钻一行的精神，让他在每一个岗位上都干出了优异的成绩，闪烁着耀眼的光辉。

1960 年 8 月，雷锋所在的工兵团一连收到两封感谢信，感谢的是同一个人。原来，雷锋当月取出 200 元存款，一半捐给新成立的抚顺市望花区和平人民公社，希望帮助公社加快发展；另一半捐给辽阳市委，支援辽阳人民与百年不遇的洪水作斗争。实际上，雷锋在部队每月津贴仅 6 元，当时他的存折上全部存款只有 203 元。

他在日记中写道："我要做一个有利于人民、有利于国家的人。如果说这是'傻子'，那我是甘心愿意做这样的'傻子'的。革命需要这样的'傻子'，建设也需要这样的'傻子'。"

1962 年 8 月 15 日，雷锋不幸牺牲在工作岗位上，生命永远定格在 22 岁。

半个多世纪以来，纪念雷锋、宣传雷锋、学习雷锋的热潮以不可阻挡之势，奔涌成壮阔的江河大海。设在长沙望城区雷锋街道的湖南雷锋纪念馆，自 1968 年 11 月建成开放以来，已接待来自全国各地及世界 50 多个国家和地区的参观者 4400 多万人次。三湘大地上，如今活跃着 2.9 万个学雷锋志愿服务团队、1200 余万名学雷锋志愿者，他们在乡村振兴、疫情防控等工作中大放光彩，一抹抹"志愿红"成为湖南新时代精神文明建设的亮丽风景。

（作者：谢璐）

欧阳海：舍身推马救列车

人物档案

欧阳海（1940—1963），湖南桂阳人。生前系中国人民解放军68302部队3连7班班长。1963年11月18日，欧阳海所在部队野营训练经过铁轨时，脱缰战马撞向列车，他奋不顾身推开战马，避免了列车出轨，自己却被轧断左腿，经抢救无效壮烈牺牲，年仅23岁。欧阳海被原广州军区授予爱民模范荣誉称号，追记一等功。被评为100位新中国成立以来感动中国人物、最美奋斗者。

为有牺牲多壮志，千秋浩气昭来人。爱民模范欧阳海，是继雷锋之后，人民解放军涌现出的又一名杰出的共产主义战士。欧阳海用舍身推战马、勇救人民生命财产的英雄壮举，践行了自己的人生格言："如果需要为共产主义的理想而牺牲，我们每一个人，都应该也可以做到脸不变色心不跳。"

欧阳海

推马救列车壮烈牺牲

1963 年 11 月 18 日，一个令人难忘的日子。

这天清晨，微风拂面，细雨沾衣。欧阳海所在部队野外拉练回来，他带领 3 连 7 班走在最后，担任收容任务。

当欧阳海和战友们行至京广铁路湖南衡东县衡山车站南峡谷时，满载旅客北上的 282 次列车鸣着长笛疾驶而来。突然，惊人的一幕出现了：响亮的笛声使一匹驮着炮架的战马受惊，它猛然蹿上铁道，横立在双轨之间。

500 米，马不动；400 米，马不动；300 米，马还是不动……列车越来越近，制动根本来不及，眼看一场车翻人亡的惨剧就要发生！

千钧一发之际，欧阳海一个箭步冲上去，拼尽全力把战马推出铁轨，避免了一场列车脱轨的严重事故，保住了旅客生命和人民财产安全。但他自己却被卷入列车下，轧断了左腿，负了重伤，经抢救无效壮烈牺牲，年仅23岁。

战士们打开欧阳海随身携带、已被鲜血染红的小本子，只见封面上写道："即使有一天，这个世界上没有了我，我也仍然衷心地相信，共产主义的理想必然胜利，一定会有更多更多觉醒了的人士为它战斗。"

1964年，毛泽东主席在中南海颐年堂与罗瑞卿、杨尚昆、谭震林等人谈话时说："欧阳海牺牲在我的家乡湖南，要在他牺牲的地方为他铸像，让我们的人民永远记住这位伟大的共产主义战士。"

朱德、董必武、贺龙、徐向前、聂荣臻、叶剑英等党和国家领导人分别题词，高度赞扬欧阳海的英雄行为，号召全党、全军、全国各族人民向他学习。

欧阳海牺牲后，他所在的班被命名为"欧阳海班"。欧阳海的弟弟欧阳湖、欧阳江及侄儿欧阳武军先后接过钢枪，先后担任"欧阳海班"班长。

"无论时代怎么变迁，地球上只要还有人类存在，为他人而献身的伟大精神永远是值得歌颂的。"作家金敬迈在衡东县欧阳海烈士纪念馆留言。1965年，他满怀深情地写下纪实小说《欧阳海之歌》，出版后风靡全国。

欧阳海的英勇事迹在中国大地广为流传。为纪念、传承欧阳海精神，桂阳以英雄之名命名欧阳海广场、欧阳海大道、欧阳海镇、欧阳海村等。

2019年，桂阳县结合"不忘初心、牢记使命"主题教育拍摄电影《欧阳海》，并组织党员干部观看，将欧阳海精神发扬光大。

挺身而出绝不是偶然

从桂阳县城欧阳海广场出发，穿越欧阳海大道向北行车60公里左右，便到达欧阳海烈士的故乡——欧阳海镇欧阳海村（原沙溪乡老鸦窝村）。

眼前的欧阳海故居尽管只是一座普通的土坯瓦房，但前来瞻仰参观的人络绎不绝，旁边的陈列馆参观者也不少。

原老鸦窝村，山高地远。1940年冬，欧阳海出生在这里一户贫苦农民家，上有一个哥哥、一个姐姐，下有三个弟弟。

小时候的欧阳海机灵、勇敢，讨过饭、卖过炭。新中国成立初期，原老鸦窝村后的泗洲山土匪盘踞，无恶不作。为消灭这股土匪，欧阳海第一个报名为解放军做向导，当时他发誓：长大后当一名解放军战士，保家卫国。

1959年3月，欧阳海如愿以偿成为一名解放军战士。他拼命学习、苦练本领，入伍3个月后荣立三等功一次；一年后入党，并担任班长。

"危急关头，欧阳海挺身而出绝不是偶然的。"欧阳海故居陈列馆讲解员陈龙花向人们讲述欧阳海勇救落水儿童、火海救人等英勇事迹。

1962年5月，欧阳海第一次从部队回家探亲，村里一个叫欧阳国威的小男孩掉进水塘里。欧阳海发现后，来不及脱掉衣服，纵身跳进水塘，把小男孩救了上来。

1963年5月，欧阳海第二次回家探亲，路过邻近的东山村，发现一个小女孩掉进3米多深的井里。欧阳海心想跳下去可能伤着小女孩，于是，他张开双手撑着井壁，一步步往下挪。手指被石头划破，鲜血直流，他全然不顾，只想着救人要紧。附近群众闻讯带着梯子、绳子赶来，大家齐心协力把小女孩救了上来。小女孩叫廖社英，当她想感谢救命恩人时，恩人已默默离开。

后来，有人告诉廖社英的母亲，救她女儿的恩人就是邻村的欧阳海。廖社英母女提着两只大母鸡，到欧阳海家里表示感谢。

"闺女，这就是救命恩人，快磕头！磕头！"

欧阳海赶忙扶起母女："不用谢，不用谢！这是我应该做的，谁见了都会做的。"

这么多年过去了，廖社英每当听到"欧阳海"这个英雄的名字，就会勾起心中深切的怀念。

（作者：颜石敦　谢庆德　李卓林）

周立波：《山乡巨变》世纪回响

人物档案

周立波（1908—1979），原名周绍仪，湖南益阳人。曾任湖南省文联主席、中国作协湖南分会主席、全国人大代表、全国政协委员、中国文联委员及中国作协理事。他创作了著名的长篇小说《暴风骤雨》《山乡巨变》，以及300多万字的各类文学作品。周立波在中国文坛与著名作家赵树理享有"南周北赵"美誉，被称为"人民作家"。

多年之后，他的《暴风骤雨》《山乡巨变》所描写的那个时代早已远去。但是，他下乡、劳动、写作的故事，在乡亲们中口口相传；他小说的情节、人物、场景在一个个剧场演出里深受欢迎；他作品营造的意境和民俗风情，变成了文化景观和流动在空气中的文化气息。

周立波在家乡益阳农村

从农家子弟到共产党员

1908 年 8 月 9 日，周立波出生于湖南省益阳县邓石桥清溪村一个家境小康的农民家庭。他从小好学，刻苦勤奋。读高小时，历史老师上课讲《三国演义》，从此周立波逐渐爱上了中国古典文学。高小毕业时，周立波的成绩与另一同学并列第一名。时任学校庶务长的父亲周仙梯，出榜时把周立波列为第二名。老师为鼓励周立波，在奖励给他的铜墨盒上刻上"不作第二名想"六个字。周立波深刻体会到父亲的良苦用心和老师的殷切期望，从此更加努力学习。

1924 年，周立波以优异成绩考入湖南省立第一中学。在校期间，周立波开始接触"五四"以来新文学思潮，与同学们一起组织成立了新文艺社团夜钟社，学习和传播先进文化。也是这时，周立波认识了在上海大夏大学读书的周扬。

1928 年至 1937 年，周立波从益阳先后三次走进上海。在上海一边打工一边求学，从一个普通的农家子弟，成长为一名左联战士，从一名热血青年，成长为一名共产党员。其间，他撰写了很多文章，翻译了大量外国文学作品。他第一次使用"立波"的笔名，取自英文 liberty（自由）的译音，表达对自由的热爱和追求。

"我将抛弃了纸笔，去做一名游击队员。我无所顾虑，也无所怯惧。"1937 年，周立波在信中，满怀激情地告诉周扬。同年，周立波与周扬、李初梨、艾思奇等一道撤离上海奔赴延安。

战火纷飞的岁月里，周立波成了一名随军记者，深入前线采访。他曾跟随八路军总部转战两个多月，每天行军七八十里，不仅完成了采访翻译任务，还学会了骑马、夜行军。他又到晋察冀边区访问，穿越重重封锁线，行程 2500 多里，走访了晋察冀广大地区。

20 世纪 30 年代，周立波先后到沅陵、桂林等地，担任《抗战日报》《救亡日报》记者，从事新闻工作，同时也创作和翻译了大量的进步文艺作品，将革命的种子播撒到更多人的心中。

东北的暴风骤雨

1942 年春，在延安鲁迅艺术学院任职的周立波，参加了毛泽东主持的延安文艺座谈会。周立波对照讲话精神进行自我反省，自我革新，这成为他文学创作的重要转折点。

1946 年 10 月，松江省珠河县元宝屯，一辆马车在一条乡间公路上奔驰着。摇摇晃晃的马车上，就有从延安来的作家——周立波。他来到这里，推进土地改革工作。

在元宝屯，周立波"手不离笔，兜不离本。在街上走路，看到地主的黑门楼、大宅院，看见穷人住的破草房，他都停下来往上写一会"，"几乎整天在屋子里，阅读文件，整理各种材料，有时甚至通宵达旦"。为了真正了解农民的心声，周立波和当时的贫苦农民吃在一起、住在一起，"一天三顿都吃苞米茬子和咸菜""连皮鞋都不敢穿"，逐渐拉近了和贫苦农民的距离，也广泛发动当地群众站出来与地主作斗争。前后半年多时间里，周立波与当地农民群众建立了深厚感情与密切联系，搜集了解到各方面情况，结识了农村各式各样的人物，与其中不少人还成了知心朋友。

元宝屯的土改工作，也激起了周立波强烈的创作冲动。他在《松江农民报》工作空隙，开始长篇小说《暴风骤雨》的创作。仅50多天时间，他就完成了《暴风骤雨》上卷的初稿。

1948年，一部反映东北农村土地改革的长篇小说——《暴风骤雨》诞生了。《暴风骤雨》出版后，发行量和影响力都很大，甚至被当作土改工作的参考书。《暴风骤雨》被译介到苏联、日本、波兰、罗马尼亚等国，并于1951年获得斯大林奖金。

记录山乡巨变历史

"我是看破红尘了的，名呀，利呀，没有什么意思，我不想当官，只想为人民写点东西，做他们的代言人。"

1954年秋冬，46岁的周立波风尘仆仆，从舒适的北京回到老家益阳，体验生活，了解益阳农业合作化的进展情况。此后的近10年里，家乡的人们时常能看见周立波的身影。

满口的益阳乡音，一身朴素的便装，周立波没有一点大干部的样子，十分平易近人，和谁都能谈得拢。在邓石桥乡政府的一间一面没有墙壁的空荡荡的大厅里，周立波的床铺也成了开会时人们最喜欢的"软席"。

1955年9月，深秋时节。在创作反映湖南农业合作化运动的短篇小说《盖满爹》后，周立波再次回到故乡益阳。"光走马看花，得到一些表面的印象，是不能写小说的。"这一次，周立波决心深入扎根，更直接地参与农业合作化运动。他带来了妻子和女儿，在竹山湾村一座带小阁楼的木板房里，安下了家。安家之后，他立即到大海塘乡参加建社工作。

不论春夏秋冬，风霜雨雪，每天只要鸡一叫，周立波就起床。他走村串户，和群众同吃同劳动，打成一片，细致深入了解了农民对合作化的态度。每当春耕和抢收抢插的大忙季节，他和乡亲们一样，腰间系一条浅蓝色毛巾，扎脚勒手，汗流浃背。人们亲切地称他为"立波胡子"。

他组织、参加会议，同大家一道学习有关政策，调动农民群众积极入社。家乡的农业合作化越来越有声有色，而周立波的小说《山乡巨变》也就这样从泥巴里拱出来了！

"一个作家，只有深入生活，才能写出好作品，只有熟悉人物，才能把人物写活。"周立波，这位青年时代就投身于革命文学事业的作家，给我们留下了宝贵的文学资产和精神财富。

《山乡巨变》的故事已成为历史，新的"山乡巨变"正在湖南乃至中华大地发生着。

（作者：刘瀚潞）

戴碧蓉：“小英雄”的自强人生

人物档案

戴碧蓉，1957 年 8 月生，湖南汨罗人。曾任株洲市残疾人联合会党组书记、理事长。湖南省第十一、十二届政协委员，第十二届全国人大代表。1968 年，年仅 11 岁的戴碧蓉在列车下救出 3 个小孩，自己却失去左臂左腿，被誉为“欧阳海式的小英雄”。获得全国自强模范荣誉称号。

54 年前，11 岁的戴碧蓉在列车下救出 3 个小孩，自己却失去左臂左腿，造成终生残疾。她舍身救人的感人事迹传遍大江南北，并被写入小学课本、制作成连环画。如今，戴碧蓉已年过花甲，再提往事，她淡然地说：“我只是在危急关头凭良知作了一次选择而已。”时代没有淡忘英雄，她自强奋斗的人生感动并激励了一代人。

戴碧蓉在接听〝戴碧蓉热线〞，
为群众排忧解难

舍身救人，名扬天下

1968 年 9 月 14 日，太阳炽烈。吃过午饭，戴碧蓉提着竹篮，带着弟弟去摘野菜。刚上路，他们碰见两个小伙伴，于是 4 人结伴而行。

走到株洲火车站调车场附近，戴碧蓉独自摘野菜，其他 3 个孩子在一旁玩耍。"哐当"一声撞击，南边铁轨上几节车厢突然失控溜行。突如其来的声响，让戴碧蓉抬起头来。

此时，在 10 米远的铁轨上，3 个埋头玩耍的小孩浑然不觉即将到来的危险。

戴碧蓉见状，急得大喊："火车来了！火车来了！"

她一边喊，一边向他们奔去。3 个孩子却毫无反应，继续玩耍。

溜行的车厢离孩子们只有几十米远了，戴碧蓉毫不犹豫冲了上去，先将弟弟抱出铁轨。一旁另两个孩子吓蒙了，呆呆地望着她。

把弟弟放在一边，戴碧蓉又转过身去，拼尽全力把另两个孩子救出来。就在戴碧蓉把第 3 个孩子推出铁轨时，悲剧发生了。她的左腿因来不及跨出铁轨，被列车无情地碾过。

戴碧蓉被送往医院，因失血过多昏迷。在医生护士全力抢救下，她伴随着剧烈的疼痛从昏迷中苏醒过来，可是却永远失去了左腿、左臂。那年，她才 11 岁。

1969 年 2 月 14 日，《湖南日报》发表长篇通讯，报道戴碧蓉在疾驰的列车下救出三个小孩的英雄事迹。之后，戴碧蓉受到毛泽东、周恩来等党和国家领导人亲切接见。《小英雄戴碧蓉》一文被收入全国小学语文课本。

坎坷人生，坦然面对

"作为一个残疾人，首先要学会怎样在现实中活下去。"戴碧蓉没有因为左臂、左腿残缺而失去对生活的热爱。为学会盘头发这一简单动作，她整整练习了 7 年。她强忍疼痛，学会站立走路，学会自己照顾自己，并完成高中学业。

1976 年 8 月，19 岁的戴碧蓉到株洲铁路工务段报到，被安排到传达室上班。

她每天抱着一大摞报纸，从底楼送到顶楼，一干就是 20 多年。摔了多少跤？数也数不清。办公楼上的职工招待所是由几个家属负责管理和服务，戴碧蓉知晓她们家务重，早晚值班有困难，不仅主动要求管住宿登记和收款，还让留下招待所钥匙，自己帮忙安排深夜投宿的旅客。晚上，弱视的她深一脚浅一脚从家里赶到招待所，常常摔得一身泥巴后跌跌撞撞地到招待所开门，这让旅客们非常感动。

1980年，戴碧蓉结婚，次年生了一个男孩。孩子1岁3个月时，被查出患有先天性心脏病。戴碧蓉多方求医问药，负债累累，但5个月后，孩子还是永远地离开了。

孩子的夭折对戴碧蓉夫妇打击很大。1986年3月，强烈的做母亲的愿望，又使戴碧蓉生下第二个孩子。孩子同样患有先天性心脏病，所幸的是，术后康复效果良好，健康成长。

1997年底，戴碧蓉时常感到身体莫名疼痛，一个人悄悄去医院检查。经诊断，她患上癌症。

经5次放疗，戴碧蓉成功进行了手术，逐渐康复，堪称奇迹。

戴碧蓉家并不宽裕，但当一些单位找上门来找她做广告，或请她挂个荣誉头衔时，她都予以拒绝。她说，她不能用英雄的称号去换取物质享受，那是对它的亵渎。

热心公益，奉献爱心

1998年，戴碧蓉出院。再次经历生死的她，更加热心社会公益。在株洲市委支持下，她开通"戴碧蓉热线"，帮助困难群众，为群众排忧解难。

2000年，她筹集10余万元资金建立服装厂，安排10余名残疾人工作。

2001年3月，戴碧蓉调到株洲市残联工作。她勤奋努力，表现突出，2016年担任株洲市残联党组书记、理事长。

在株洲市残联工作期间，戴碧蓉总是牵挂着残疾朋友。每年，她都参与残疾人辅具流动服务车活动。每次活动，往往持续一个星期，行程逾 800 公里，需步行 30 余公里。她克服体力严重不支等困难，鼓励身边的同志，坚持为残疾人朋友在家门口提供残疾评估、筛查和辅具适配等服务。

在她的努力下，参与残疾人康复救治的康复机构、专家、技师和志愿者越来越多，残疾人朋友享受到更多的实惠和服务。

2013 年，戴碧蓉当选第十二届全国人大代表。她深入调研，积极撰写建议案，为残疾人事业发展贡献力量。她说："我就是想尽最大的努力为残疾人服务，为残疾人事业做一点工作就好了。"

《中国人大》杂志曾这样评价戴碧蓉：小小年纪的戴碧蓉拥有过人的英勇，加上后来她战胜伤痛所表现出的坚强毅力和乐观精神，感动并激励了一代人，成为当之无愧的楷模。

（作者：李永亮）

张孝骞："协和"泰斗，"湘雅"灯塔

人物档案

张孝骞（1897—1987），湖南长沙人。中国科学院院士，内科专家、医学教育家，被誉为我国消化病学的奠基人。新中国成立前，他当了11年湘雅医学院的院长；新中国成立后，他当了31年的协和医院内科主任，并先后担任中国协和医科大学副校长、中国医学科学院副院长、政协全国委员会常务委员等重要职务。88岁时加入中国共产党。被评为最美奋斗者。

1937年至1948年，在最艰难的岁月里，担任湘雅医学院院长、湘雅医院院长，在战乱中负起保护学校与师生的重责，他是指挥若定的"军人"。65年的临床工作，一贯主张"勤于实践，反复验证"，在医学领域不断地开拓和征服，他是名副其实的"大家"。人们尊敬地称他为"协和"泰斗、"湘雅"灯塔，在协和、湘雅璀璨的历史中，他是一盏不灭的明灯。

张孝骞和夫人在贵阳

有我在，就有湘雅在

对年近百岁的湘雅医院放射科重要创始人肖剑秋来说，张孝骞不仅是医学大家，更是影响自己一生的恩师。

"他给我上过课，也带过我实习。我认为到现在为止，他的技术、医德都很少有人能够超越。"说起自己的老师，肖剑秋眼中满是自豪。

张孝骞的威望不仅来自他超人的学识。肖剑秋说："在抗战阶段，是张教授挑起了学校最困难的担子。1937年，他刚从北方回来，就要他担任院长。"

当时，全面抗战爆发，南京陷落，武汉告急，长沙也遭敌机轰炸，人心惶惶。国难当头，湘雅何去何从？张孝骞决定西迁贵阳。

1938年10月，40多吨教学仪器和图书资料，260多名学生、教职员工及其家属，在辗转一个星期后到达贵阳。

不久，广州、武汉相继失守，长沙城在文夕大火中几为灰烬。面对此情此景，人们无不感激当年张孝骞的果断决策和勇敢精神。

1944年，日军到达广西与贵州边界，后撤的国民党政府军队占领了学校的房屋，正常的教学工作也无法进行下去了。"同学们，我们又得出发了！不管学校迁往何处，有我在，就有湘雅在。"张孝骞率领湘雅师生员工，再次踏上了流亡之途。他找学生的家长帮忙，用40辆车把最重要的仪器、图书、解剖标本等运到了重庆。

据相关资料统计，在张孝骞领导的8年流亡办学中，湘雅医学院先后毕业六年制本科生174名，占新中国成立前湘雅毕业生总数的49.6%。

对动荡流亡这一段经历，张孝骞印象也极为深刻。1986年的夏天，身患肺癌的张孝骞仍坚持要去看一看抗战时期湘雅医学院在贵阳的旧址——湘雅村。他对友人说："当年那些简陋的木板房、教室、实验室等，现在不复存在，成了一座工厂，但学院的解剖室和山坡上的防空洞依然是老样子。"

生命的最后时刻，饱受病魔折磨的他语气沉重地说："我无法为党、为国家工作了，很惭愧！"

"生命的泉，即使伴着血和泪，也要在自己的国土上流淌。"这是张孝骞生前说过的一句话。如今，这句话仍在激励着后人前进。

"戒、慎、恐、惧"，出奇制胜

"对待每个病人，我都有一种不安的恐惧感，都要谨小慎微地反复考察,力戒马虎从事。"张孝骞常说,诊治患者要"如临深渊、如履薄冰"。他坚守着"治人而非仅治病"的初心,在临床中牢记四个字"戒、慎、恐、惧",在疑难杂症面前出奇制胜。

20世纪60年代中期,一位女病人来协和医院就诊。她有一个奇怪的症状:得了感冒就发生休克。在这之前,她曾到别的医院求诊,被诊断为肝炎。张孝骞检查后,怀疑不是肝炎,但一时下不了结论。后来了解到她30年前临产大出血,正是张孝骞为她输血救的命。张孝骞把30年前的这段历史与这次的症状联系起来,诊断其患有希恩氏综合征。对症下药,药到病除。

20世纪70年代末,张孝骞确诊了一例间叶瘤合并抗维生素D的低血磷软骨病。这种病在世界上极为罕见,患者多次发生病理性骨折,站立困难,被诊断为腰肌劳损、风湿性关节炎,服用大量维生素D和钙剂均无效,长期医治不愈。张孝骞仔细研究临床记录,又检查发现病人右侧腹股沟有一个小肿物,立即想到这肿物可能分泌某种激素物质导致钙磷代谢异常。手术切除小肿物后,病理诊断为间叶瘤,瘤细胞在电子显微镜下显示分泌颗粒。术后患者钙磷代谢恢复正常,症状很快消失,一年后随诊无复发。

65年的医教生涯,张孝骞一直没有离开过临床第一线。当年,在湘雅医学院迁往贵阳的时候,学院离附属医院有五里路远,来回都得步行。他身兼院长职务,行政事务很多,还坚持每周三次去医院给病人治病、带学生查病房。每次查房时他都亲自同病人谈话,询问病情。遇到特殊病例,他就掏出随身携带的小本本,一笔一画地把病人的病状、病史记录下来,然后把小本本带回去认真研究。

张孝骞在医学领域开疆拓土,攻克一个又一个不可能。他对人体血容量、胃分泌功能、消化系溃疡、腹腔结核、阿米巴痢疾和溃疡性结肠炎等有较深入的研究,并且创建了我国第一个消化专业组、第一个消化专科，为我国的内科学系建设、医学教育、人才培养和临床实践倾注了全部心血。新中国成立后，他与郭沫若等人一道成为新中国首批 81 名院士之一。

1985 年 11 月 26 日，88 岁高龄的张孝骞，在自己刚做完肺癌手术出院仅两个多月，便带着他的入党申请书亲自找到协和医院党委负责人，表达了希望在耄耋之年入党的诚挚愿望。12 月 18 日，他光荣地加入了中国共产党。

1987 年，90 岁高龄的张孝骞终因肺癌医治无效，溘然长逝。但这位医学先驱为师为人、治学行医的精神风范，永远铭刻在世人心中。

（作者：周阳乐）

二、改革开放和社会主义现代化建设新时期

（1978—2012）

周光召：随时听从祖国的召唤

人物档案

周光召，1929年5月生，湖南长沙人。理论物理和粒子物理学家，中国科学院院士。曾任中国科学院院长、中国科学技术协会主席。在中国第一颗原子弹、第一颗氢弹和战略核武器的研究设计方面做了大量重要工作。荣获"两弹一星"功勋奖章。

20世纪60年代，周光召在当时的第二机械工业部北京第九研究所工作，默默地干着国家"大事"。他"隐身"在这里秘密工作19年，是托举中国科学事业发展的一颗璀璨明星。

周光召（左）接受湖南日报记者的采访

为原子弹、氢弹"秘密工作"19 年

1964 年 10 月 15 日深夜，距离中国第一颗原子弹爆炸的预定时间已不足 24 小时。一纸来自罗布泊试验场的急电，对原子弹的设计提出了疑虑。上级希望负责核武器理论物理研究的周光召等人马上做一个认真细致的计算——中国首颗原子弹爆炸成功的概率是多少。

周光召和同事们紧张运算了整整一个夜晚，次日上午，他们将一份联合签名报告送到了周恩来总理的办公桌上。报告认为，中国第一颗原子弹爆炸成功的可能性超过 99%，除不可控因素外，原子弹的引爆不会出现任何问题。

这份报告是原子弹爆炸前的一粒"定心丸"。

10 月 16 日下午，原子弹在罗布泊爆炸成功，中国跨入有核国家行列。

杨振宁曾说："光召兄的回来，使得中国 1964 年爆炸的第一颗原子弹（比预想中）早了一两年。"

1957 年，周光召赴苏联从事粒子物理研究，4 年里发表了 30 多篇论文，在国际物理学界声名远播。20 世纪 50 年代末，中苏关系破裂。周光召表示要立即回国参加原子弹研究。"作为新中国培养的一代科学家，愿意放弃自己搞了多年的基础理论研究工作，改行从事国家急需的工作任务。我们随时听从祖国的召唤！"

1961 年，周光召登上南下的列车启程回国，抵京后被安排在第二机械工业部北京第九研究所工作。作为理论部副主任，他协助邓稼先突破原子弹原理研究，领导原子弹的理论设计，开始了长达 19 年的"秘密工作"。

1963 年，理论部的工作重心转移到突破氢弹原理上来。1966 年 12 月 28 日，氢弹原理试验成功。1967 年 6 月 17 日，中国第一颗氢弹爆炸成功。当时法国也在探索氢弹，为了抢在法国的前面爆炸，长中国人的志气，周光召鼓励大家咬紧牙关，攻克困难。理论部大楼每天晚上都灯火通明。

1999 年，周光召获授"两弹一星"功勋奖章。

在隐姓埋名的 19 年里，周光召参与并领导开展了爆炸物理、辐射流体力学、高温高压物理等多个领域的研究工作，弄清了核武器产品内部的运动规律，为核武器的理论奠定了基础。

推行科技体制改革

周光召公开亮相时已是 1980 年春，在广州召开的国际粒子物理会议上。钱三强向到会的李政道介绍周光召时说："他是新中国自己培养的科学家中的佼佼者。"李政道说："在我们当中他也是佼佼者。"

对外开放后，周光召接受国外的邀请，迈出了国门。他把自己当作小学生，从头学起，广种广收，不仅弥补了与世界理论物理学界隔绝十几年产生的科研信息短缺问题，而且迅速站到学术前沿。

1980 年 9 月，周光召应邀到美国弗吉尼亚大学和加州大学担任客座教授。在美国，周光召为中国物理学界做了两件大事：一是促成了中国学者赴美学术交流，二是帮助恢复中国物理学会在国际组织中的地位。

自 1983 年以后，周光召作为中国科学院当家人，将科技体制改革作为战略举措来抓。周光召提出了"一院两种运行机制"的建院模式和"把主要力量动员和组织到国民经济建设的主战场，同时保持一支精干力量从事基础研究和高技术创新"的新办院方针，推出了研究所所长任期目标责任制、设立开放实验室（所）、兴办高新技术企业等一系列重大改革举措。

在担任中国科学院学部主席团执行主席期间，周光召主持制定了学部成立以来第一个全面指导学部工作的基本文件，学部制度体系自此建立并不断完善。

他推动我国学部委员制向院士制度转变，实现了我国院士增选的制度化，主持选举了首批中国科学院外籍院士。中国特色院士制度由此确立和规范发展，成为党和国家尊重知识、尊重人才的集中体现。

从中国科学院院长任上退下后，他从 1996 年起又担任了 10 年中国科学技术协会主席，联系全国科技工作者，自称科普工作的"开路小工"。1999年10月，在他的推动下，中国科协首届学术年会在杭州召开。

在担任中国科学技术协会主席的10年间，周光召赴全国近百个城市，做科普报告近200场。每到一地，他都会结合地方的工农业生产、科技发展、资源环境治理与保护、人才培养等问题，强调要与时俱进，抓住机遇以求发展。他认为，唯有普及科技知识，使科学精神深入人心，科技才能真正推动国家的现代化。

为了纪念周光召对中国科学事业作出的贡献，1996年，经国际小行星命名委员会审议通过，将国际编号为3462号的小行星命名为"周光召星"。同年12月，湖南决定设立湖南光召科技奖，这是湖南省最高综合性科技奖。

（整理：王铭俊）

陈能宽：许身为国最难忘

人物档案

陈能宽（1923—2016），湖南慈利人。中国科学院院士。长期从事金属物理和材料科学方面的研究工作。作为原子弹、氢弹研制技术总负责人之一，主持并取得一系列核装置理论、工程和实（试）验上的重大突破，为我国核武器事业的创建及发展作出历史性贡献。获得"两弹一星"功勋奖章、国家科技进步奖特等奖。

1964年10月16日，中国第一颗原子弹爆炸成功。陈能宽当即填词一首："东方巨响，大漠天苍朗。云似蘑菇腾地长，人伴春雷鼓掌。欢呼成果崔巍，称扬举国雄飞。纸虎而今去矣，神州日月增辉。"这是他壮志雄心为国效力、饱经折辱扬眉吐气的内心呐喊。他是中国核武器爆轰物理学的开拓者，在我国原子弹、氢弹研制方面，立下赫赫战功。

陈能宽

"消失"的四分之一个世纪

陈能宽 1947 年赴美国求学，旅居美国期间，只用了 3 年时间就在耶鲁大学获得了物理冶金系的硕士和博士学位，并参与撰写了多篇重量级科技论文。

新中国成立的消息，在海外留学生群体中炸开了锅。回祖国去，成了爱国留学生的一致追求。耶鲁的同事看着兴奋的陈能宽，不解地问："在这里科研条件和生活条件都很好，而中国那么穷，你回去干什么？""新中国是我的祖国，我没有办法不爱她。"这是陈能宽的回答。

回国后，陈能宽在金属物理学领域屡有创建，引起国际学术界极大关注。1960 年，他接受了一项秘密任务：调入第二机械工业部北京第九研究所，参加我国核武器研究。从此，他隐姓埋名达四分之一个世纪。

陈能宽受命担任一个重要研究室的室主任，身负两项重任：设计爆轰波聚焦元件、测定特殊材料的状态方程。这两项都是核武器事业最重要的攻关项目。

他曾这样回忆当时的情景："我连炸药是什么东西都没看到过，甚至连雷管都没碰过。"团队里有从矿山上调来的人，也有使用过普通常规武器的人。"他们比我经验多一点，他们是我的老师。"他将此后的那段岁月叫作"自力更生"和"能者为师、互相学习"的岁月。

在与世隔绝的试验场、在风沙呼啸的戈壁滩，陈能宽率领一支年轻的队伍，向世界最尖端技术发起挑战。没有试验容器，就用锅碗瓢盆；没有计算机，就用算盘。原子弹研究中那无数的精密数据，竟是科学家们手算出来的。为防止皮鞋沾沙引起静电，零下 30 摄氏度的夜晚，陈能宽只能赤着脚走进炸药生产工房。

他何尝不知道自己面临生命危险。他在写给妻子的信中说："如果我有什么不幸，你要想得开。当年我们抛弃洋房、轿车，带着儿女回国，正是为了让祖国富强。"

功夫不负有心人。在经过两年多几千次试验后，1962 年 9 月，"内爆法"的关键技术环节获得验证；化工、聚合爆轰设计、"增压"、实验测试等多项关键技术取得了突破性的进展；在核材料在高温高压下状态方程方面，解决了一系列有实际应用价值的理论和实验问题。

1964 年 10 月 16 日，中国第一颗原子弹爆炸成功。这一声东方巨响，震撼了整个世界。陈能宽鼓励大家，要继续为祖国"写篇大论文"，他带领科研人员又在氢弹研制中奋发拼搏。1967 年 6 月 17 日，第一颗氢弹空爆试验圆满成功。

直到 1986 年，陈能宽与邓稼先一起走进人民大会堂，接受国家科技进步奖特等奖这一重要荣誉时，人们才猛然发现，消失了 25 年的陈能宽回来了。

1999 年，陈能宽获授"两弹一星"功勋奖章。

诗人情怀，慷慨言志

陈能宽以擅长填词作诗扬名学界。许多重大试验成功后，他常以诗词抒怀，这些内涵丰富的诗句，也是核武器研制集体在极艰苦的环境下工作的真实写照。

在官厅水库旁、长城脚下一座炸药试验场，土法上马，因陋就简，陈能宽带着一群不到 30 岁的年轻人做前期炸药成型工艺试验，诗兴来时写道："不辞沉默铸金甲，甘献年华逐紫烟。心事浩茫终不悔，春雷作伴国尊严。"

在青海的戈壁滩，陈能宽想起了"王师北定中原日，家祭无忘告乃翁"的陆游，他沉吟言志："八百年前陆放翁，一生但愿九州同。华章夜读精神爽，万里西行意气浓。"

中子弹原理试验再获成功，他书《七绝》一首：东风报喜北山场，戈壁玉成"合金钢"。巧夺锦囊藏浩气，天机不负苦心郎。

"两弹"突破后，陈能宽又带领队伍攻克一个又一个难关。他把视线投向核试验爆炸方式的转变，将核爆炸方式从空爆、地爆逐步转向平洞和竖井试验。在地下竖井试验成功后，他兴奋填词："祝捷更添壮志，凝思万里新征。"

1980 年，他当选中国科学院院士（学部委员）。1992 年冬，在应邀出席中国工程物理研究院召开的发展战略研讨会时，他说："许身为国最难忘，神剑化成玉帛酒，共创富强。"

2011 年以后，陈能宽长期卧病在床，常让身边人给他念诗。有一次，小儿子为他念起了毛泽东的《沁园春·长沙》。当听到那句"问苍茫大地，谁主沉浮？"时，躺在床上的陈能宽右手握成拳头，捶击自己胸口，回答："我们，我们！"

（整理：周阳乐）

郑培民：为民书记

人物档案

郑培民（1943—2002），吉林海龙人。曾任中共湘潭市委书记、湘西土家族苗族自治州州委书记、湖南省人民政府副省长、中共湖南省委副书记、湖南省人大常委会副主任。他爱民、亲民，被称为"为民书记"。2002年3月11日，因心脏病突发，不幸去世，享年59岁。当选感动中国2002年度人物，被评为全国优秀共产党员、最美奋斗者。

"做官先做人，万事民为先。"这是郑培民的座右铭。"改变千古羊肠道，火禾公路暖人心。千言万语说不尽，永远难忘书记恩。"在湖南湘西，这首山歌，至今广为传唱。20年了，苗家乡亲一直以这样朴实的方式，将"为民书记"郑培民的名字深深铭记。

郑培民

万事民为先

在凤凰县火炉坪乡的一个山坡上，郑培民同志的铜像高高矗立——他手挽外衣，微笑着俯瞰这片他曾深爱的土地。这里曾是他生前的扶贫联系点。

1990 年 5 月，时任湘潭市委书记的郑培民转任湘西土家族苗族自治州州委书记。湘潭和湘西，虽一字之差，在当时却是天壤之别。湘西，是全国有名的少数民族贫困山区。每逢青黄不接时，全州有不少百姓断粮。

郑培民接过前任的接力棒，两年时间跑遍了全州 218 个乡镇。他的车里常备一床棉被，有时候下乡回不了城，就在当地老乡家中凑合一宿。

湘西州开始推行地膜玉米新技术。郑培民率领机关干部，下田做示范。1992年春，在田里劳作了几天的郑培民，一脚踏空，从三米多高的田坎上摔下来，大家含泪将其送进了医院。

他的行动，加速推进了农业新技术在全州的推行。从这一年起，全州的粮食开始自给。

"做官先做人，万事民为先。"这是郑培民的座右铭。

凡是群众写给他的信，他坚持自己拆看。下农村，他总要到农民家去，揭开锅盖，瞧瞧农民吃的什么；掀开蚊帐，摸摸被褥是否厚实……

曾令超是一位伤残司法干部。郑培民第一次与他通电话时，坚持让他先放电话。推来推去，曾令超最后还是没能拗过郑培民。后来两人达成了默契：每次郑培民都要听到电话那边"咔嗒"一声，才轻轻挂上电话。

在常德百姓的心中，郑培民是一起抗洪的战友。

1998年长江特大洪水，惊涛骇浪直逼常德。7月24日晚，安乡县安造垸溃垸。这个垸子里，有18万百姓。

正当人们没有主心骨的时候，时任省委副书记的郑培民来了。他一来，就冲到了抗洪最前线。

在安乡，郑培民指挥了三次战役：赶在洪水到来之前，抢修了一条11公里的隔堤，保住了安乡县城；指挥堵塞书院洲溃口，扼住洪水咽喉；指挥了惊心动魄的北大堤保卫战，拒千里洪峰于常德之外……

在堤上，面对滚滚洪流，郑培民用一个简单的盒饭，度过了自己55岁的生日。

2002年3月，郑培民被抽调到中央工作，突然旧病复发。急送医院的途中，遇到红灯，司机准备闯关。郑培民艰难地抬起头说："不要闯红灯！"几乎是用尽全身力气说完这句话后，他无力地靠在秘书身上，再也没有醒来。

两袖清风不染尘

"春风大雅能容物，秋水文章不染尘。"一位身边工作人员这样评价郑培民。

集邮，可说是郑培民唯一的爱好。就是这个爱好，他也绝对保密，生怕有人投其所好。

无论是调离湘潭还是湘西，郑培民总是选在清晨悄悄离开。他生怕惊扰大家。

在湘西州工作时，郑培民在日记中这样写道："坚持自费返家，往返火车票近80元，自己掏腰包。有人讲我太古板，我想，对自己严格要求，是一个共产党员特别是领导干部应当自觉做到的。"

"对待身外之物，要铁石心肠。"郑培民写得清楚，更做得明白。

1988年6月，老同学季德钧来湘潭出差，郑培民接他到家里做客。多年后，季德钧在回忆时感慨："郑家之简朴清贫，不用说现在，就是在当年的同级干部中也是不多见的。"

郑培民生前，妻子杨力求的工作单位只变动过一次，就是从湘潭市新华书店调到了省新华书店，仍是一名普通职工。

杨力求敬重郑培民的为人，更注重维护丈夫的形象。她有一个"三不"原则：不帮人向郑培民捎任何信，不传口信，不接受任何礼品。

儿子郑海龙说："在廉政问题上，爸爸'把前门'，妈妈'守后门'。"

郑培民的生前身后，都清廉如水，皎若明月。

精神火炬照后人

郑培民逝世之后，安静地躺在湖南革命陵园的一角。

每逢清明，杨力求都去墓地祭扫。在丈夫的墓前，她经常会看到一束束整齐摆放的鲜花，会碰到许许多多素不相识的人。他们对杨力求说："培民书记是个好人，是个好领导，我们怀念他。"

忘不了"为民书记"的，还有凤凰县火炉坪完小的孩子们。20年来，孩子们每年都会来到郑培民同志铜像前，缅怀这位人民的公仆。如今，火炉坪完小已更名为"培民学校"，学校90%的老师都是当年从这里毕业、在外面学成归来的孩子。

湘潭市的干部群众也记得，郑培民调离湘潭前，曾在日记中这样写道："在湘潭七年来的工作，有几点是问心无愧的：一是在干部问题上，坚持了五湖四海、公道正派，没有结党营私。二是在重大问题上坚持了原则立场，不含糊。三是坚持党性，甘作自我牺牲，协调领导班子的团结。这些，甚至被误解，认为我胆子小，但我认为这正是一个党员应该做的。四是在执行政策上，比较稳妥。五是在廉洁自律、为基层和群众办实事方面，做了自己应做的事，从而带动了市委机关的建设。"

哪有比百姓口碑更坚固的丰碑？心中装有人民，人必念之；心中装有大爱，人必敬之。

倒下的郑培民，擎起的是精神的火炬！他"不忘宗旨，永葆本色"的精神遗产，永留世间，激励后人。

（作者：蒙志军）

罗健夫：知识分子的楷模

人物档案

罗健夫（1935—1982），湖南湘乡人。1965年开始研究微电子技术，随后投入新中国科研建设事业中，为我国航天电子工业作出巨大贡献，是中国知识分子的楷模。获得全国科学大会奖励，被评为全国劳动模范、100位新中国成立以来感动中国人物、最美奋斗者。

1972年，罗健夫克服重重困难和阻力，成功研制出我国第一台图形发生器，填补了我国电子工业领域的一个空白。3年后，他又成功研制出Ⅱ型图形发生器。在一次调试设备时，他突然病倒，被诊断为晚期淋巴癌。1982年6月，罗健夫医治无效去世，年仅47岁。按照其遗愿，医生对他的遗体做了解剖，结果发现他周身布满肿瘤，胸腔里的肿瘤比心脏还大；胸骨一碰就碎。医护人员都哭了："很少见这样的病，更少见罗健夫这样的人，他真是特殊材料制成的！"

罗健夫

攻关者的胸怀

　　湘乡市一中校园里，矗立着一尊罗健夫的半身铜像，底座上刻着"校友罗健夫，1935—1982"字样。

　　铜像是罗健夫年轻时的模样，面色柔和，带着微笑，眼神坚定。"他是我们的学长，有中国科学家最为典型的样子——心中有家国、淡泊而执着。"湘乡市一中师生这样评价他。

　　罗健夫生前是原航天工业部陕西骊山微电子公司的一名工程师。他的一生，与图形发生器紧密相关。

　　图形发生器，是电子计算机控制的自动制版设备。没有它，研制半导体大规模集成电路几乎不可能。这个在今天早已被 CAD 技术取代的笨重家伙，曾帮我国航天电子工业发展打开了一扇门，也承载着罗健夫一生的奉献史。

心中有家国，才会舍小为大、竭尽所能。

1969 年，罗健夫受命研制图形发生器，担任课题组组长。当时，图形发生器是国外"禁运"设备，因此我国无资料，无样机。而且，研制图形发生器需要电子线路、自动控制、精密机械、应用光学等多方面知识，可罗健夫大学学的是核物理，怎么办？

一切从头学起。接到研制任务后，他一头扎进图书馆和书店，搜集所有能找到的相关资料，"恶补"有关专业知识。

研制过程中，课题组负责计算机的技术员因有其他项目被抽调。这对罗健夫的研制工作来说，不亚于斩断了一条胳膊。当大家以为他会撂挑子时，他却坚定地说："我们研制图形发生器，是国家急需、党的事业急需！作为一个党员，我为什么不替党着急！搞计算机的人调走了，我为什么没有承担起双份工作的勇气，自己顶上去！"

这就是一个科学家的执着与坚韧。

1972 年，罗健夫克服重重困难和阻力，终于成功研制出我国第一台图形发生器，填补了我国电子工业领域的一个空白。3 年后，他又成功研制出 II 型图形发生器，为我国航天电子工业作出巨大贡献。

1978 年，II 型图形发生器项目获得全国科学大会奖励。申报奖项时，罗健夫把同事的名字写在前面，自己的名字放在最后。

这是科学家的淡泊与超然。

奋斗者的姿态

在科研事业这条路上，罗健夫拼搏奋进，唯独忘了自己。

1981年10月，他在进行Ⅲ型图形发生器的改良工作时，病魔向他袭来。为了Ⅲ型图形发生器能早日投入使用，他以惊人的毅力坚持工作。

当时，组织上要他去北京做协作研究，他带着病痛，二话没说接受了任务。一进北京，罗健夫就投入到紧张的工作中。病痛加重了，他就抓几服中药，晚上一边熬药，一边查阅资料。有时同志们见他疼得厉害，劝他休息，他却笑笑说没有关系，贴一块伤湿止痛膏就好了。单位领导得知他患了病，多次写信催他回去检查治疗。罗健夫却说："这里的工作需要我，我不能走。"

1982年2月，罗健夫被确诊为癌症晚期，可他跟医生说，不要告诉自己的家人。胸腔的肿瘤把胸骨顶起，皮肤如烧灼般剧痛，但他仍扎在资料堆里，修改Ⅲ型图形发生器的图纸。

"他经常是三五天，甚至一个星期连续奋战在实验室，饿了啃块馒头，困了就躺在地板上打个盹。"湘乡市一中校友、曾去过罗健夫工作地的乐本坚老人说。

"哥哥全身心扑在科研事业上，还多次放弃提拔和加薪机会，颁发的奖金也分文不要。"罗健夫的弟媳、湘乡市人民医院退休医生张婉兮说，"在他的家里，没有一件像样的家具，只摆着旧床、旧书桌、旧柜子，一盏旧台灯的罩子还是用纸糊的。他身上穿戴的是当年部队发的军衣军帽。"

罗葵曾在7岁时见过伯父罗健夫："伯父非常和蔼，鼓励我好好学习，长大后要报效祖国。"伯父留给罗葵印象最深刻的一幕是：他身体不舒服时，一手拿着牙刷顶着胸部，一手拿着笔还在工作。

除了工作，罗健夫想得最多的是他人。面对绝症，他看得很开，不止一次对主治医生说："你们现在就可以在我身上做实验，死后我的身体捐献给国家，你们可以解剖分析一下，希望对以后其他人的治疗有帮助。"

1982 年 6 月 16 日，47 岁的罗健夫与世长辞。

在写给弟弟罗煜夫的一封信中，罗健夫工整地摘抄了小说《钢铁是怎样炼成的》主人公保尔·柯察金的一段话："人的一生应当这样度过：当回忆往事的时候，他不因虚度年华而悔恨，也不因碌碌无为而羞愧。在临死的时候，他能够说：'我的整个生命和全部精力，都已献给世界上最壮丽的事业——为人类的解放而斗争。'"

如今，罗健夫的母校湘乡市一中在新生入校时，总会组织他们走进校史馆，学先辈高尚情操，立笃学报国之志，而罗健夫的故事总会被说起。罗健夫忘我工作、勇于攻关的精神和高尚品格，为后人树立了一座永远的丰碑。

（作者：王铭俊　肖畅）

黄祖示：革命人永远年轻

人物档案

黄祖示，1940 年 7 月生，湖南韶山人。在部队，被授予"学毛著积极分子""雷锋式的好战士"称号。中共九大代表，共青团九大特邀代表，湖南省第八届政协常委。1964 年，全军开展学习廖（初江）、丰（福生）、黄（祖示）活动。1990 年，任湖南省军区副政委，1990 年 7 月被授予少将军衔。被评为 100 位新中国成立后为国防和军队建设作出重大贡献、具有重大影响的先进模范人物。

5 岁给地下党放哨，16 岁当生产队长，19 岁入伍，24 岁成为"学毛著积极分子"，40 岁参加对越自卫反击战，50 多岁参加抗洪被称为"追着洪水走的将军"……从领导岗位退下来后，黄祖示又回到故乡续写"传奇"，修路、种树、打井、帮困、养牛、酿酒、建党史教育基地，赢得村民一致称赞。如果用一句话来形容他的人生，莫过于这句：革命人永远年轻。

黄祖示在韶山老家
参加劳动

卫国戍边写忠诚

1957年修韶山水库，17岁的黄祖示被推选为工地民兵营长。他带领广大青年日夜奋战，只用不到两年时间，就把水库修好了。1959年12月，黄祖示应征入伍，成为一名防化兵，曾深入原子弹爆炸中心出色完成辐射侦察任务。

入伍后4年内，黄祖示利用业余时间读完《毛泽东选集》1—4卷，写下13本近30万字的笔记。从1964年4月开始，中央军委、中宣部、全国总工会、共青团中央相继发出通知，在全军、全国开展向廖（初江）、丰（福生）、黄（祖示）学习的活动。当时20岁出头的黄祖示在全国家喻户晓，"学毛著积极分子""雷锋式的好战士"等各种荣誉纷至沓来。

"1964 年，我到北京军事科学院礼堂作报告。院长叶剑英元帅对在座的军事专家说：'平时都是你们给别人上课，今天我特地请了个战士当老师，给大家上课。'就餐时，叶帅把我拉到身边坐下，不时给我夹菜。那年五一劳动节，毛主席、刘少奇同志和周总理等亲切接见了我。毛主席还知道我来自他的家乡。"黄祖示自豪地说。

无论是从连队到机关，还是从内地到边疆、从战士到将军，岗位变了，职务变了，黄祖示始终没有丢掉战士本色。在大西南戍边 8 年，他蹲猫耳洞、住草棚、吃咸菜，誓死坚守国门，年年与一线战士共度春节。

1990 年到 1999 年，黄祖示在湖南省军区任副政委 9 年间，有 5 年汛期赴一线抗洪，被誉为"追着洪水走的将军"。2009 年 7 月，黄祖示被中国人民解放军总政治部评为 100 位新中国成立后为国防和军队建设作出重大贡献、具有重大影响的先进模范人物之一。

解甲归田当愚公

已是耄耋之年的黄祖示将军，虽华发满头，但精神矍铄，身板硬朗。乡亲们说："老将军的头发是为家乡人民而白的。"

从韶山下高速后，只花 20 来分钟，就到了韶山市清溪镇长湖村。这里离毛泽东同志故居不到 10 公里。平整干净的水泥路，几方鱼塘，几畦菜地，一幢幢新修的小楼掩映在茂林修竹中。"脚下这条水泥路、前面的长湖小学、村委会，都是黄老募资修建的。这条高压线也是他请人架的，那边一口井是他请人打的……"村干部介绍，黄祖示为村里做的好事太多了，他还养牛、酿酒，真正是呕心沥血，不遗余力。

为什么要养牛、酿酒？黄祖示说："我不是为了赚钱，而是用自身实践探索革命老区经济发展的新路子。"他用筹措来的近 100 万元资金，承包家乡 300 多亩荒地，建起水奶牛科技示范养殖基地。2004年农历小年，这位"养牛将军"将第一批价值近 50 万元的 50 头良种水奶牛，无偿赠送给长湖村乡亲。他说："有好牛大家同养，有甜头大家同尝。"

他还四处"化缘"，建起 1 万多平方米的花园式酒厂，酿造出"韶山冲一号"等系列酒。

由于气候原因，养殖基地最后关闭，但酒厂运转正常，解决了30 多人就业。

反哺韶山，反哺老区，需要虔诚和耐心。黄祖示说："干得很辛苦，干得很起劲，干得很有希望。一代人搞不好，二代人上。不断努力，发扬愚公移山的精神，坚定不移，农村面貌一定会一天比一天好。"

红色基因永相传

长湖村是一片被烈士鲜血染红的热土，是潭湘宁边区旧址所在地，也是湘潭游击抗日根据地之一，先后有彭公达、林蔚、沈一之、周政等多位在湖南革命战争史上具有重大影响的人物在此从事革命活动。

为缅怀革命先烈、发挥党史资政育人作用，2002 年，黄祖示开始组织长湖村申报"湘潭市党史教育基地"。历时 6 年多，从整理史料、雕刻记载当地革命历史和英雄人物事迹的石碑以建设"革命纪念墙",再到撰写申报材料,他都亲力亲为。2008 年 12 月,长湖村被授牌为"湘潭市党史教育基地"。

纪念墙建好后,与烈士墓、英烈亭一起,成为长湖村纪念革命历史和革命人物的重要场所。韶山市许多学校组织师生来此参观,接受红色教育。黄祖示担任义务讲解员。他说:"我要用这些故事,告诉人们尤其是学生牢记历史,传承好红色基因,当好红色接班人。"

黄祖示还是雷锋精神义务讲解员。身为全国第一批学雷锋标兵,他多年来担任湖南省雷锋精神研究会名誉会长、中国华夏廉洁协会顾问、湖南省关心下一代工作委员会副主任,对雷锋精神有着深刻理解。他先后在省直机关、部队、学校、街道作报告上百场,结合反腐倡廉,宣讲"胸怀天下,大爱无疆"的雷锋精神,为推动湖南精神文明建设贡献余热。

（作者：曹辉）

彭楚政："扶贫司令"

人物档案

彭楚政，1943 年 11 月生，湖南古丈人。1961 年因协助抓捕逃犯有功，被特招入伍。在古丈县警察中队（后改为解放军古丈县中队）任战士期间，多次被评为五好战士，并出席了广州军区学习毛主席著作积极分子代表大会。1998 年任湖南省军区副司令员，1999 年晋升少将军衔。被评为全国民族团结进步模范、全国拥政爱民模范、全国十大扶贫状元。

认识到当年湘西山区的贫困是多么无奈，就能体会彭楚政的扶贫有多真诚。彭楚政连续 14 年奋战在湘西山区扶贫攻坚第一线，完成了湘西州脱贫史上的 4 大壮举——建房、引水、建校、扶贫开发，老百姓亲切地称他为"扶贫司令"。

花垣县排碧乡希望小学的苗族少先队员给彭楚政佩戴红领巾

心系群众，一心为民

湘西州位于武陵山脉中部。在彭楚政刚到湘西任职的 1983 年，当地还有 150 多万人温饱没有解决，至少 7 万多群众住在山洞、桥孔和茅草棚里。山区的贫困深深震撼了彭楚政。

1984 年冬，国家扶贫攻坚战吹响号角，作为全国 18 个重点扶贫地区的湘西州决定从扶贫建房入手，打一场扶贫攻坚战。州党委会上，时任湘西州扶贫领导小组副组长的彭楚政主动请缨。

饿了就啃一口干粮，渴了就喝一口山泉水，困了就在岩洞过上一夜。整整一个冬季，彭楚政的足迹遍及全州八成以上的乡镇，走访了 900 多户无房户，行程逾 5000 公里，穿烂了 5 双胶鞋，戳断了

17 根拐杖。1985 年农历大年初二，彭楚政将一份长达 3 万字的《关于解决无房群众住房问题的报告》上报州党委，引起了州党委的高度重视。不久，一场以民兵为生力军的扶贫建房战役，在武陵山区拉开了序幕。经过两个秋冬的艰苦奋战，彭楚政带领 15 万民兵，义务投工 300 多万个，帮助群众建房 1.3 万栋，使全州 7 万多无房群众全部搬进新居。

保靖县阳朝乡梭落坪村是土家族、苗族混居的山村，全村 540 多户仅靠一条小小的水沟生活。一年冬天，彭楚政冒着严寒率领县人民武装部和 500 名民兵进山开渠引水。为方便施工，他和民兵一起挤住在阴冷的岩洞里。夜里零下十几摄氏度，彭楚政住在最外边挡风。为了找水源，彭楚政打着火把，身背缆绳带头探洞，最后在一个 100 多米深的溶洞里找到了泉水。施工队一鼓作气干了 3 个月，搬走 5 万多方石头，凿出一条 5000 多米长的水渠，建起了 7 个蓄水池，把水引进了梭落坪村。村民们为感谢彭楚政带领官兵引水进村，专门立了一块碑，上面刻着："清清泉水流梭落，党的恩情暖心窝；吃水不忘引水人，万分感谢解放军。"

在湘西工作期间，彭楚政先后捐款 5 万多元，扶助 21 名失学儿童和 47 户贫困户。作为一名公仆，他心系群众，一心为民，为湘西人民脱贫致富作出了巨大贡献。

爱岗敬业，不怕苦累

作为一名领导干部，彭楚政不管任务多重、困难多大，始终把党的事业放在高于一切的位置，夜以继日忘我工作。

因为忙于工作，他经常不在家，妻子生病得不到及时治疗，落下了障碍性贫血；他自己患有严重的胆结石，经常发作，疼痛难忍，后来做手术切除胆囊时，从中取出许多黄豆大的结石。

这些个人和家庭的困难，丝毫没有影响他为党的事业奋斗的决心，没有影响他高标准履行好党和人民赋予的职责。在湘西州工作期间，在他和党委一班人的领导下，全州人民武装部以劳养武，企业从无到有，年产值逾2800万元；民兵基层建设水平明显提高，1995年全州242个基层武装部有235个达标，2710个村民兵营有2300个达标。

他始终把党的事业摆在第一位，爱岗敬业、不怕苦累、勇于开拓、积极进取，在本职岗位上创造一流的成绩。他入伍30多年来，始终牢记我党我军全心全意为人民服务的宗旨。为了党的事业和人民的利益，他忘我工作，无私奉献。

14年间，彭楚政一心扑在扶贫事业上。在州委的统一部署下，7万乡亲告别了"山顶洞"生活，31万人解决了饮水问题，5.3万名儿童走进了学堂，20万群众实现脱贫。"生命像一根火柴，划着了就要为人民燃烧。"彭楚政用实际行动践行自己的人生诺言。

彭楚政扎根湘西山区14年，积极响应党中央、国务院的号召，把"为党分忧，为民解忧"作为自己的崇高使命，在湘西州这块拥有原始山川的美丽而同时又存在少数民族聚集地历史性贫瘠问题的土地上，收获了"群众喜喝甘泉水、百姓迁入安居房"的硕果。

（作者：施泉江）

龙清秀：激越山水的生命乐章

人物档案

龙清秀（1948—2001），湖南吉首人。曾任湖南省发展计划委员会以工代赈办公室主任、湖南省西部开发办副主任。她深入我省贫困地区，为困难群众排忧解难。荣获民族团结进步模范、巾帼建功标兵、模范公务员等称号。

当贫困的阴影渐渐从三湘大地消失，她却走了；当贫困的人民开启幸福的生活，她却走了。她走了，贫困地区的人民都在呼唤着她的名字。龙清秀，这位贫困地区人民的好女儿，她的足迹遍及全省31个贫困县。她以短暂的生命奏响激越的乐章，在贫困地区人民的心里立起了一座丰碑。

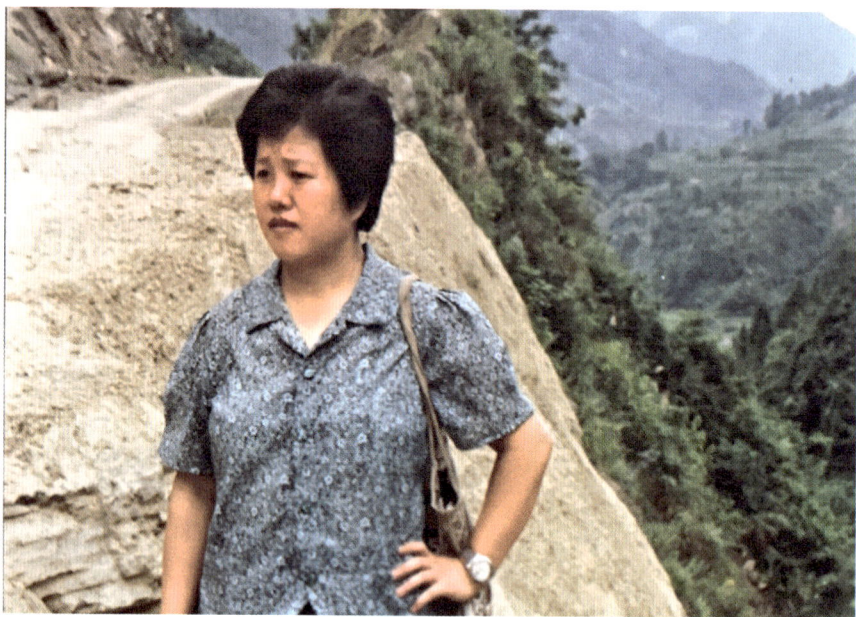

龙清秀

"贫困地区那么困难，我们当干部的寝食难安啊！"

在不通公路的桑植县长潭坪乡，20多公里的崇山峻岭，把乡亲们阻隔在了山里头，他们世世代代肩挑背负，过着穷苦的日子。

在湘西州一贫困农民家里，房子是几个木柱子架的树皮屋，三块石头上架着一个破罐，一床棉被千疮百孔，所有的家当一根扁担挑得走。

在隆回山区一所小学，校舍破烂狭窄，三个年级一个教室上"套课"。有几个女学生穿的衣服烂得不忍直视。

刚走上工作岗位时，呈现在龙清秀面前的，是一个个让人心酸的场景。

"贫困地区那么困难，我们当干部的寝食难安啊！"多少个夜晚在她眼前闪现的，是贫困地区人民那一双双渴望脱贫的眼睛。

要使贫困地区摆脱贫穷落后，必须解决的根本问题是什么？

龙清秀苦苦思索着，无数次在爬行的山道上寻找答案。她认为，治病要治本，扶贫要扶"根"。首先要从改善老百姓的生产生活条件着手，以水、电、路等基础设施工程建设代替救济，增强造血功能和发展后劲，进而从根本上改变贫困地区的面貌。

永顺主要是路的问题，保靖主要是桥的问题，古丈主要是水的问题，桑植主要是改地造田的问题，沅陵主要是防洪保田的问题……全省 31 个贫困县要解决哪些根本问题，龙清秀都了然于心。

可要把这些问题解决，把事情办实办好，又谈何容易！

15 载寒暑春秋，千百度风霜雪雨。她深入最偏僻、最贫穷的角落，踏遍了湖南贫困地区的山山水水。一年 365 天，平均每年有上百天在基层。

高高的断龙山下，居住着一万多土家族同胞。这里是典型的溶岩地带，有山却无水，十年九旱。新中国成立以来，当地百姓曾数战断龙山，几度悬崖取水，亦未如愿。此地 20 公里以外有座浦虎龙洞山，海拔 1600 米。山腰长年有一股巨大的阴河水飞流直泻，人们却只能望"水"兴叹。

1991 年腊月的一天，天下着大雪，绵延起伏的山峦一片银白。龙清秀一行冒雪进山探水源。这一天，他们从早上 8 点出发，直到下午 4 点才回来，个个变成了雪人。龙清秀全身衣服都湿透了，脚起了血泡，当晚就病倒了。

在引水工程建设中，龙清秀来了好多次。别人不敢走的仅有 1.5 米宽、720 米长的隧道和上下都是 400 多米悬崖的 5800 米渠道工地，她就走了 5 次。

历时 5 载奋战，总投资 1500 多万元的百里引水渠道建成了。断龙有"龙"了！人们把这条渠道取名为"接龙渠"。当清亮亮的渠水流入干涸的土地，贫穷的土家山寨从此成了古丈有名的"粮仓"。

"人格在某种意义上说比生命更重要。"

湘西这片贫瘠的土地，是湖南扶贫攻坚的主战场。龙清秀一年不知多少次下湘西，每一个以工代赈项目，她都要去上好几回。有人做过统计，仅桑植一县，她就去过 38 次。

1996 年 7 月 27 日，那是个炎热的日子。龙清秀来到桑植，一路上见以工代赈工程实实在在让山区的群众过上了好日子，心里很高兴。但一听人均年收入只几百元，她又皱起眉头："有没有收入高的？"

梨园里，挂满枝头的果实已经成熟。得知果木种植户席本耀 5 亩果园年收入过 2 万元，龙清秀的眼中升腾起希望的曙光。

山区的夜晚格外宁静，席本耀的堂屋里却十分热闹。龙清秀连夜召集当地的贫困村民开起了座谈会。她说："大家都很困难，耕地少没得吃，荒山多没有钱。但我们可以把荒山开发出来，改变贫困面貌。"两个月后，席本耀和 10 多户贫困村民在荒山上开出了 150 亩果园。

人们清楚记得，龙清秀几上隆回小沙江，为当地群众找到了因地制宜发展中药材的路子；她几度现场解难，帮助古丈茶叶打造品牌，发挥效益；她深入芷江侗乡，让金秋梨的开发种植迅速形成规模。

一个个以工代赈的果、药、茶、竹和畜牧业基地在三湘大地如雨后春笋般涌现，许许多多贫困群众在产业开发中迈向小康之路。2000 年的统计资料显示，全省贫困人口由 1985 年的 800 多万人下降到 130 万人，足足减少了 670 多万人。

以工代赈，一项重要的工作就是专项资金发放。每年经龙清秀之手发放的资金有 2 亿多元。

对以工代赈资金，龙清秀对下面管得严，对自己更严。人们说，她是"在钱堆里打滚的人"，过得肯定潇洒。但有谁知，别人的手机换了一个又一个，她用的还是那砖头式的手机。她说，一部手机，相当于贫困地区几个农民一年的收入。

2001 年 2 月 15 日，龙清秀因积劳成疾，永远离开了她牵挂的贫困地区的人民。

龙清秀去世后，单位的同志打开她的柜子，发现一本由 53 页小信笺纸粘贴而成的清单。清单上记录着龙清秀退还或转交礼物的一笔笔数目。她共计退礼物 48 次，退礼金 120 次。最早的一笔是 1989 年 8 月 7 日一个县计委送给她的 5 公斤茶油和 1 公斤茶叶，她按市价茶油每公斤 1.6 元、茶叶每公斤 3 元，折款共 11 元予以退还。收据上收款人某某写得一清二楚。最大的一笔是 6600 元，她转交给了平江光荣院。有一笔 4000 元转交给了保靖县拔茅乡敬老院，收据上的落款是"远方家乡人"。

"不受曰廉，不污曰洁。"人到无私品自高！

"居高声自远，非是藉秋风。"高尚的人格缘于高尚的思想境界和圣洁的心灵。龙清秀在日记中写道："人生在世，要讲品格，不讲品格不如死了。人格在某种意义上说比生命更重要。"

（作者：金中基）

宋文博：爱民模范

人物档案

宋文博（1972—2009），湖南衡阳人。生前系洞口县公安消防大队政治教导员。2009 年 6 月因参加抗洪救灾，疲劳过度引发高血压脑出血，经抢救无效英勇殉职，年仅 37 岁。被追授为爱民模范。

有这样一名消防警官，他爱人民，爱事业，爱战友，爱亲人，为爱奉献。爱民模范宋文博，用一腔热血，忠于职守，护卫人民，把生命燃烧得最为灿烂，用无私大爱奏响了一曲荡气回肠的青春之歌，在人民心中筑起高高的丰碑。

宋文博

危险关头冲在前

宋文博出生在一个军人世家，爷爷是参加过抗日战争、解放战争、抗美援朝的老干部。他家住在衡阳市警备区大院，和狼牙山五壮士之一的葛振林比邻而居。

先辈的光荣与传奇，军人的英武和忠诚，自小就流淌在宋文博的血液里。1990 年，18 岁的宋文博来到消防部队。

他从严要求自己，困难的事情抢着干，危险的时刻冲在前，最终成长为一名优秀的基层消防主官。

一天凌晨，洞口县林苑酒店发生火灾，当地居民向江湜的 70 岁母亲和 8 岁女儿被困在 4 楼的一个房间。

带队赶来救援的宋文博闻讯后，立刻冲进浓烟密布的楼内。没有空气呼吸器，他将一条毛巾打湿，包住自己的口鼻，然后扶着墙壁，摸索着前行。

当宋文博壮实的身影从浓烟中出现时，向江湜激动得热泪盈眶。"母亲趴在宋文博的背上，口鼻处正围着此前宋文博包过的湿毛巾，女儿则被牢牢夹在腋下，口鼻紧贴宋文博的衣服。而宋文博自己，却是嘴巴紧绷，屏住呼吸，单靠着一口气把人从烟海中救出。"

在宋文博看来："作为一名消防员，必须战斗在最危险、人民群众最需要的地方。这是职责所在！"

2008年1月29日上午，洞口县岩山乡菱角综合市场因冰冻灾害引发大面积坍塌，15名群众被掩埋。宋文博带队赶来。为了不伤及被困群众，消防队员们放弃大型机械挖掘，仅用铁锹和双手掏挖。冰天雪地中，逐寸逐寸突破，一个一个营救。手冻僵了，磨出了血泡，他们也全然不顾。

类似这样的场景，在宋文博19年消防生涯中，经历了太多太多。他先后参加灭火救援战斗500余次，从各种灾害事故现场抢救遇险群众18人。

群众利益放心头

在宋文博心中，"人民"二字的分量最重。他在笔记中写道："我所做的一切注定是为了人民。那是我的光荣，更是我的使命。"

当人民的生命财产受到威胁的危难之际，他挺身而出。平时，当百姓的生活遇到困难时，宋文博只要得到信息，同样会主动援助、热情帮扶。

60多岁的易四英老大娘住在洞口县消防大队干部宿舍相邻的院子里，3个儿女都不在身边。1997年12月一个寒冷的晚上，易大娘突然胃出血，吐得衣上地上鲜红一片。时任中队指导员的宋文博得知情况后，马上赶到易大娘家，背起她就往外跑，用车火速将人送到3公里开外的县人民医院。直到第二天凌晨2点多，大娘的病情稳定了，冻得直打哆嗦的宋文博才离开医院。

宋文博经常教育战士："作为一名消防战士，要常怀一颗仁爱之心，要看不得百姓受苦受难。"他率先垂范，在自身家庭经济并不宽裕的情况下，坚持多年照顾1位孤寡老人，资助2名贫困学生。出警灭火，他看到一些失火户损失惨重，就掏出口袋里的钱给予慰问。有一次，一户贫困人家失火，他带队灭火后又在现场捐了200元。

作为消防大队主官，宋文博有消防执法权。但他说："手中的权，绝不能用来谋私利，只能用来为人民保安宁、谋幸福。"

2007年6月，当地一位女企业家投资的酒店未经消防审核便擅自施工，火灾隐患严重。宋文博带领执法人员依法对酒店实施了查封。当时，这位女企业家心里很别扭。第二天，宋文博再次上门，帮助她对原来的装修方案进行整改，该拆的拆，该省的省，不仅消除了火灾隐患，还节约投资10多万元。她非常感动，多次想宴请宋文博表示感谢，均被婉言谢绝。

一颗爱民心，铸就了他的无私、清廉和高尚。

抗洪救灾把命拼

2009年6月9日凌晨，洞口境内普降暴雨，山洪导致花园镇宝湾村许多房屋倒塌，200多名群众被洪水围困。

接到抗洪命令时，已是凌晨2时35分。此时宋文博正高血压发作，头疼难忍，但他仍毫不犹豫地披上消防服冲入雨中，召集队员驱车出发。

灾情比想象的严重。狂风暴雨中，洪水肆虐，水位仍在上涨，黑暗中不时传来群众的呼救声。

消防车不能通行，战士们背上救生工具，踩着泥泞的山道徒步进发。天雨路滑，宋文博一个不慎，滑倒在泥浆中，左脚脚踝扭伤了。他爬起来，蹚着齐腰深的洪水忍痛继续前进。

"救命啊……"黑夜中传来呼救声。循声搜过去，一个老人挂着一根木棍，站在快淹至胸部的洪水中瑟瑟发抖，脸上满是惶恐。

"不要怕！我们是消防队的，来救您了。"宋文博边大声安慰，边向老人靠近。他解下自己的救生衣给老人穿好，然后背起老人，向高处走去。

刘谋华、钟翠云老两口的房子进水一米多，房门打不开。绝望之际，宋文博带领官兵及时赶到，奋力破开大门，将他们背出摇摇欲倒的房屋。

下午2时，距投入战斗已有11个多小时。7名被困老人和小孩被他成功救出，200多名村民也被战士们安全转移。

当最后一名群众被解救出来后，极度劳累、疲惫的宋文博双腿一软，一屁股跌坐在地上。一位大娘看在眼里，心疼地说："孩子，我们的命是命，你的命也是命啊，你怎么一点都不想想自己呢！"

回到大队时，已是晚上7点多钟。疼痛难忍的宋文博方才跑到一家诊所打了一针止痛剂。第二天一早，他又带领官兵来到宝湾村。清理淤泥，补修房屋，抢救粮食，给受灾群众运送干净饮用水……

6月13日，连续几天劳累的宋文博早早起床去大队营区，一头昏倒在地。次日凌晨，他的心脏停止了跳动。医院诊断：劳累过度引发高血压脑出血。宋文博英勇殉职，牺牲时年仅 37 岁。

作为一个共产党员、一名消防警官，短短 37 个春秋，最终铸成了永恒。

（作者：刘文韬）

何继善：地球院士，杏坛先生

人物档案

何继善，1934年9月生，湖南浏阳人。中南大学教授，应用地球物理学家、工程管理学家，中国工程院院士。由他领衔建立的电磁探测中国学派，引领了国际地球物理学前沿，实现了我国电磁法从跟跑到领跑的跨越。获得国家技术发明一等奖，并荣获全国模范教师、全国先进工作者、全国科普工作先进工作者、湖南省教书育人楷模等称号。

他创建了我国第一个以地电场与观测系统为特色的国家级重点学科，实现了我国电磁法从跟跑到领跑的跨越；他培养出70多名博士生、50多名硕士生，200多场科普报告更是影响了20余万人次……何继善，是潜心科研、为新中国寻找"工业口粮"的先行者；更是深耕校园、受到学生尊敬和爱戴的杏坛"大先生"。

何继善（右二）在为学生答疑解难

一心系国，格物致知"科研人"

"我已经88岁了，应该可以休息了，但国家培养了我，我有责任再做一些工作。"2021年"七一"前夕，何继善专门题了一幅字自勉："吾虽耄耋，愿献绵薄。为国兴盛，加瓦添砖。激励后学，培育青年。"

字里行间读来短，可这背后却是他自主研发中国电磁勘探装备技术、为新中国寻找"工业口粮"的一生。

由于家境困难，还没读完高中的何继善便去了湘东钨矿，一干就是4年。探矿的艰辛让他下定决心，要寻找一条勘探地下宝藏的新路子。

新中国的成立，改写了他的命运。他以同等学力考上大学，毕业后便来到中南矿冶学院（现中南大学）地质系任教，就此扎根。

他研究的是地球物理学，一门用物理原理去研究地球的学科。在自己深爱的祖国大地上，何继善不辞辛劳，一心希望能为祖国在该项科研工作上作出贡献与突破。

20世纪60年代，没有钱搞研究，他就把自己的衣裳当卖，用换的钱买来电子零件。条件的艰苦，未曾磨灭他的初心，无数次的努力，终于迎来回报——他研制出一台双频激电的探矿仪器，并带来了一种全新的地球物理勘探方法——双频激电法，能将高低两种频率的电流同时通到地下，同时测量两种电流形成的电位，比较它们的振幅和相位，就能测出地下矿床的分布。

从大山走出来的穷小子，用不懈奋斗，让祖国迎来了高光时刻。1986年，何继善在美国向来自世界各地的专家宣讲这个新方法，"变频法之父"维特教授听了后感叹："我们落后了，中国在这块超过了我们。"美国著名地球物理学家弗兰克·莫里森也说，在地球物理学界，既懂方法原理，又懂研制仪器的，世界上只有两个人，中国的何继善是其中一个。

头顶星光，脚踏实地，一个又一个成果纷至沓来。这些年，他创立双频激电法、伪随机信号电法、广域电磁法等一个个地球物理探测领域的重大理论方法。据不完全统计，由他发明的仪器装备找到的资源，累计价值超过数千亿元人民币。

"仪器，是一种思想的结晶。任何一种仪器，都有它的局限性。提出一种新方法，就必须要按照新的思想去设计仪器，这样才能够顺理成章地把研究做下去。"何继善说，"能为祖国的繁荣昌盛添砖加瓦，我感到无比自豪。"

一生为教，诚心善教"大先生"

虽然科研上成就斐然，获奖无数，但何继善独独看重自己教师的身份。他曾说："别的角色都只是我人生旅途上的小插曲。可以这么说，教书育人不但是我人生的主旋律，也是我生命中永远的安魂曲。"自 1960 年被分配到中南矿冶学院地质系任教，执教 60 多年，他教了近 20 门不同的课程，将毕生所学、所知倾囊相授。

何继善是一位标准的"严师"。何继善所带的学生付国红回忆，有一次，自己到重庆去做研究，才去两天，导师询问进度的电话就追过来了。出差回来后，他发现导师也出差去了，本以为不用汇报，没想到很快就被要求书面汇报情况。"做他的学生，没有机会偷懒，时时要被'敲打'。"

一甲子躬耕树蕙。他先后培养出 70 多名博士生、50 多名硕士生，以及一大批的本科生，其中不乏具有较深学术造诣的专家学者，如火箭军导弹技术专家刘代志、电磁场理论和应用研究专家汤井田等。

何继善更是一位"大师"。20 多年来，他先后作各种科普报告200 多场，甚至有两年的宣讲材料是在轮椅上准备的。他的足迹遍及三湘四水，更远至北京、甘肃、黑龙江、四川等地，听他科普讲座的累计有 20 多万人次。他还发出了"关于利用大专院校、科研院所的实验室向青少年开放"的倡议，在中南大学建立了矿业科技史馆、地质博物馆、国家重点实验室等 12 个对外开放的科普教育基地，旨在点燃青少年科学思想的火花。

六十余载，何继善辛劳执着，不断探索，诚心善教，实现了自己"为国分忧，为民造福"的庄严承诺。

（作者：周倜）

刘筠：一生只为"年年有鱼"

人物档案

刘筠（1929—2015），湖南武冈人。鱼类繁殖生理学家，中国工程院院士，享受国务院政府特殊津贴。他在世界上首次研制出异源四倍体鲫鲤，主持的有关研究成果先后获20多项国家及省部级奖，解决了四大家鱼、中华鳖等水产物种人工繁育难题，将实惠鲜美的水产品送上千家万户的餐桌。获得全国先进工作者、湖南省劳动模范等荣誉。

刘筠院士被称为"鱼痴"。他一生致力于让人民"年年有鱼"，为此，他呕心沥血一辈子。他走了，可他又从未离开，化作清池里一尾锦鲤，随碧波摇曳，留下最美涟漪。

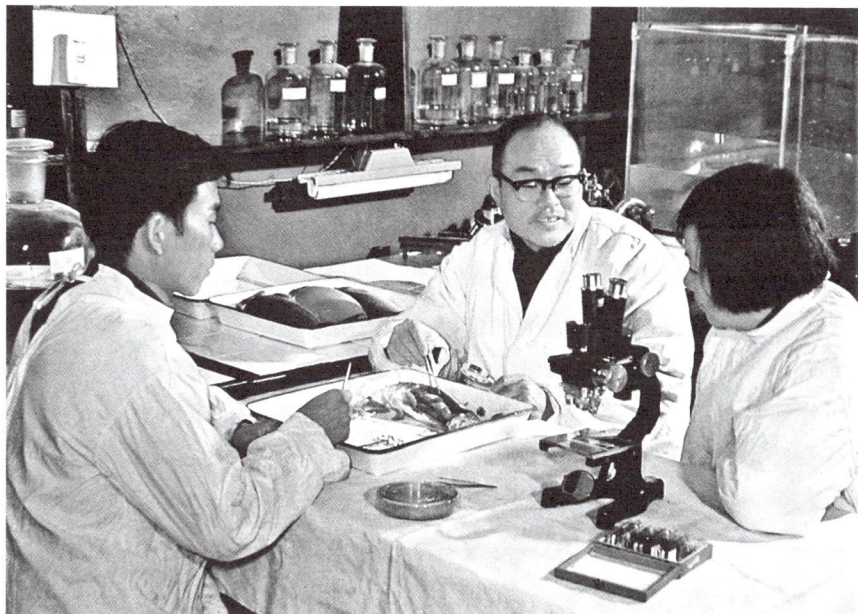

刘筠（中）在进行鲤鱼杂交研究

让中国人餐桌上多条鱼

　　湖南是鱼米之乡，稻米香、鱼鲜美，湖南人餐桌上少不了鱼。可是，在江河里兴旺繁衍的四大家鱼——青、草、鲢、鳙，为何一入池塘就无法繁衍生息？1958年秋，水产部在湖南召开会议，提出了这个问题。当时，书上早有定论，四大家鱼在池塘里无法繁殖，因为生殖细胞不发育。

　　果真如此？那年秋天，刚从中科院实验生物研究所进修归来，28岁的湖南师范学院（现湖南师范大学）教师刘筠主动要求承担解决四大家鱼人工繁殖问题的工作，他要用自己的实践来探寻真相。

　　新婚第二天，刘筠就告别妻子，带着学生来到祁阳县渔场。每天早上在这里做完实验，又要赶往 35 公里外的归阳渔场做实验，当天再赶回来。当时交通不便利，刘筠和他的团队单凭两条腿，每天来回走 70 多公里。不到 3 年，凭着一股韧劲，刘筠和他的学生跑遍了湖南 40 多个乡镇的池塘。

收集样本近 1000 个，刘筠终于发现，池养家鱼的生殖细胞能够发育，但雌鱼细胞只能发育到初级阶段，必须进行人工催产。多次实验后，他找到了合适的催产剂，实现了四大家鱼人工催产排卵。四大家鱼人工繁育难题攻克后，鱼的养殖量猛增。"以前只有逢年过节、招待客人才舍得吃鱼，但现在鱼的价格比蔬菜还便宜，就得益于这项研究。"刘筠说。

1979 年，刘筠又开始下一个课题研究——鳖的人工繁殖和养殖。对中华鳖了解甚少的刘筠，遇到了许多难题——中华鳖的年龄鉴定、繁殖方式、养殖的雌雄比例等。他驻扎在汉寿县特种水产研究所，通过仔细观察实验，终于提出一系列技术方案，逐渐形成中华鳖人工养殖理论基础，推动中华鳖人工养殖产业发展。仅 1994 年，湖南靠养殖中华鳖就创收 4 亿多元。

1979 年，湘阴县东湖渔场发现一条个头巨大、像鲤鱼又像鲫鱼的"怪鱼"，这点燃了刘筠的好奇心：能否使鱼像杂交水稻那样，把质和量都提高呢？

根据经典遗传学原理，不同种属之间的物种远缘杂交难度非常大。早在 20 世纪 50 年代，日本和苏联就有学者提出过鲫、鲤杂交雄性不育的理论。

为了让中国人的餐桌上多条鱼，"不唯上，不唯书"的刘筠带领团队，利用细胞工程技术处理，成功实现鲫、鲤之间远缘杂交，产生具有自然繁殖后代能力的四倍体染色体的后代。刘筠团队利用宝贵的四倍体鱼种和普通二倍体鱼种杂交，从而培育出了优质的不育杂交三倍体鲫鱼和三倍体鲤鱼。这些鱼比普通鲤鱼、鲫鱼体形大，生长速度快，抗病力强，味道极为鲜美。并且因为不育，这些鱼不受养殖水域限制，不会污染原水域鲤、鲫鱼种群，具有很高的生态效益。一个新的三倍体优质鱼类基因种群就此诞生，同时这还是世界上首次研制出异源四倍体鲫、鲤，震惊国际鱼类研究界。

由于是采用细胞工程技术研究得来的，这些鱼最初被称为"工程鲫""工程鲤"。由于学术味太浓，1995 年改名为"湘云鲫""湘云鲤"。"湘"即指湖南，"云"和刘筠的"筠"谐音，同时寄寓着本土培育的优质产品如天边彩云般遨游世界市场的美好愿景。

一脸慈祥，一生勤劳

2015 年 1 月 21 日，刘筠院士与世长辞。刘筠的小儿子刘少军院士念念不忘的，是父亲"做得一手好菜，写得一手好字，一脸慈祥，一生勤劳，一身正气，一生坚强"。

1929 年 11 月，刘筠出生在湖南武冈一户清贫的农家。父母识字不多，却在孩子的学习上倾注心血。从五岁上私塾起，刘筠就展现出好学善思的品质。不光爱学习，游泳、爬山、跑步、打球，他也十分热爱。

1953 年从湖南大学生物系毕业后，刘筠被分配到湖南师范学院生物系任教。三年后，他受系主任董爽秋举荐，入中国科学院实验生物研究所进修，从此迈入鱼类研究的大门。1958 年学成归来后，仍回到湖南师院生物系做科研。

刘筠始终奋斗在科研一线。他说，自己一生做了四件事，第一件是解决了四大家鱼的人工繁殖问题，第二件是中华鳖的繁育和养殖，第三件是"湘云鲫""湘云鲤"的研发，最后一件事，当时已八十高龄的刘筠说："我现在正在做的第四件事情，就是大鲵的人工繁殖。这件事情做成了，不仅可以保护大鲵这一物种，老百姓也能吃得起啦！"

刘筠拄着拐杖，走路坚持不要人扶，也不让学生帮忙开门。"我还没有老呢，我还能再干几年！"2014年8月，长期受白内障和糖尿病折磨的刘筠身体已出现不适，但他还是拄着拐杖去了趟汉寿的甲鱼培育基地。"他要亲自放养甲鱼苗，他把生态修复看得很重。"他的学生、湖南师范大学教授周工健说。然而，刘筠还没来得及完成第四件事，就离大家而去，留下永久遗憾。

刘筠院士奉献了自己的一生。除了科研，他还为国家培养了200多名博士生、硕士生和成千上万的本科生，桃李满天下。"我先是有了教师的身份，才有科研的机会，教书育人始终是要排在第一位的。"尽管年事已高，刘筠每天仍坚持办公数小时，拿着放大镜，逐字逐句批改学生作业、阅读科研文献。光是小儿子刘少军为他买的放大镜，就有20多个。

平时，刘筠和妻子胡运瑾教授勤俭持家，却为祖国人才培养拿出100万元设立奖学金，资助了数批品学兼优的学生。学校欲出资为他换掉用了几十年的老办公桌椅，刘筠拒绝了，说要把钱用在科研和人才培养上。

（作者：左丹　李嘉怡）

谭靖夷：从江河里走来的院士

人物档案

谭靖夷（1921—2016），湖南衡阳人。中国水利水电第八工程局有限公司原总工程师，中国工程院院士。他的足迹踏遍了祖国的江河湖川，福建古田溪、广东流溪河、湖南柘溪、贵州乌江渡、湖南东江等大中型水电站的建设以及湖南韶山灌区、欧阳海灌区、桃江水库等水利工程都留下了他的名字。他参与建设和参与技术咨询的水电大坝有80余座，被誉为"从江河里走来的院士"。

世界排名前15位的特大型水电站，中国有7座，座座都留下了他的名字。他是岩溶地区高坝建设的开路人、超级拱坝的大推手、世纪工程三峡大坝的把关人，他是新中国水电建筑施工技术的奠基者和开拓者、当之无愧的筑坝大师。

谭靖夷随国务院专家组到三峡工地指导

水电施工界最令人仰望与倚重的"高坝"

山高云低，峡谷绵绵。

金沙江下游溪洛渡大峡谷，大坝高耸入云，激流从坝身孔洞中飞泻而下，化作强大动能，在两岸山体内推动巨大的水轮发电机组高速旋转。水雾升腾，阳光下，幻化成道道彩虹，美得惊心动魄。

这座庄严完美的 300 米级超级拱坝，是谭靖夷的杰作之一。

谭靖夷在我国水电施工领域是当之无愧的"第一人"。

中国中西部多喀斯特地貌，曾经被视为筑坝的禁区，但他在乌江渡首创了具有中国特色的高压灌浆技术，为我国在岩溶地区建设高坝大库开辟了道路。

拱坝在中国起步很晚，他把中国的混凝土高拱坝的建设，一步一步带到了世界水电施工的最高水平，澜沧江小湾水电站、雅砻江锦屏水电站和金沙江溪洛渡水电站，各项技术指标位居世界前列。

他的足迹几乎遍及我国每一座大中型水电工程，担任过国务院三峡工程专家组副组长、澜沧江流域水电站梯级开发专家组组长、国家南水北调工程专家组成员和中国国际工程咨询公司专家。世界排名前15位的特大型水电站，中国有7座，座座都留下了他的名字……

"水电施工方面的技术问题，没有谭靖夷解决不了的。"在当年的院士评选会上，中国工程院院士、原水电部总工程师李鹗鼎这样评价。

作为工程院院士，谭靖夷甚少论文，他的作品就是那一座座大坝，他的智慧全在每一座大坝的施工总结与指导意见里——

1995年开工的沙牌水库大坝，最初颇有争议，一度停工数月。谭靖夷追溯论证了施工过程的每一个细节，力排众议，做出大坝质量可靠安全的结论。2008年，汶川大地震发生，处在震中位置的沙牌大坝却毫发无损，被誉为汶川地震中的"最牛大坝"。

二滩水电站进水口工程，由于地质原因，存在大面积塌方的危险，原开挖方案受阻。谭靖夷提出边开挖、边支护的重大设计变更建议，攻克了这一拦路虎。

红水河天生桥水电站，在导流洞施工中，原双洞导流施工方案受阻。谭靖夷另辟蹊径，主张单洞导流，解决了这一重大难题。

构皮滩水电站，是世界喀斯特地貌最高的双曲拱坝，在施工过程中，导流洞出现透水。谭靖夷每天一个电话指导堵漏，亲自计算堵头、模板结构形式，顺利完成了这一工程。

…………

从最初在荒芜中摸索建成的小水电站，到后来恢宏无匹的三峡大坝，60 多年时间里，谭靖夷参与建设和咨询的中型、大型、特大型水电工程达 80 座，成为中国水电施工界最令人敬仰与倚重的"高坝"。

把每一座大坝建成"无瑕疵的艺术品"

在水电八局，谭靖夷近乎苛刻的严谨、近乎固执的"必须到现场"原则，都是出了名的，他一贯要求把工程建设成"无瑕疵的艺术品"。

1956 年，谭靖夷第一次主持修建大坝——流溪河电站拱坝，他要求拱坝模板安装误差不得超过 5 毫米。虽然当时施工条件十分简陋，流溪河大坝浇筑的混凝土却堪称一流。1989 年和 2008 年，谭靖夷两次重访流溪河工程，廊道仍然滴水不漏。2008 年坝面的混凝土试件试验表明，混凝土强度并没有衰减，而是提高了。他称这座青春不老的大坝为"一生中最满意的一座大坝"。

谭靖夷平时待人很客气，但是涉及工程，却一点也不饶人，大家都"怕"他。

"混凝土毛面，检查工程时他都是要用手去摸，谁敢有丝毫糊弄？"水电八局原总工刘炎生，从乌江渡开始与谭靖夷打交道，提到谭靖夷，总有点不自觉的激动。

大家"怕"谭靖夷的，还有他的固执。无论年纪多大，谭靖夷都会出现在他指导的大坝工地上，无论道路多么难走，他都要去工作面查看。

由于长年坚持游泳和跑步，谭靖夷的身体素质非常好，即使到了90 岁高龄，他在大坝现场总是爬上爬下，在他看来，"不去现场，等于没去过大坝"。

从 1994 年起，谭靖夷先后 17 次随国务院专家组赴三峡工地进行质量检查，每次现场检查，上仓面、下廊道、钻隧道，他比年轻人还利索。

一个人的成就可以造福许多人，一个人的风范更可以影响很多人。"他那种一丝不苟的作风，影响了几代水电人。"刘炎生说。

67岁那年，谭靖夷从水电八局超龄退休。别人退休之后，含饴弄孙、颐养天年，他的退休生活仍旧在施工一线。全国各地的工程，需要他的时候，随叫随到，他也喜欢去。

与对工程的苛求相比，谭靖夷对于物质生活简直一无所求。他生活极为朴素，出差坐公交，从不用公司的专车。水电八局要给他配一个生活助手，他坚决拒绝，一来不愿增加公司负担，二来他怕耽误人家年轻人的前程。

在人生最后的阶段，病床上他念念不忘的是金沙江上最后两个水电大坝。

大坝，是他给这个世界最好的礼物，也是世界给他最好的回赠。

他已将自己的生命，筑成了一道大坝，质朴如石，精纯如金，光华庄严，仰之弥高。

（作者：周月桂）

黄伯云：天高地阔任君飞

人物档案

黄伯云，1945年11月生，湖南南县人。著名材料学家，中国工程院院士，曾任中南大学校长、中国科协副主席、中国材料研究学会理事长。长期从事先进复合材料、高性能摩擦材料、特种粉末冶金材料等领域研究。获国家科技成果奖4项、国家教学成果奖3项。其中，"高性能碳／碳航空制动材料的制备技术"获国家技术发明一等奖，结束了该奖项连续6年空缺的历史。获全国五一劳动奖章。

从粉末冶金材料到碳／碳复合材料，黄伯云将一生豪情挥洒在制备世界一流水平的先进材料中。1988年，他放弃优厚待遇，举家回国，成为改革开放后第一个在美国完成硕士、博士、博士后学习的归国留学人员。当中国飞机带着中国智造的碳／碳航空刹车材料冲上云霄，见证的是他和团队一起20年磨一剑的硕果，从此，在这一领域，中国从跟跑变成了并跑。

黄伯云（前中）在查看研究成果

改写中国飞机依赖进口碳／碳刹车片才能落地的历史

承载着中国人大飞机梦想的C919，正走在商业化的大道上。其中，机轮刹车材料来自湖南。

时光倒流到20多年前，为了打破国外技术垄断，攻克受制于人的碳／碳航空刹车片，黄伯云及其团队历经十余年摸索后依然前路茫茫，进入了最艰难的时期。

飞机的起降和滑行都离不开安装在飞机轮子里面的刹车片，国际上通用的航空刹车片有金属盘和碳／碳盘两种。作为飞机上的零部件，减轻1克都需要无数人的努力。碳／碳刹车片只有金属刹车片的四分之一重，而且性能好、耐高温、寿命长，被称为"黑色的金子"。但在我国,碳/碳刹车片全部依赖进口,不仅价格高,而且受制于人,"卡脖子"的隐患很大。

留学归来的黄伯云先是与同事们一道参与完成了"高性能粉末冶金飞机制动材料"等重大课题,使产品综合性能超过国外,处于世界领先水平。接着,他们又瞄准了碳/碳航空刹车片这一前沿研究领域。

碳/碳航空制动材料是先进的复合材料。第一个"碳"指碳纤维,只有人的头发丝的十分之一粗,好像钢筋混凝土中的钢筋;第二个"碳"指碳基体,由看不见、摸不着的碳原子组成,好像钢筋混凝土中的水泥、砂石。要让数以亿万计的碳原子按着人的指挥排列在碳纤维之间,才能产生出比重轻、密度低、性能好的材料,技术难度可想而知。

黄伯云到国外想参观生产车间,被一口拒绝。花大价钱从国外买回来一个样品,拆解时却发现是个废品。检索了所有的国外文献,没有什么新资料,最后发现还得靠自己闯出一条路子来。

困难一个接一个。

完成了实验室基础研究后,黄伯云带领团队开始了工业性试验。

做一次完整的试验就是一年,比种一季庄稼还要长。屡战屡败,屡败屡战。黄伯云终于做出了珍贵的样品。

转眼到了 2000 年。在花费不菲、信心满满的惯性台试验中,碳/碳刹车片还是惨遭失败。

黄伯云非常痛苦,团队也感到十分沮丧。但他的一番话,感动了课题组所有人:"大家同事多年,结下了深厚感情。搞科研不可能没有挫折和失败。我们干定了这个项目,即便将我这条老命搭进去,也在所不惜。"

研究历经重重难关,终于理论上取得突破,走出了一条与国外完全不同的技术路线。与国外同类产品相比,黄伯云团队研制出的碳/

碳刹车片性能更好，成本更低。中国飞机依赖进口碳／碳刹车片才能落地的历史，被改写了！

做科研就要把成果用起来

黄伯云当了多年的全国政协委员、人大代表，上交的提案和建议中，出现频率最高的内容就是推进成果转化。在他看来，做科研就要把成果用起来，不能用的成果不是好成果。

从 1994 年起，黄伯云先后创办了粉末冶金注射成形、粉末冶金挤压成形等 4 个学科性公司，将学校粉末冶金工程中心的一批具有国际领先水平的高科技成果进行中试生产，然后把中试的产品转向企业去批量生产，打造了我国新材料工业领域的拳头产品，创造了巨大的经济效益与社会效益。

博云新材和长沙鑫航两家公司，是黄伯云创建的碳／碳复合新材料成果转化基地中的两个。霍尼韦尔集团是全球领先的航空航天产品供应商，两家公司与霍尼韦尔集团成功中标 C919 中的机轮及刹车系统项目，并共同组建了霍尼韦尔博云航空系统（湖南）有限公司，C919 大飞机项目的机轮刹车系统制造由此落户湖南。

研发和工程化是两座大山，黄伯云成功联通了这两个领域，并且初步形成了产业化集群。如今碳／碳刹车材料从航空航天到太阳能、电能等领域都有了应用，从核心零部件到系统集成都有新突破。

力主"能应用才是好成果"的黄伯云，任职中南大学校长期间还做了一件大事。他顶着压力出台"点智成金"的"两个 70% 激励政策"，孵化了多家高成长的学科性公司，创造了全国瞩目的"中南大学模式"。

如今年过古稀的黄伯云，工作日程依旧排得满满的。有一次，课题组几位老师陪黄伯云到北京参加项目汇报。此前，汇报材料已准备了几个月。那天黄伯云6点钟出发赶早班飞机，中午住进一个小招待所后继续准备材料，下午汇报后就急忙赶飞机回长沙。因飞机延误，到家都凌晨2点多钟了。

黄伯云中学时写过《我的未来》这样一篇作文："那些架大桥、修公路、盖大房子的人都是科学家，都是对国家有重大贡献的人物……我要立志成才，今后当一名科学家。"

少年时的梦想，早已实现；报国的情怀，越来越浓。那是走过千山万水后，一个赤子对祖国的深情！

（作者：胡宇芬）

金展鹏：轮椅上飞翔的"中国金"

人物档案

金展鹏（1938—2020），广西荔浦人。中南大学教授、博士生导师，中国科学院院士。1998年2月因病四肢瘫痪仍坚持工作。他首创了三元扩散偶——电子探针微区成分分析法，国际上被誉为"金氏相图测定法"。被评为全国模范教师、全国教书育人楷模、全国创新争优优秀共产党员、全国自强模范。

只有食指能动的英国物理学家斯蒂芬·威廉·霍金，被誉为"另一个爱因斯坦"。无独有偶，全身只有脖子以上能动的中科院院士、中南大学教授金展鹏被誉为"中国的霍金"。从事材料领域中相图研究的金展鹏，早在30多年前就因独创的"金氏相图测定法"被国外同行称作"中国金"。

金展鹏指导学生修改相关课题

世界瞩目"中国金"

"要让中国在国际相图界有一席之地。"

"中国金"是国际相图界对金展鹏的称呼。所谓相图，好似材料科学的地图，人们要想造出一种性能更好、更适应现实需要的新材料，就得借助它进行设计。

千百年来，人们在实践中发现，随着温度、压力和成分的变化，一种物质就会神奇地变成另一种物质，但到底在什么情况下发生质变，人们只能凭经验和运气获得。直到 1887 年法国的奥斯蒙利用差热分析方法系统地研究了钢的相变，后由英国的奥斯汀制成铁碳相图，人类才得以进入"读图时代"。

1963 年，来自广西小城荔浦的金展鹏研究生毕业，留在母校中南矿冶学院任教。在众人忙着写大字报的年代，他却对相图产生了浓厚兴趣，一边在坐标纸上数着格子计算，一边苦读《毛泽东选集》英文版，暗暗发誓"要让中国在国际相图界有一席之地"。1978 年，他飞赴瑞典皇家工学院做访问学者。

在瑞典的 3 年，金展鹏吸收国际前沿材料学的养分，并把传统的材料科学与现代信息科学巧妙糅合，最终奠定了他在国际相图界的大师地位。他首创的三元扩散偶——电子探针微区成分分析法，后来被国际上称作"金氏相图测定法"，效率是常规方法的几十倍。这一方法被美国、俄罗斯、英国等国外科研单位广泛采用。

他的病来得很突然。

1998 年 2 月的一天，金展鹏正准备出门参加学术会议，突然昏倒。由于颈椎出现问题，醒来后他发现自己除了脖子能动，四肢已失去知觉。

"我不能这样躺下去，我要看书。轮椅禁锢了我的手脚，却禁锢不了我的思想。"他对妻子胡元英说。他知道，属于自己的时间有限，相图领域的未竟事业，他必须传递下去。

他迅速调整好了心态，让胡元英帮着翻书页，让学生读书给他听。后来，胡元英想了一个办法。她找来几根废弃的木条，钉成一对三脚架，固定在床头，书就"俯"在两个三脚架之间。三脚架成了他的"学术平台"。

2003 年 11 月，喜讯从北京传来，金展鹏增选为中国科学院院士。

此次获评院士，可谓实至名归。除了首创"金氏相图测定法"外，金展鹏还提出了用于计算磁性的有序 – 无序转变热力学的热化学磁矩法。此外，他也承担了国家"863"、国家自然科学基金等诸多课题。

桃李芬芳慰平生

搞科研，金展鹏搞出了世界水平；带学生，金展鹏也带出了世界水平。

在许多国际相图会议上，西方代表一看到黄皮肤黑头发的同行，总是以欣赏、敬佩的口吻问道："请问您是从'中国金'那里来吗？"

1981 年以来，金展鹏悉心培养的 40 多名硕士、博士研究生，大部分从事科研工作，成为国际相图界的骨干。其中，他重病期间培养的研究生就有 10 多名，17 人次参加过国际学术会议。

患病之后，这位全身上下只有脖子能转动的老人不怕长褥疮，就怕没书看，耽误了学生的前途。保姆蒋晓静说："我们最怕学生送论文来。一篇论文一般在 100 页以上，金老师连个标点符号也不放过。看到兴头上，总是说等等再翻身，结果背上长了褥疮，好久都不能恢复。"

每周六，金展鹏还坐着轮椅去教学楼给学生们上课，不时和海内外的弟子、学者交流学科发展前沿信息，硬是没有落下一趟"科学的高速列车"。

这是怎样一种情怀在支撑着金展鹏？他说："国家培养了我，我必须为国家多做点事情。身体越不行越要抓紧，不然没时间了。""要把五星红旗插在科学的最高峰，希望在年轻人，我这辈子最大的愿望就是学生都超过我。"

1983 年师从金展鹏的曾科军，从导师那里学会了什么是"做学问要扎实"。当时国内还没有互联网，校内图书资料缺乏，要找到一篇重要文献很不容易，所以他在写论文时采用了间接引用法。金老师发现后指出："不能这样引用文献。不同的知识背景和研究目的往往会导致一个人对同一篇文章的不同评论。"他不顾经费短缺，派曾科军去沈阳、北京等地查找原始文献，核对数据。

金展鹏曾感慨："我在科学道路上不是单枪匹马，后面有老一辈科学家掌舵，前面有一代风华正茂的年轻人，我只不过是尽职地起了承上启下的作用。我一生中碰到过很多好老师。作为学生，我深深地感受到，老师每一个期待的眼光，每一个亲切的微笑，都会温暖学生一辈子。"

他的学生王冲深情地回忆道：学校规定，每个课题参与人员都有一些奖金，按惯例学生只能拿到其中很少一部分，但金老师总是把这笔奖金按工作量全部分发给学生，自己只拿与学生数额相同的一份。他一直过着简朴的生活，住的是老房子，家里还用着非常陈旧的电视机。

"真正的导师""真正的学者""我们心灵的明灯"，学生们这样赞颂他们敬爱的金老师。

"真正"的真谛在哪里？在中南大学校党委举行的向金展鹏学习的先进事迹报告会上，时任校长黄伯云院士一语道破："他心中只有科研事业，只有他的学生。"

金展鹏的故事，既是一首磅礴抗争的《命运交响曲》，也是一曲生机盎然的《春之声》。

（作者：杨丹　王铭俊）

沧南："时代信仰的基石"

人物档案

沧南，1924 年 5 月生，安徽合肥人。1952 年中国人民大学政治经济系研究生毕业，后任教于中国人民大学、武汉大学。1977 年任教于湘潭大学，先后担任哲学系主任、毛泽东哲学思想教研室主任、全国毛泽东哲学思想研究会理事等。著有《农民哲学常识》《毛泽东哲学思想》《沧南自选集》，主编《毛泽东方法学》。被评为全国优秀教师、全国教育系统关心下一代先进个人。

从贫苦的流浪儿，到成长为坚定的马克思主义者，湘潭大学教授沧南，被誉为"时代信仰的基石"。他忠于信仰、传播信仰，直到当初所坚信的一切成为美好现实，仍步履不停。"活着就要有共产党人的精气神。"他闯过命运的重重磨难，坚守毛泽东思想传播阵地，其真学问真性情见证信仰的赤诚，也点燃了一代又一代青年学子的心灵之灯。

沧南在查阅资料

甘坐"真理的冷板凳"

出生在安徽农村的沧南，饱尝过没书读的痛苦。父亲很早去世，母亲带着姐弟5人挖野菜充饥甚至乞食。小学才读了两年，抗战爆发，沧南成了流浪的失学少年。

沧南原姓高，1948年坐着大板车到河北沧县，赴冀中解放区华北大学学习，那时就改名为沧南以兹纪念。1949年华北大学重组并更名为中国人民大学，沧南成为该校首批研究生，毕业后留校任教。

1959年，武汉大学校长访问中国人民大学，请求支援一名哲学教师，沧南被选中。1977年11月，已担任武汉大学哲学系教研室主任的沧南，又提着一口大樟木箱子从武汉来到湘潭，成为湘潭大学复校后从全国各地高校来参加援建的首批教授之一。

此时的湘大，没有电灯、自来水，没有图书馆、教室，也没有教师宿舍，办学条件十分艰苦，老师都寄住在附近农民家里。这里蚊子又多又大，晚上备课，老师们就把腿放在盛半桶水的水桶里。年过半百的沧南与来自全国近百所高校的 600 多名教师一道，满怀激情、艰苦创业。他们心中只有一个愿望，就是牢记毛主席嘱托，把湘潭大学办好。

20 世纪 80 年代，沧南住进了湘大东坡村就再没挪窝。几间狭小昏暗的房子里，除了成堆的书籍，就只有几件残破过时的家具电器。书房里，一张有虫洞的小书桌，一把竹藤椅磨得发亮。40 多年来，沧南就在这里甘坐"真理的冷板凳"，潜心研究毛泽东思想。

将湘大打造成毛泽东思想研究"重镇"

求真是沧南终生坚持的学术原则，不见风使舵，不阿谀谄媚，保持一名学者应有的独立性。

1978 年，沧南向学校建议，湘大哲学专业招考毛泽东哲学思想硕士生，并建立毛泽东哲学思想教研室。1983 年，沧南提出"毛泽东方法学"这一开创性的学术课题，并主编了图书《毛泽东方法学》。他认为毛泽东创立的一整套具有中国特色思想方法和工作方法的科学理论，正是马克思主义中国化的一大创举。"这是沧南先生独具特色的学术贡献。"《求是》杂志社原社长李捷如此评价。

沧南一直提倡教学民主化："学术面前人人平等。争鸣的气氛浓一点，才有真正的教学相长。"

湘大教授范贤超，曾是沧南最早招收的研究生。范贤超说："老师讲课言简意赅，有不同意见，就可以站起来和他辩论。”现在，沧南每年还要发表好几篇论文。每一篇沧南都会第一时间叫范贤超提意见，而范贤超也不客气，拿起红笔就在稿子上修改。

40 年坚守与开拓，湘潭大学已成为全国毛泽东思想研究的“重镇”。

活着就要有共产党人的精气神

凭着一股“活着就要有共产党人的精气神”的劲头，沧南以超乎常人的意志力，闯过了命运的重重磨难。

从 20 世纪 80 年代开始，妻子患上乳腺癌，后转移为骨癌，双目失明，16 年里先后动了 9 次大手术。为了照顾常年卧病在床的妻子，沧南每天很早起床，买菜，做好早餐，7 点半出门上课。有一段时间，长期生病的儿子住在郊区的医院，妻子住在市区的医院。他 6 点钟就出发，走 1 个多小时去看儿子，再坐车去看妻子……

在妻子最后的日子里，沧南白天照顾妻子，晚上加班备课。学生们知道后，特意用竹子和野花自制了两个花篮去看望师母。

“当时我已是古稀之年了，确实很累。”沧南坦言，“但我是一个唯物主义者，从不怨天尤人，只讲面对现实。首先我是一名老师，要把课上好；其次我是妻子的丈夫、儿子的父亲，应该照顾好他们。这样，才不愧为人师、为人夫、为人父。”

他用自我剖析的方式，给学生们上党课。不说大道理，只说心里话、大实话。

面对一些浮躁功利之风，沧南自甘淡泊清贫。学生们要为他操办从教 60 周年纪念活动，他脸色一沉：“搞这个，我就跑掉。”女儿爆料父亲很"抠"：找他借钱要打借条；一件棉袄穿了 30 多年，拉链坏了还舍不得丢，用根布绳在腰间一捆……

他还卖掉心爱的邮集，将所得的 20 万元捐给湘大哲学系设立奖学金。

"我是一名流浪儿，得到过很多好心人的帮助，把他们的爱心传递下去，就是回报与感恩。"沧南说。

身居陋室，沧南这位真正的马克思主义者散发的道德馨香，使喧嚣的尘世间，沁出一片清凉。

（作者：肖欣）

李谷一：歌声乘着春风来

人物档案

　　李谷一，1944年11月生，湖南长沙人。原东方歌舞团党委书记兼第一副团长。享誉海内外的中国女高音歌唱家，国家一级演员。李谷一始终将自己的艺术实践与改革开放紧紧相连，用作品讴歌伟大时代、表达人民心声。获得首届中国金唱片奖，原文化部优秀演员奖、新曲目优秀奖，世界艺术家成就奖，改革先锋等荣誉。

　　一位歌者，一曲经典，一个时代。1979年，李谷一演唱的《乡恋》应时而生，扣人心扉，被称为"新中国第一首流行歌曲"。改革开放44年，她演唱的歌曲《难忘今宵》27次登上央视春晚，陪伴几代人成长。如今78岁的她依然大胆尝试融合创新，用嘹亮的歌喉为时代、为人民歌唱。

李谷一（右二）进行教学交流活动

《乡恋》的成功，是人民对新时期文艺的呼唤

李谷一，1944 年 11 月出生，是地道的长沙妹子。从小爱唱爱跳，17 岁从湖南省艺术学校选入湖南省花鼓戏剧院当演员。

13 年间，她先后成功塑造了 20 余个不同时代、不同性格的年轻姑娘形象。1965 年，主演花鼓戏《补锅》，在中南五省戏剧汇演中一举成名。在《补锅》里，李谷一饰演的兰英妹子朴实泼辣、热爱劳动、追求自由恋爱，以充满浓郁生活气息的形象深入人心。其诙谐活泼的花鼓戏唱腔，成为那个年代最流行的音乐。

20 世纪七八十年代，已是中央乐团独唱演员的李谷一演唱了《边疆的泉水清又纯》《洁白的羽毛寄深情》《我和我的祖国》《妹妹找哥泪花流》等歌曲，开启了中国民族歌曲现代唱法的先河。

她演唱的歌曲《乡恋》，在 1980 年风靡大江南北，却引发了一场激烈的争议。在长达 3 年的时间里，这首歌曲被批为"靡靡之音"。

1983 年，在央视首届春节联欢晚会上，全国观众通过热线高密度点播《乡恋》。最终，《乡恋》成功登上春晚，中国内地第一首流行歌曲就此诞生。

《乡恋》像一股清新的风吹荡着人们束缚已久的心扉，成为改革开放初期文艺探索创新的一颗"信号弹"，昭示着艺术家们告别僵化、走向多元化的文艺创作新天地。

在《乡恋》被"正名"后，《祝酒歌》《在希望的田野上》《军港之夜》《十五的月亮》《大海啊，故乡》《甜蜜蜜》《万里长城永不倒》《我的中国心》《一无所有》《故乡的云》……这些歌曲陆续涌现，传唱至今。

"《乡恋》的争议，是新旧文艺思想的交锋；《乡恋》的成功，是人民对新时期文艺的呼唤。"李谷一回忆当时的情景，感慨万千。

《难忘今宵》风靡 30 多年，见证文艺界的姹紫嫣红

1984 年农历除夕，央视春晚接近尾声，李谷一演唱了一首《难忘今宵》："无论天涯与海角，神州万里同怀抱，共祝愿祖国好……"在舒缓的旋律、深情的歌声中，亿万中国人内心对祖国的真挚祝福、对未来的无限期盼倾泻而出。

《难忘今宵》成为春晚的保留曲目，风靡至今。春晚的一位舞美师曾说："如果春晚不唱《难忘今宵》，就觉得自己当天的活还没做完。"

李谷一说："第一次演唱《难忘今宵》，更多的是期盼国家尽快从贫穷落后走向繁荣富强，让百姓过上好日子。随着国家的快速发展，每年唱《难忘今宵》，我所期盼的都不一样。"

《难忘今宵》一唱30多年，它见证了改革开放后文艺界的姹紫嫣红，越来越多的经典音乐作品在整个中国大地传唱。李谷一驰骋乐坛60年，为观众演唱了近800首歌曲，《绒花》《迎宾曲》《想延安》《故乡是北京》《前门情思大碗茶》《我和我的祖国》等经典作品在音乐界影响深远。

"经典作品得益于改革开放的好时代，改革开放也更加激发了广大文艺工作者的激情。"李谷一说。

"戏歌"拓展新思路，带动民歌演唱新风格

多年来，李谷一从未停止对艺术的追求和尝试。20世纪90年代，她根据自己的艺术实践首次提出"戏歌"的概念，一直影响至今。

"我是湖南花鼓戏演员出身，将戏曲元素糅进音乐，这种方式在我的作品里比较常见。记得唱《浏阳河》的时候，我特别强调有几个湖南方言音是不能改的。这些字句带有浓郁的地方特色，一出口，就具辨识度。'戏歌'通过吸收戏曲元素，谱成新的歌曲用歌唱的形式呈现在舞台上，这是对中国传统文化的独特传承。倘若我们不去发展、创新和演绎，几百种戏曲很有可能被遗忘，这将是最大的遗憾。"

李谷一将"戏歌"分为两种类型：一种是将一些中国传统戏曲的选段，用唱歌的方法、技巧表达出来；一种是用歌曲创作的理念和手

法，将中国戏曲音乐的素材和韵味加以整合，创作成新的作品。歌曲《知音》以昆曲为创作元素，歌曲《前门情思大碗茶》融入了京韵大鼓元素，歌曲《故乡是北京》则洋溢着京剧的韵味……演唱新创的"戏歌"，让李谷一的艺术生涯再攀高峰。

近年来，李谷一与年轻人合作频频，甘愿给年轻人当绿叶，鼓励年轻人去创新。她与年轻歌手合唱的电影主题曲《唠嗑歌》、国风歌曲《一念花开》等，一度引发热议。混搭的曲风为歌迷带来了新鲜的听觉体验，也赢得了不同年龄层听众的心。

对于中国流行音乐未来的发展，李谷一有自己的见解。她说："现在的文艺创作更需要沉淀，文艺创作者应该思考和审视，创作出更多符合国情和民情的'高精尖'艺术作品，为广大人民群众做好服务。站在新的历史起点，我将用我的余生，在新时代继续努力。"

（作者：陈薇　邓正可）

陈白一：工笔画的领军人物

人物档案

陈白一（1926—2014），原名陈倜，湖南邵阳人。一级美术师，著名工笔人物画家。曾任中国文联委员，中国美协常务理事，湖南省文联副主席、执行主席，湖南省美协主席等职。陈白一以工笔人物画著名，代表作有《伟大的共产主义战士欧阳海》等。获得优秀人民艺术家荣誉称号。

从20世纪80年代开始，中国绘画艺术事业登上了新的台阶——工笔画可以用来反映现实生活，不再只是描绘古装人物。而在该创新领域，工笔人物画家陈白一，是其中功勋卓越的杰出人物。他糅合传统绘画、民间艺术、西方艺术于一体，表现现代生活，别出心裁，自成一家。他说："我为人民而画，画人民的英雄，也画人民的日常生活，喜怒哀乐。给人们一点美，给人们一点爱，尽我一点赤子之心。"

陈白一（前左一）在家中与课题组成员合影

"艺术是从民众中生根出来的。"

陈白一出生在湖南邵阳的一个书香世家，家中艺术氛围浓厚。1945 年 1 月，陈白一考入华中艺术专科学校，系统地学习了艺术理论，掌握了西方绘画中的光暗画法。同时，他深受齐白石、陈抱一等近现代绘画大师的影响和启发，把光源明暗转化为笔墨性的明暗。

新中国成立后，陈白一通过学习党的文艺方针、毛主席在延安文艺座谈会上的讲话，立下了为人民服务、画人民、为人民画、画给人民看的宏愿。有一次，陈白一去农村画人像，当时，他用明暗衬托的手法塑造人脸的立体感。然而，大家并不买账。回到邵阳老家，陈白一将画拿给叔伯兄弟们看，老家的这些叔伯兄弟都是务农的，他们也都表示看不懂。

陈白一心想：如果自己画出来的东西，人民群众根本不喜欢，那还谈什么为人民服务呢？于是，他决心改变画风，开始尝试用中国较古老的画种——工笔画来表现生活。

工笔画是一种工整、精细的绘画，勾线需一丝不苟，敷色层层渲染，细节明澈入微，用极细腻的笔调描绘对象，画面精致耐看。要达到精细入微的画面效果，就必须从容不迫、精雕细刻，这就需要很长的时间，往往是"三日一树""五日一石"。

他经常外出写生，体验生活。他曾先后50余次前往湘西，但在很长一段时间里，湘西的交通条件不好，从一个寨子到另一个寨子要翻过一座座大山。陈白一靠着一双钉鞋，跋山涉水，一次次走到目的地。有一年冬天，他去洞庭湖区的汉寿县，坐上小船去看老百姓为捕鱼而摆的"迷魂阵"，不小心摔倒在湖里，全身湿透；有一次去贵州写生，他在河边看见一位妇女在浣纱，为了找个好角度写生，一脚踩空，跌下坡滚了一丈多远……

《伟大的共产主义战士欧阳海》是陈白一工笔画早期代表作。1963年冬天，火车的鸣笛声使一匹战马受惊挣脱缰绳窜上铁路。在火车与马即将相撞的危急时刻，欧阳海用自己的身躯推开了战马，避免了列车出轨，但也献出了自己生命。陈白一笔下的欧阳海下肢呈弓箭步，高举左手，呈现出一种向上飞跃的气势。近处是受惊的马儿、逼近的火车蒸汽……

2005年，在录制电视节目时，陈白一谈到了一个细节："马最惊的时候是要立起来的。这个立起来怎么画啊？马不可能立起来给你画，但是我的感觉有了。我就找了那个钉马掌的地方，那个马一钉（马掌），就惊一下，一钉（马掌）就惊一下。我在那守了几天，一个局部一个局部（地）画。马头、马的眼睛、马的鬃毛以及马腿，立起来的马腿……这样子拼出来一个立起来的马。"

这就是他的绘画秘籍："艺术是从民众中生根出来的。生活是最好的老师，离泥土越近越真实。"

湖南美术事业的奠基者

1956 年 1 月，陈白一调到湖南省群众艺术馆任美术组组长，加入中国美术家协会。他一边组织湖南省美术工作，一边积极筹备湖南省美术工作者协会（湖南省美术家协会前身）。

当时，对于全国美术界来说，湖南省美术事业很落后。陈白一说："那时去北京开会，我都是坐在最后一排，前排坐着北京、天津、上海等地的画家，湖南省美术事业在全国根本排不上名次。"但他没有丧气。湖南省美术历史悠久，民间工艺品也很丰富，得把湖南美术事业搞上去！

在他的倡导下，湖南省美术家协会和湖南省群众艺术馆联合行动，开始派工作人员分地、市包干，给深藏在民间的老画家们送笔墨纸砚，深入他们家里蹲点，鼓励广大老画家创作，鼓舞了湖南美术界的士气。

他始终围绕"出作品，出人才"的宗旨，积极在全省各地组织办各种形式的群众性美术培训辅导班、专业创作提高班。创作班以创作为中心，深入生活搜集创作素材，提高了创作质量。他曾组织全省画家去往永乐宫临摹壁画，当时永乐宫的条件非常艰苦，陈白一和大家每天就拿一个西红柿补充水分。永乐宫的壁画有一丈多高，他带领大家站在由饭桌和乒乓球台子叠加的桌子上，仰望着壁画进行临摹。

经过陈白一积极争取、多年奔走，湖南书画研究院于 1991 年 11

月正式创办。陈白一还制定了依靠工笔画的发展规划。经过多年深耕，湖南美术终于跃入全国美术大省的行列。

2014 年，88 岁的陈白一先生离世。他走了，但把永恒的东西留下了。送别的现场，有一副挽联高度评价他："无愧优秀人民艺术家德高望重，堪称湖湘画苑领头雁艺妙工精。"

（作者：廖慧文　孙雯）

白诚仁："湖南民歌之父"

人物档案

白诚仁（1932—2011），四川成都人。国家一级作曲家。曾任湖南省歌舞团团长、湖南省音协主席、湖南省政协常委等。在50多年的艺术生涯中，他创作了《挑担茶叶上北京》《洞庭鱼米乡》《小背篓》《苗岭连北京》等一批脍炙人口的歌曲。获得湖南省杰出成就音乐家荣誉称号。

踏遍三湘四水，深入湖南的苗、瑶、侗、土家等少数民族山寨，白诚仁创作出一大批民族风格浓郁、地域特色鲜明、脍炙人口的湖南民歌。《洞庭鱼米乡》《挑担茶叶上北京》曾风靡全国。新中国成立以来，湖南每个少数民族的第一首民歌几乎均出自他之手。白诚仁以其卓越的音乐成就，为保护和传承民族音乐、弘扬传统文化作出了重大贡献，被人们亲切地称为"湖南民歌之父"。

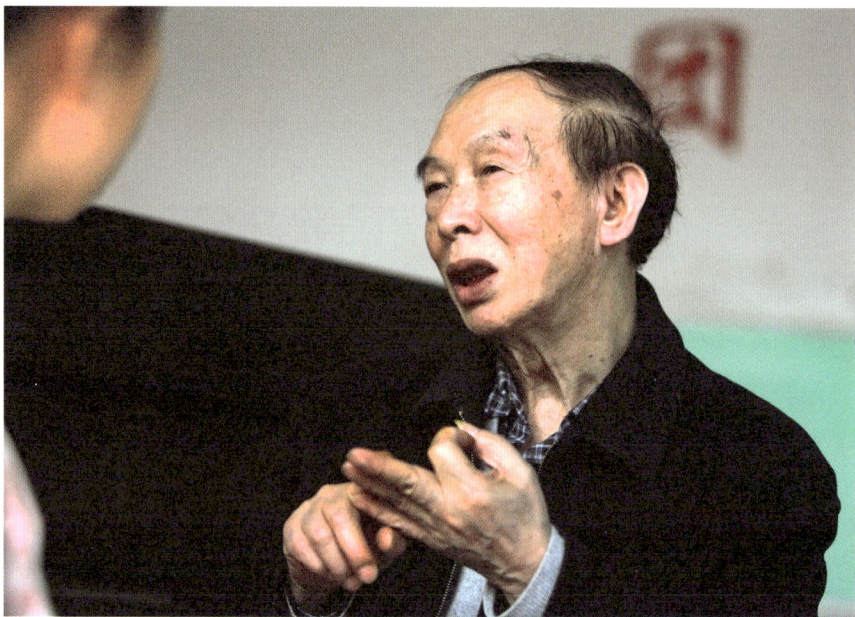

白诚仁

取歌于民，学歌于民

从东北鲁迅文艺学院（现沈阳音乐学院）毕业后，原籍四川的白诚仁被分配到了湖南省歌舞团（现湖南省歌舞剧院），从此把湖南当作自己的第二故乡。

热爱民族音乐的白诚仁，像一棵挺拔的树，深深扎根湖湘音乐沃土，硕果满枝。

他与民族音乐的缘分源自幼时。还是个娃娃时，白诚仁就熟悉了奶娘唱的山歌。走上音乐创作的道路后，两次经历让他深深感受到，音乐艺术的源头在民间，要老老实实向老百姓学习。

1953 年，他考上东北鲁迅文艺学院。有一次，他去工矿区演出，唱了一曲"乌拉乌拉"的俄文歌，听众反应平平。他找院长提建议："还是要学中国民间音乐，唱老百姓喜欢的歌！"

毕业后，他到了湖南工作。在江华瑶族自治县，他唱学校里教的"蓝蓝的天上白云飘"，观众没反应。第二天，他根据当地瑶族老婆婆唱的瑶歌，改编出小合唱《合作化高潮进瑶山》，连唱了三遍老百姓还嫌不过瘾。

白诚仁认为，艺术家要有三个基本功：生活功、继承功与技法功。在歌曲创作上，他不断从民间音乐中汲取养分，长期深入湖南少数民族聚居的山寨采风，拜当地民歌手为师，集民间歌曲之精华再创作，"取歌于民，学歌于民"。

他真心实意向百姓学歌，不怕大雪天穿条单裤翻山越岭，不怕晚上睡猪圈、棺材板。因为爬山太多伤了腿，他不到 60 岁就上不了两层楼。

他全心全意为百姓写歌，甚至通宵达旦，眼睛都差点瞎了。人们说："歌曲听来听去，还是白诚仁的调调好听。"

白诚仁作曲的《挑担茶叶上北京》，由歌唱家方应暄为毛主席演唱后，毛主席给予了称赞，还委托方应暄代为写信给湖南老乡。27 岁的白诚仁因此一曲成名，《挑担茶叶上北京》也很快传遍大江南北。

这首歌的主旋律取材于城步苗族山歌《哩啦哩》，利用了民歌《贺郎歌》的调式特点拓宽音域。最后一句"毛主席的故乡人哟"，则借鉴了韶山和衡阳山歌的调式。

有厚实的民间艺术打底，白诚仁的创作灵感喷薄而出。《洞庭鱼米乡》源于老百姓还愿唱的拜香歌，《小背篓》更是还原了湘西苗家的生活场景……这些歌，开创性地将原生态民歌与现代创作技法相结合，极富民族特色与韵味，堪称声乐界的"湖南智造"，成就了何纪光、吴碧霞、宋祖英等著名歌唱家。

但白诚仁常说，这都是湖南人民自己的歌。

抢救民歌，还歌于民

在白诚仁眼里，民歌是比金子还珍贵的东西。直到去世，他仍然心系民族音乐的发展。他像一只不知疲倦的鸟，哪里有民歌他就朝哪里扑腾。

1957 年，白诚仁在桑植跟一位茶农女戴福香学了不少歌。1978年他再去桑植参加民歌大会，听说戴福香没来，他叫上车就去接。车还没停稳，白发苍苍的戴福香跑过来抱住他就哭："白同志啊，你一走我就天天想，还有哪些歌没教给你。我等你 21 年啦。"

有一次，有人告诉白诚仁，新宁花竹山上有一位很会唱民歌的瑶族老人因病快要去世了。白诚仁连夜赶路，坐火车，乘汽车，又辗转走了 80 多里山路，赶到老人家里。他把耳朵贴在老人的嘴边，一笔一画记录下传唱了几百年的古瑶歌。

2000 年，68 岁的白诚仁重访过去采风的地方。他发现，当年自己学的民歌当地人都不会唱甚至听不懂了。一位 90 多岁的老人说："白同志，现在的年轻人只唱流行歌曲了，怎么还听得懂过去的老歌呢？"这让白诚仁夜不能寐。

"老白天天着急，挖掘整理民歌编成了《湖南民歌集成》。但那是在书里，没办法流传，要变成有声有形的东西，才不会断代。他要还歌于民。"当时在湖南省歌舞剧院工作的蒋惠鸣说。

什么叫还歌于民？白诚仁说："就是让民歌源头的人民重唱民歌。"

古稀之年，白诚仁重返少数民族地区，在偏远山乡收集、整理民歌，希望让原生态民歌重新唱响每一个村寨。

直到去世前，白诚仁还在计划着"两个工程"。第一个工程是"还歌于民"。根据苗、瑶、侗、土家、汉 5 个民族在全省选 5 个点，每个点选 100 个年轻人来学歌。白诚仁打算和一些志同道合的老同志一起，一个点办 4 个月，用 5 年时间把这个工程做好。第二个工程是改革民族乐器。白诚仁说，芦笙虽然很好听，但只有 8 个音，不够丰富；土家族的咚咚喹音量太小，没有共鸣箱。

广袤的三湘大地上，民间艺人们牢牢记住了一直在田间地头找人学歌的"白同志"。

2008 年，湖南省委宣传部在人民大会堂举办"洞庭鱼米乡——白诚仁作品音乐会"，倡议广大文艺工作者"学习白诚仁，做人民的艺术家"。

为了保持体力下乡，白诚仁每天坚持做自己独创的健身操。遗憾的是，2011 年，79 岁的他骤然逝去，心愿未了。但他的歌余音袅袅，回荡在青山绿水之间。

（作者：龙文泱）

韩少功：寻根文学原乡

人物档案

韩少功，1953年1月生，湖南长沙人。曾任《海南纪实》杂志主编、《天涯》杂志社社长、海南省作协主席、海南省文联主席等职。主要作品有《西望茅草地》《归去来》《马桥词典》《山南水北》等。获得全国优秀短篇小说奖、鲁迅文学奖、华语文学传媒大奖、法国文艺骑士奖章、美国纽曼华语文学奖等。

"绚丽的楚文化流到哪里去了？"1985年1月，湖南作家韩少功发表《文学的"根"》一文。他以难得的清醒和独立思考，由楚文化开始频频追问中国文学之根、中华民族之魂。2000年暮春，韩少功回到了孕育其文学梦想的精神原乡——汨罗市八景乡。他扛着锄头写作，获得了接地气的能量滋养，也以己之力修复着这里的乡土伦理、人心道统。从文学寻根到文化重建，韩少功以文醒世、以行践知，在湖湘大地上书写了"归去来兮"的新经典。

韩少功

"寻根从来不是复古和守旧，而是创造性的自我再造。"

1968 年，15 岁的长沙伢子韩少功成了汨罗的一名插队知青，乡亲们亲热地叫他"韩花"。10 年后，韩少功怀揣文学梦考入湖南师范学院中文系，知青生活是他开掘的"第一口文学之泉"。《月兰》《西望茅草地》等作品一鸣惊人，都是从中自然涌出的清泉。

1985 年是韩少功文学创作的重要节点。他写出了《爸爸爸》等一系列超越自我的重量级作品，成了声势浩大的"寻根"运动的"领衔主演"。

如何重铸民族自我，点亮精神之光？此后数十年的创作生涯中，韩少功立足于脚下的土地和现实生活，不断思考民族文化精神，探索民族精神家园，渴求树立一种东方的新人格、新心态、新精神，被誉为中国"最有思想"的作家。

2000年重返汨罗时，当年青春飞扬的"韩花"，已是两鬓斑白的"韩爹"。但韩少功对精神家园、文化根脉等时代命题的思考，从未改变。他一直坚信"寻根从来不是复古和守旧，而是创造性的自我再造"。

在汨罗，他的创作包括生活方式都向更广阔的田野主动"开放和沉降"。他写下来的文字似乎也落地新生，一种真诚的赤子情怀，如飞瀑涌泉，喷薄而出。

2014年1月，韩少功在汨罗创作的第三部小说《日夜书》，入选《南方周末》2013年度文化原创榜虚构类图书榜单，获得其致敬："将创作的智慧化为清冽的深流，以沉静、自然的素质，体现了文学洁身自爱的能力。"在获奖感言中，韩少功称："这个时代的文学当然需要技巧、观念、知识、创意、灵感……但更需要一颗诚实的心，所谓'修辞立其诚'。"

乡亲们看到的，就是一位"扛着锄头写作"的大作家诚实的生活。

有意味的是，也许韩少功自己也没有想到，他的柔软、洁净与诚恳，成为乡亲们身边鲜活可感的榜样。他的归来，也成就了一场春风化雨般的文化反哺。

"我们的责任是释放现代观念的热能，来重铸和镀亮这种自我。"

韩少功刚来八景乡时，村里人有些疑惑："人人都往城里跑，他为啥住到乡下来？"

慢慢地，乡亲们发现这位大作家不仅穿着普通的黄胶鞋，还经常挑一担粪桶到附近学校的公厕去掏粪泼菜。屋里的桌椅连树皮也没去掉，比农民屋里的"更土"。

再后来，乡亲们认定大作家就是"自己人"。那年道儿冲水渠坏了，三四十亩田无法耕种，韩少功就掏出5000元给村里修水渠。为了乡里的基础设施建设，他先后向当地三任市委书记写信建言，空闲时间，他还帮当地农民在互联网上推销农产品。

有件事，韩少功跟乡亲们念叨得最多，就是要保护环境，不要乱丢垃圾。

一开始乡亲们并不在意，慢慢地大家发现牛没地方喝水，人洗个澡都全身痒，才想起这就是"韩爹"说的"环境污染"。他们就去找当地造纸厂评理，人家不理会。韩少功好几次随电视台记者、政府工作人员一起上门做工作，总算解决了污染问题。大家这才对"环保"有了切身的体会。

"韩爹"成了八景乡最有"话份"的人。乡亲们信任他，他讲的理都听得到心里去。

智峰村为修路规划吵吵闹闹，村主任请"韩爹"来说了几句话："做事要看长远，不要只看着眼皮子底下。"……就解决了问题。

"做事要看长远""教好子女就是赚钱"……这些话成了乡亲们口口相传的"韩氏名言"。

自从来到八景乡，韩少功最操心的还是八景学校。

他掏了一万元给学校买了文体设施，帮学校建起了阅览室；每到六一儿童节，他都会拿出2000元钱给学校，让学校代买一些本子、书包发给每个孩子；学校要编校本教材，他花了几个月，挑了22篇作品，改写成适合孩子们阅读的篇幅，每篇文章还花心思设计了两道思考题……

乡亲们常说，"韩爹"来了，八景乡的风水都好多了。20多年间，从八景学校走出去的孩子，出了好几位硕士、博士。"韩爹"的言行，也慢慢影响着乡亲们的生活方式和价值观念。平时的"意见领袖"开始学"韩爹"作奉献；习惯于翻阅黄历的乡亲们，也"啃"起了《山南水北》《暗示》……

半个多世纪里，一位中国作家的成长轨迹与精神追求，一方江南山水的内外再造与美丽蝶变，发生了奇妙联结、双向"奔赴"。在屈子行吟的江边，韩少功写下了《归去来》的大地经典，见证了新时代中国文化走向自信的精神历程。正如他在《文学的"根"》中所宣告的："万端变化中，中国还是中国，尤其是在文学艺术方面，在民族的深层精神和文化物质方面，我们有民族的自我。我们的责任是释放现代观念的热能，来重铸和镀亮这种自我。"

（作者：肖欣）

唐浩明：文史作桥，飞架古今

人物档案

唐浩明，原名邓云生，1946年10月生，湖南衡阳人。曾任湖南省作家协会主席，中国作家协会第六、七届全委会委员。著有长篇历史小说《曾国藩》《杨度》《张之洞》等，整理出版《曾国藩全集》。获得第一届、第二届姚雪垠长篇历史小说奖，国家图书奖，中宣部"五个一工程"奖等奖项。

　　《曾国藩》的编辑、出版是一种奇特的文化现象，也是中国当代出版史上的一段佳话。在纯文学作品颇受冷遇的市场环境中，一部长达120万字的长篇历史小说却掀起了前所未有的市场抢购热潮，受到社会喜爱。掩卷之余，人们自然想到书的作者——唐浩明。

唐浩明

生活播撒下文史的种子

唐浩明 1946 年出生在湖南衡阳市一个国民党官员家庭，父亲唐振楚后升为蒋介石的随从秘书，随同一起前往台湾。当时，两岁的唐浩明、四岁的姐姐、六岁的哥哥被撇在老家，三人从锦衣玉食的名家子弟，突然沦为无人照看的弃儿。不满四岁，唐浩明又被送给了衡阳城里一个姓邓的剃头匠为子，改名为邓云生。

唐浩明小时候就对文学和历史有一种特别的兴趣和志向。但高考时，他却阴差阳错地考上了华东水利学院。

"生活的繁重和现实的残酷，让我从历史的角度思考这个时代发生的种种变化。"大学毕业后，唐浩明在江西高安劳改农场待了近三年，后回到老家衡阳市水利局谋到一份工作。但他对文学的兴趣仍然十分浓厚，尤其是对古典文学情有独钟。

苦心人，天不负。1978 年，国家恢复了研究生招生政策。唐浩明非常兴奋，他报考了华中师范学院中文系并如愿以偿地被录取了，重新回到校园的唐浩明如饥似渴地扎到了书堆里。

在文字世界中走近曾国藩

唐浩明学的专业是中国古代文学。1982 年，他毕业后被分配到长沙新成立的岳麓书社当编辑，并主动请缨负责新版《曾国藩全集》的编纂任务。所有的联络、协调，甚至包括全集体例的统一等事情，都落在唐浩明这个责任编辑的头上。

当时的岳麓书社没有汽车，唐浩明把社里唯一的复印机搬到板车上，一路颠簸地把复印机拖到省图书馆。那些百多年前的曾宅老档案资料，因年代久远，保存不当，发黄发霉、脱落、腐烂、虫蛀的文档很多，唐浩明一一将它们处理归置，然后交复印员一张张地复印。为了真实地感受曾国藩文集的深浅，唐浩明自己先做曾氏家书的整理校点。近百万字的曾氏家书，分为上下两册，为方便读者阅读，唐浩明为每封家书写了提要，又在书后附上人名索引和内容主题索引。

而在研究、编辑、出版《曾国藩全集》的同时，曾国藩充满传奇色彩的一生，激发了唐浩明浓厚的兴趣。1986 年，他作出了一个在当时看来是很大胆的决定：写一部以曾氏为主人公的长篇历史小说。

从这之后，唐浩明开启了长篇小说创作的艰辛历程。为了一心一意写作《曾国藩》，他于 1988 年毅然辞去了岳麓书社副总编辑的职务，每天把自己关在书房里，看书、构思、写作。"当时还没有电脑打字一说，下班之后即抄书稿。在别人看来很辛苦，但我每天沉浸在自己营造的文字世界中并不觉得很累。"

1990 年是唐浩明值得庆贺的一年。这年 11 月，小说《曾国藩》第一部《血祭》在海峡两岸同时出版。这是两岸同时出版的第一部长篇小说，而唐浩明成为两岸同时以原稿排印出书的第一人。

1991 年，第二部《野焚》出版，1992 年第三部《黑雨》出版。几乎与此同时，台湾也推出了黎明版的第二部、第三部。

十年蛰伏，一举成名。

"曾国藩热"之后

30 册的《曾国藩全集》，两年内发行 13000 套，《辞海》第六版甚至专为岳麓书社版的《曾国藩全集》立了一个词条。当《曾国藩》声名鹊起之时，唐浩明没有为钱财、名利所动，一直在默默地辛勤攀登着他钟爱的历史小说这座巍巍青山。又是一个十年，唐浩明的长篇历史小说《杨度》《张之洞》相继问世，与《曾国藩》一同组成辉煌的"晚清三部曲"。

写完《张之洞》后，时间已进入 21 世纪，图书市场依旧在因为"曾国藩热"而热热闹闹。但唐浩明却意识到两个很突出的问题：一是这些图书绝大部分显得浅薄，互相抄袭；二是这些图书对于曾氏身上所体现的中国传统文化中的"道"，或忽视或淡化或歪曲。作为"曾国藩热"的"始作俑者"的唐浩明，心情颇为压抑，他说："我有责任为曾氏做一些正本清源的事。"

这些事中的最主要一部分便是基于"以走进曾氏心灵为途径，以触摸中华民族文化的底蕴为目标"的写作宗旨，写"评点曾国藩"系列。在评点系列中，唐浩明从曾氏的家世学养、人脉关系及时代背景等方面入手，阐发曾氏文字外诸多令人感兴趣的话题，广受读者欢迎。评论界认为，评点系列是对传统文化研究的一个创新。

而作为《曾国藩全集》的重要参与者，这十多年来，唐浩明一直为当年因为客观原因造成的书稿中的差错而深感遗憾。当得知由湖南省政府出资的《湖湘文库》将《曾国藩全集》列入其中时，唐浩明当即决定把握住这样一个弥补差错，且可以补充新的内容的好机会。从2007年到2011年，唐浩明又花了整整四年的时间对十多年前的《曾国藩全集》做了一次全面的修订。

2011年11月，在曾国藩诞生200周年的纪念会上，举行了隆重的修订版《曾国藩全集》首发式。看着用红绸带包扎的31册修订版全集，唐浩明心里长长地舒了一口气："基本上可以无憾于读者，无憾于子孙了！"

如今的唐浩明，年过古稀、功成名就，但在文学讲座、读书会甚至直播平台上依然能看见他的身影，与现在的年轻人分享读书之乐。"传承智慧，打通古今"，这既是唐浩明对自己工作意义与价值的思考，也是他不曾有过丝毫改变的初心。

（作者：刘瀚潞）

陈西川：不可复制的"师父"

人物档案

陈西川，1929 年 12 月生，湖南邵阳人。著名油画家和美术教育家。就读于鲁迅艺术学院（鲁迅美术学院前身），毕业分配至内蒙古师范学院教学，后到中央美术学院教师班学习。1964 年回邵阳，为家乡培养美术人才，教学历时 50 余年，培养学生逾万人，其中考入美术院校 3000 余人。

他南下广西剿匪，北上鲁美、央美求学，进内蒙出天津，有人称他是"中国的米勒"。世界广阔，他却在 35 岁盛年回到偏僻小城，半个世纪教放牛伢子、乡里妹子学美术。他培育学生上万，三千考上美院。学生李自健、刘人岛、王文明、雷小洲、王炳炎、李路明等画家享誉海内外，凸显"邵阳美术人才现象"。学生们都叫他师父。

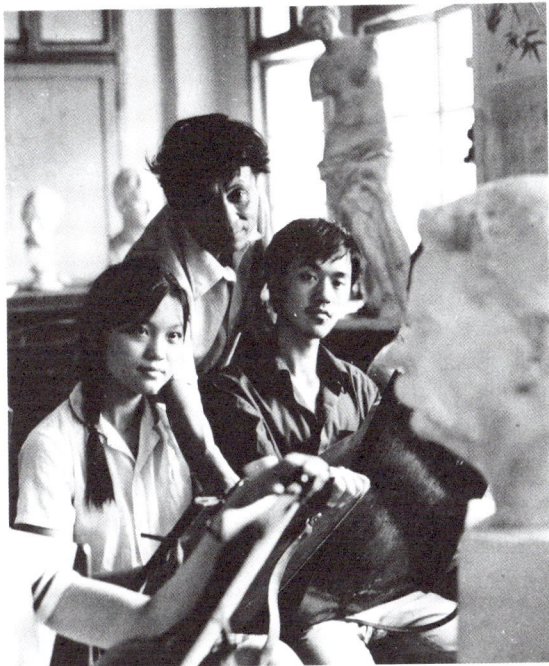

陈西川（中）在指导学生

"我是个孤儿，我要报党的恩。"

1964年，邵阳街头出现了一个头发鬈曲、鼻子高挺、头戴鸭舌帽、身穿皮衣、脚蹬长靴的"洋画家"，小孩子追在后面喊"美国佬"。他就是一口乡音的陈西川。

陈西川出身书香门第，父亲陈子述是蔡锷的私塾老师。不幸的是，他3岁丧母，5岁丧父，由长嫂（蔡锷外甥女）黄菊华抚养长大。1949年，陈西川应征入伍，因父亲、叔叔和堂兄陈白一都擅长书画，自幼受熏陶，被派往《战士卫生报》做美术工作。1952年，他复员到沈阳，毫不犹豫选择到鲁迅艺术学院绘画部学习。毕业后，分配至内蒙古师范学院任教。1956年，他又幸运地被派到中央美术学院教师进修班学习两年，师从吴作人和艾中信。

1962 年，陈西川调到天津。才两年，他就待不住了。繁华的天津不缺老师，但偏僻的邵阳肯定缺，尤其是那些农村孩子，更需要老师。无父无母，能在两所一流大学深造，一切开支由国家负担，还能当上大学老师，陈西川从心里感激党。他得为家乡做点什么。

"我是个孤儿，我要报党的恩。"就这样，1964 年，陈西川申请调到了当时的邵阳地区工农兵文艺工作室，任美术专干。

此时的邵阳，学校无课可上，一批青少年游荡街头。陈西川给他们纸和笔，不收分文，教他们画画。这是一所"没有围墙的美术学校"。不少学子慕名而来，其中包括外省和港澳学生。中国美协原副主席华君武对陈西川义务办学赞赏不已。

倏忽 50 载，许多乡里的放牛伢子妹子、城里的调皮孩子从邵阳市宝庆中路 24 号走出，成了教授、画家、设计师、企业家，更多的人在学校、机关、厂矿、乡村工作，他们把从陈西川这里收获的"美的种子"播撒在更广阔的人群中。

西川秘籍："眼高手低"和"一言堂"

恢复高考后，陈西川的很多学生考上了一流美院。有一年中国艺术研究院美术研究所招 5 个研究生，就有两个是他的学生。

陈西川教学的独门秘籍有两个："眼高手低"和"一言堂"。他要求学生有远大的理想和目标，眼界要高，手慢慢来。学生姚军峰说，师父不仅把国内外大师的作品给他们看，亲自画范画，还请来中央美术学院版画系教授李宏仁，画家黄铁山、陈白一等来上课；平时引导大家多阅读经典，多看好电影。20 世纪 80 年代，著名艺术教育家王朝闻还专门推介陈西川倡导的"眼高手低"。

在基础训练上，陈西川则是绝对的"一言堂"。他反对这个老师讲一通，那个老师讲一通，让学生无所适从。改革开放初期，各种艺术主张、艺术流派从国外蜂拥而至，东南西北风一阵又一阵地刮，一些学生乱了心性，不知该听谁的。陈西川霸气回复："听我的！基础打好了，才能随心所欲，连毕加索都不例外！"

但陈西川不要求学生画成一个模子，他把大师艾中信的"写实中的写意"和齐白石的"妙在似与不似之间"传给学生。至今，许多学生还记得他的名言，比如"做人要老实，画画要大胆""修改出天才""宁脏勿净""宁拙勿巧"等等。

那一声"师父"，惊天动地

2007年11月8日，湖南师范大学美术学院举办"著名画家陈西川素描展"。当陈西川出现在广场上时，数千学生齐唤"师父"，惊天动地。"中国的米勒"78岁才举办个人画展，除了素描还是素描，只因学生才是他用全部心血打磨的作品。

作为师父，陈西川在专业上是"师"，在生活上是"父"。他抽着最便宜的烟，大搪瓷缸里泡着粗茶，却不时接济学生。李自健于1969年6月15日晚敲开师父的门，师父不仅时常提供纸、笔、颜料，还为他的大学录取之事想尽了办法。刘人岛从新宁来，师父把他安顿在家里住，还托人在外单位食堂安排好一日三餐。石辉来自隆回贫困山区，师父让他当了5年班长，不仅免了他的学费，还给他发生活补贴。邵阳县的张遥，妈妈逼他去读收费少的戏校，师父跑到张遥家里做工作，后来张遥考上了中国美术学院……

学生们画累了，陈西川组织篮球赛让他们离开画板，和他们一起看星星、唱歌。夏天的傍晚，他和学生们一起畅游资江。学生有出息了，飞向五湖四海，陈西川一再叮嘱：要爱国，爱家乡。

远在澳大利亚的俞如玉，至今还记得邵阳分片区停电时，师父跟着他们转战各个模特场。在广州美术学院当老师的游其忘不了师父用煤炉为他们烧开水。任职于浙江工商大学的邓辉华27年前背着一袋红薯来拜师，现在带着师父送的小板凳走遍名山大川去写生。贾方舟珍藏着59年前陈西川在内蒙古赠送的一叠画纸和一张满分素描作业。

师父言传身教，无论画画，还是做人。师父改变了他们的命运，师父影响了他们的人生。一声"师父"，喊出了心声，喊出了泪花，饱含了多少深情！

（作者：易禹琳）

熊倪：永不放弃的体坛老将

人物档案

　　熊倪，1974年1月生，湖南长沙人。1982年进入省跳水队，1986年入选国家队。曾连续参加4届奥运会，共夺3金1银1铜，成为我国体育史上夺取奥运奖牌最多的选手之一。获得体育运动荣誉奖章、全国先进工作者等荣誉。

　　他将"霸蛮精神"写在了赛场，他把初心使命扛在肩上。从年轻的奥运会"三朝元老"，到"体育湘军"领军人物，再到湖南体育"掌门人"，"为祖国争光、为湖南争光，将湖南的体育事业做实、做强"，是熊倪40多年体育人生矢志不渝的初心和担当。

熊倪担任北京奥运会长沙首棒火炬手

首夺奥运冠军，已是 22 岁"老将"

北京时间 1996 年 7 月 30 日上午 10 时许，22 岁的熊倪一步一步走上了亚特兰大奥运会决赛的跳板。有了汉城奥运会和巴塞罗那奥运会的两次失利，此时的他已无所畏惧，即使命运对他再苛刻，他也得像个男子汉一样站着。

最后，熊倪以一个最完美的 407C 的动作结束了比赛，战胜了所有的对手。这是三湘健儿的第二枚奥运金牌，也是中国在男子三米板项目上的第一枚奥运金牌。

熊倪在那一刻哭了！在汉城（今首尔）、在巴塞罗那，他都没有流泪。他把头紧紧地靠在墙上，他想，那个梦不会再溜走了。他又抬起头，转身面对观众，努力抑制着泪水。鲜艳的五星红旗伴随着国歌声冉冉升起。他第一次站上了奥运会最高领奖台。这一年，他才22岁，却是一名练习跳水15年、三次参加奥运会的"老将"。

1981年，7岁的熊倪成为了一名跳水运动员。12岁，他便拿到全国冠军，这样的开局，足够顺利。

1988年9月，年仅14岁的熊倪站在汉城奥运会跳台上，向美国"跳水王子"洛加尼斯发起了挑战。最终，他获得了银牌。一个跳水的天才少年从此名满天下，但他不知道，他还要再磨炼8年，才能够得到那块金牌。

自汉城奥运会后，整整4年里，他从来没有回家过一次春节，每天都在为巴塞罗那奥运会作倒计时，训练一天也不敢停。1992年8月，巴塞罗那奥运会的决战终于打响了，熊倪在预赛中一路领先。决赛的前夜，熊倪竟然失眠了。决赛的结果大大出乎教练们的预料，熊倪竟然在207C这个仅翻半周的简单动作上失手，他这次只得了一块铜牌。

又是一个四年，他才得以圆梦亚特兰大。

绝地反击，上演"史诗级逆转"

在1996年夺得亚特兰大奥运会金牌后，熊倪又在1997年第八届全运会为湖南夺得跳板金牌。此后，带着满身的疲惫和伤病，他曾一度离开泳池。

1998年世界跳水格局出现巨变，没有了熊倪这个最强劲的对手，俄罗斯的萨乌丁所向披靡，几乎包揽所有大赛三米板的金牌。消息传来，熊倪寝食难安，他想起了他曾许下的诺言："为了祖国的荣誉，时刻准备着。"

困难是明摆着的，熊倪停训近一年的时间，人也长胖了不少，要恢复状态，就要付出加倍的努力。

就这样，熊倪又像当年他 14 岁挑战洛加尼斯那样，壮志在胸，蓄势待发。1999 年春节前，他在启蒙教练马延平陪同下，悄悄走进了省游泳馆。这是他儿时训练的地方，他又将从这里从头再来，备战来年的悉尼奥运会。

反复拍打、搓揉身体，深呼吸，站上板尖……向内翻腾 3 周半抱膝，入水！2000 年 9 月 26 日，悉尼奥运会男子三米板决赛最后一跳，顶着巨大压力的熊倪，绝地反击，完成了高质量的一跳。

爬出泳池的熊倪双膝跪地、振臂高呼，他以 0.3 分的微弱优势夺得冠军，上演了一场"史诗级逆转"。要知道，在这一跳前，他仍落后比分居第一位的萨乌丁近 11 分！

"镜头里可能看不出来，当时站上板端的我，手脚都在发抖。"多年后，回忆起那惊心动魄的"最后一跳"，熊倪仍颇为动容。

"最后一跳"，不过短短的一分钟。但就是这一分钟，熊倪淋漓尽致地展现了一名奥运会"三朝元老"的老练与沉着，一名中国运动员扎实深厚的功底，还有湖南健儿坚定自信、永不放弃的"霸蛮"精神。

成功"转身"，出任体育湘军"掌门"

悉尼奥运会，中国代表团共有 8 名湘籍运动员，夺得了 7 金 1 银 5 铜，金牌数占中国代表团总金牌数的四分之一，创造了湘籍运动员在奥运会上前所未有的辉煌。

从此，"体育湘军"的名号叫响国内外，载入史册。

作为"体育湘军"的代表人物，熊倪始终不忘"体育湘军"的精神内涵，退役后继续投身体育事业。

2007 年起，熊倪开始担任省体育局副局长，主管竞技体育。

当年"体育湘军"的辉煌得益于"女小轻巧水"的项目发展战略，符合当时的国情、省情。之后，许多项目的形势发生了变化，体育事业的发展格局也有调整，但"体育湘军"的魂不能丢。

北京奥运会、伦敦奥运会、东京奥运会，"体育湘军"一步一个脚印，竞技成绩稳步提升，参与面不断拓展。

熊倪始终牢记"把湖南的体育事业做实、做强"的担当和使命，也把"思运动员所思，想运动员所想"的自我要求时刻挂在心上。

为让更多百姓享受到体育运动带来的健康和快乐，经熊倪积极倡导，2018 年湖南省第十三届运动会首次设立了面向普通百姓的成人组。广大的"草根运动爱好者"有了在省运会上一展身手的机会，全民健身理念得到有力推广。

2015 年以来，湖南积极响应国家"带动三亿人参与冰雪运动"的号召和体育总局提出的"北冰南展"的战略发展要求，大力开展冰雪普及活动，积极组建冰雪运动队。

全面建设社会主义现代化新湖南，有待我省广大体育工作者积极贡献体育力量。建设体育强省和健康湖南，需要进一步推动全民健身、竞技体育、体育产业和体育文化的协调发展。如今的熊倪，将更重的责任，扛在了肩上。

（作者：陈普庄　蔡矜宜）

文花枝：把生的希望留给游客

人物档案

文花枝，1982年11月生，湖南韶山人。湘潭市文化旅游广电体育局"千里湘江第一湾"景区服务中心主任。在任导游员时，面对灾难，她把生的希望留给了游客，把死的威胁留给了自己。那一年，文花枝23岁，英勇善举感动中国。获得全国五一劳动奖章，被评为100位新中国成立以来感动中国人物、最美奋斗者、全国三八红旗手、全国道德模范。

2005年，一场突如其来的车祸，将年仅23岁的文花枝推向生死关头，她牢记导游的职责使命，把生的希望让给游客。由于延误了宝贵的救治时间，造成左腿高位截肢。十年后，她不顾身体的负担，主动请缨参加精准扶贫工作。2015年5月，文花枝带着自己的行李正式入驻韶山市韶山乡韶西村，开始了为期三年的扶贫工作。

文花枝

"我是导游，请先救游客！"

2005 年 8 月 28 日，陕西洛川，一场旅游途中突如其来的车祸，让原本充满欢声笑语的车厢顿时陷入了极度的恐慌之中。旅游大巴车被撞得严重变形，车内血肉模糊，乱作一团。危急时刻，车厢里传来导游文花枝"挺住！加油！"的鼓励声。这个声音虽然微弱，却透着一股沉稳、坚定，像黑暗中的一线光束，让受伤、受惊的游客从噩梦里看到生的希望。

在这起重大交通事故中，文花枝是伤得最重的一个，但重伤的她一直牢记着自己作为一名导游的职责。当施救人员一次次向她走过来，她总是吃力地摇摇头说："我是导游，我没事，请先救游客！"

在长达两个多小时的救援时间里，她多次昏迷，但只要一醒过来，就不停地为大家鼓劲、加油。文花枝是最后一个被救出来的。她左腿9处骨折，右腿大腿骨折，髋骨3处骨折，右胸第4、5、6、7根肋骨骨折。由于延误了宝贵的救治时间，医生不得不为文花枝做了左腿截肢手术。

截肢后，看着空荡荡的裤管，文花枝伤心地哭了。但几分钟后，她再抬起头时，眼里已经没有了泪水。她说："即使少了一条腿，我也会坚强地生活。我会用微笑面对一切。"

手紧紧扶住栏杆，右腿站稳立住后，再慢慢抬起左腿……文花枝的康复过程漫长而艰辛，左腿截肢处经常被假肢磨得血肉模糊。她咬牙坚持锻炼，从不叫苦喊痛，总是笑着对家人和朋友说："没事，我好着呢！"

"身残，志不能丢！"

劫难之后，从前的憧憬和设想都被打乱。"身残，志不能丢！"冷静思考后，文花枝决定：告别自己热爱的导游事业，重回校园，提升专业知识和能力，将来更好地为旅游事业服务。

2006年以来，文花枝先后获得全国三八红旗手、全国五一劳动奖章、全国道德模范、100位新中国成立以来感动中国人物等荣誉。一时间，赞誉、鲜花和掌声蜂拥而至，但文花枝始终保持清醒。

文花枝进入湘潭大学旅游管理专业学习，开启了人生的新篇章。刚装上假肢那阵子，身体很不适应，常人十分钟的路程，文花枝要走上半小时。但她迅速地转变自己的角色，以一名普通学生的身份融入其中。

"我要努力地改变自己。"在大学期间，文花枝从来没有闲着，目的只有一个：让舍己救人的文花枝淡出人们的视野，使掌握了专业知识、热心公益事业的文花枝呈现在人们的眼前。

"不想永远活在光环里，希望做一点实事。"

2013 年，文花枝硕士研究生毕业，成为湘潭市旅游局的一名职工。多年过去，文花枝说："不想永远活在光环里，希望做一点实事。"2015 年，她主动请缨参加精准扶贫工作，到韶山乡韶西村任第一书记，成为湘潭市首批驻村帮扶工作队唯一一名女干部。

山路崎岖，行走不便，她就搭乘摩托车，逐家逐户走访，将村民的致贫原因、贫困程度、扶持需求等基本信息都一一记录下来，为每户贫困户制订了详细的脱贫计划。

丧偶独居的村民肖金华，眼睛有残疾，家里缺少经济来源，意志消沉。文花枝鼓励她不要气馁，不仅为她争取了生活补助，还用亲身经历鼓励她，让她重新燃起了生活的希望。

仅两年的时间，文花枝重点帮扶的 36 户对象，人均年收入超过 5000 元；高质量完成危桥重建和水利工程建设；重点改造了一批贫困户的危房；推动成立了乡村休闲农庄；她走访调研提炼出的《村民最关心关注问题解决计划一览表》全部落实解决……平里村（原韶西村）一举摘掉了"省定贫困村"与"湘潭市基层组织软弱涣散村"两顶帽子。无论是建档立卡贫困户和普通村民，都对这个看似柔弱的女支部书记伸出了大拇指。

2017 年，结束驻村帮扶后的文花枝回到了单位，从事旅游推广与对外交流工作。

无论什么时候，无论什么岗位，文花枝的每一步都是全力以赴，坚持用实际行动为"奋斗"作出自己的诠释。她说："不管能作出多少成绩，我都会继续保持奋斗的姿态，认真工作，热爱生活，努力做一名平凡而美丽的奋斗者，不辜负大家对我的支持与厚爱。"

（作者：肖秀芬）

盘振玉：瑶山的"妈妈老师"

人物档案

盘振玉，1966 年 5 月生，湖南郴州人。扎根湘南大瑶山区任教 27 年，为培育山村瑶族幼苗呕心沥血。被评为全国十佳师德标兵、全国模范教师、中国十大杰出青年、全国先进工作者。

在郴州市苏仙区塘溪乡海拔 1300 多米的大山深处，有所只有几个学生的五马垅小学。学校离乡政府 30 多公里，2000 年才修了一条简易公路，2002 年才通了电。16 岁就走上讲台的盘振玉，主动放弃下山工作的机会，在这座几乎与外界隔绝的大山里一干就是 20 多年，把自己的青春和全部的爱，献给了瑶山的孩子，当地瑶胞亲切地称她"妈妈老师"。

盘振玉在郴州市苏仙区塘溪乡五马垅小学给学生们上课

"学校就是我们的家，盘老师就是我们的妈妈。"

崇山峻岭间，苏仙区塘溪乡五马垅小学只有一幢干打垒房子。两头是教室和办公室，中间是一间不到 10 平方米的厨房兼食堂。厨具一尘不染，橱柜上的蔬菜水灵灵的，刚刚灌满开水的两个热水瓶还在冒着热气。柜子上放着一个药箱，旁边码放着晒干的金银花、鱼腥草、车前草等十几味草药，地上一个大茶壶里，是浸了中草药的凉茶。楼上，是两间寝室，铺盖整整齐齐，靠墙一边挂着一溜洗净晾着的衣裤，墙边摆放着一溜小桶小盆。

这是一所学校，也是一个温馨的家。

学校常年只有 10 来名学生，最少的时候才几个学生，分别在幼儿班和小学不同年级。盘振玉采用复式教学给学生上课，她时而用普通话、时而用瑶家语，有条不紊地在几个年级间穿插讲课。

大部分学生要在学校寄宿，与盘老师同吃同住。对这一切，她早已习以为常，27年来她都是这么过来的。她白天除了上课，还要为学生做饭、洗衣裳；晚上除了备课、批改作业，还要为学生盖被子……

10岁的黄秋红已在这里上了4年学，她感动地说，在学校寄宿，盘老师从来不收一分钱，学生只带米来，最多还带一点咸菜、干菜。平时，盘老师自己种菜、养鸡，为学生改善生活。"学校就是我们的家，盘老师就是我们的妈妈。"她说。

"盘老师还是校医呢！"学生黄义松说，盘老师经常给他们看病。有次他拉肚子，盘老师用土方子给他贴肚脐，熬中药给他喝，吃饭也给他单煮稀的，几天下来病就好了。

20多年来，盘振玉像母亲一样精心呵护着瑶山里的这些孩子。

"不管多难，我也要让孩子们学好知识。"

在盘振玉抽屉里，放着许多学生写来的信。读着孩子们走出大山后的一封封来信，盘振玉十分欣慰。她说："不管多难，我也要让孩子们学好知识，走出瑶山，改变瑶山。"

前些年，瑶山里很穷，学校更穷，买粉笔的钱都很紧张，更无钱买教具，盘振玉就动手做。

为上好自然课，她上山采集数百种生物标本。学校没有室外活动场地，她利用课余、假日带领村民把教室旁的土堆和乱石挑走，开辟了一个60多平方米的简易操场。如今，操场里的升旗杆、跳高架，教学仪器柜里的计数器等教具，都是她和丈夫一起制成的。

五马垅的孩子上学比外面孩子要难得多，他们从小说瑶话，基本听不懂普通话，入校先要过语言关。盘振玉坚持用双语教学，在学前班和一年级，她先用瑶家话讲课，再"翻译"成普通话。

五马垅村4个组64户居民，散住在十几个山头，组与组之间隔着大山，近的五六公里，远的一二十公里。因此，过去很多家长不愿送孩子上学。为了不让瑶山孩子辍学，盘振玉挨家挨户上门劝说。有一回，当时还不到20岁的盘老师凌晨两点才回家，开门的父亲简直不敢相信眼前衣襟和裤腿都被露水打湿的女儿，竟摸黑在山间跋涉了五六个小时。

五马垅村适龄儿童入学率和学生巩固率都达到了100%，盘老师为此流了多少汗、付出了多少心血，瑶胞们心里一清二楚。

当地干部做了一个调查，五马垅村64户236人，有167人是盘振玉的学生，有13名孩子考上大学。20多年来，五马垅小学教学成绩在全乡一直名列前茅。

"哪怕只有一个学生，我也会选择留下来。"

1982年7月，16岁的盘振玉初中毕业，想要读高中考大学，可是五马垅小学原来的老师离开了条件艰苦的山村，外面老师不愿来，眼看村里的孩子就要失学。这时，担任村支书的父亲对她说："你现在是村里文化程度最高的人，你来当老师吧！"连她自己都没有想到，父亲一句话，会让她在条件艰苦的瑶山里一干就是20多年。

其实，盘振玉完全有机会离开大山。

1986年，盘振玉新婚燕尔，丈夫黄由富调到乡变电所工作，乡里决定将她安排到乡变电所旁的和平小学。可安排上山人选时，却怎么也落实不了。盘振玉知道情况后，思量再三，决定放弃下山。为了支持妻子的事业，1987 年冬，丈夫辞掉乡里的工作，从乡干部成了村里的护林员。

对此，盘振玉讲出了大实话："我当然也想过下山，孩子出生后，特别是 1989 年暑假从县教师进修学校毕业时，这种念头更强烈。"她给父亲谈起了这事。父亲语重心长地说："女崽，我们祖居瑶山，受了多少苦我最清楚。我想的是五马垅全瑶山今后都不受苦，想的是我们瑶胞子女个个有文化、有前途。改变瑶山面貌，得靠我们自己呀！"

父亲的话，让盘振玉再也没动过下山的念头。她说："哪怕只有一个学生，我也会选择留下来。"

盘振玉是这样说的，也是这样做的。一直到 2011 年，随着大山里村民陆续搬迁到山下，五马垅小学完成了自己的使命，盘振玉才调回城里小学。2017 年 9 月，她退二线后又申请到苏仙区邓家塘两湾洞教学点支教，直到 2021 年 5 月退休。如今，盘振玉担任郴州市瑶族文化协会秘书长，仍然在为瑶族文化的传承忙碌着。

（作者：张茧）

罗长明、罗海文、周景华：
抗冰保电三英雄

人物档案

罗长明（1975—2008），湖南涟源人；**罗海文**（1974—2008），湖南涟源人；**周景华**（1972—2008），湖南新邵人。三人均于 1992 年 5 月被聘为湖南省送变电建设公司送电线路架设合同工。在 2008 年初的罕见低温雨雪冰冻灾害中，罗长明、罗海文、周景华三人登上铁塔实施人工除冰保电时不幸殉职，被追授全国五一劳动奖章、湖南省五一劳动奖章，并被追认为烈士。

2008 年，一场罕见低温雨雪冰冻灾害袭来。他们虽是普通工人，却义无反顾投入这场严酷的抗冰保电战斗，在冰天雪地里，用青春、热血、生命，守护光明与温暖。冰雪终于融化，但在这场抗冰保电战中，他们用责任融化坚冰，用鲜血印证忠诚，英勇牺牲在抗冰一线。慷慨悲壮之举，让他们的亲人心痛难忍，也让很多中国人为之震撼动容。

罗长明、罗海文、周景华

挑战生命极限为保电

2008 年初，我国南方遭遇罕见大范围低温雨雪冰冻灾害。冰冻导致湖南电网覆冰严重，断线、倒塔频发。为确保全省电力供应，湖南电网实施人工登塔除冰。

连接电线和铁塔的绝缘瓷瓶，如果覆冰过多，会成为电的导体。电流通过瓷瓶上的冰柱向铁塔输电，使线路跳闸停运，就会造成局部电网崩溃甚至大面积停电！

全省 33 条 500 千伏线路，因无法通过线路自身融冰，只得人工将绝缘瓷瓶的冰层敲掉。完成一个铁塔除冰，至少需要 3 小时。

徒手爬上 40 多米高的冰冻铁塔，用木棒一一敲掉瓷瓶上厚厚的冰层，危险显而易见。

驮着沉重冰凌的电线，大幅度摆动产生的力量，足以拉倒几十吨重的铁塔。这意味着，电力工人在高高的铁塔上除冰，随时都有生命危险。但瓷瓶上的冰层不得不除！

全省绝大部分 500 千伏线路的除冰任务，都落到了省送变电建设公司 3000 多名员工的头上。

自 2008 年 1 月 19 日湖南省电力公司启动除冰护网紧急预案以来，周景华、罗海文、罗长明就一直奋战在娄底境内，在 500 千伏的五民线路（五强溪至民丰变电站）上，不停地巡查、除冰。

1 月 21 日开始，进出长株潭地区的 500 千伏线路纷纷告急，严重危及全省用电负荷中心的安全运行。

23 日凌晨 1 时，周景华、罗海文、罗长明等接到紧急命令，连夜从娄底赶往长沙，除冰保电。

他们深知在如此恶劣的天气条件下，铁塔、电线、绝缘瓷瓶覆冰已严重超过设计标准，所需抢修的线路，随时都有可能倒塔。但他们没有丝毫犹豫，毅然登上了开往抢险一线的大巴。

天寒地冻，雨雪交加，道路结冰，直到 23 日中午他们才到达目的地。

尽管一夜未眠，周景华等人顾不上休整，立马攀上冰冷的铁塔。每天 5 时起床，一干就是 10 多个小时。连日来，罗海文、罗长明、周景华一直奋斗在除冰保电的最前线。没睡过一个安稳觉，没吃过一顿热饭，每天就是爬山、登塔、除冰。困了，就在临时工棚打个盹；饿了，就捧一把雪，嚼几口干粮。

就是这样，他们在几十米的高空，用铁锤、木棒清除一串串瓷瓶上的冰凌；就是这样，他们用钢铁般的意志，挑战着生命的极限！

出险的线路，在逐一恢复。益阳至长沙、长沙至湘潭的 6 条线路，相继投入正常运行。

共和国总理为他们鞠躬

1月25日，华沙线（华电长沙电厂至长沙沙坪变电站）告急。华沙线是长沙电厂电能送出的唯一通道，也是长沙城区的重要供电线路，全长近32公里，共有87座铁塔。自1月21日以来，因连续雨雪冰冻，该线路的电线、绝缘瓷瓶、铁塔覆冰严重，导致线路跳闸停运。长沙电厂的电送不出去，长沙城区用电自然会受到严重影响。

1月26日清晨，罗海文、罗长明、周景华3人被派往望城，为500千伏华沙线除冰。他们3人一组，负责43号铁塔的除冰任务。就在这座铁塔除冰快要完成时，灾难不幸发生了。

"危险，下来！赶快下来！"

1月26日13时，望城县桥驿镇力田村，正在500千伏华沙线44号铁塔下执行除冰安监任务的省送变电建设公司送电三公司302队副队长文武突然发现，吊在铁塔上的绝缘瓷瓶出现异常，原本处于垂直状态的瓷瓶开始向一边倾斜。

可能要倒塔了！有18年外线维护经验的文武心头一紧，急忙招呼正在塔上除冰的同事往下撤。

"轰！"刚刚撤离，40多米高的44号铁塔轰然折断。

"不好，43号铁塔也断了，赶快过去救人！"惊魂未定，文武看到500米远的另一山头上，43号铁塔也几乎同时折断。而那座铁塔上周景华、罗海文、罗长明正在除冰。文武一边打电话对外求援，一边赶紧招呼同事向43号铁塔奔去。

"景华！景华！"40多分钟后，文武和10位同事深一脚浅一脚，踏着厚厚积雪，好不容易从丛林中爬到43号铁塔旁。他们一眼就看到脸色惨白的周景华，已仰面倒在雪地里，安全帽还紧扣在头上，被铁塔割断的保险带松散地系在腰间。周景华永远闭上了双眼。

铁塔的四分之三处断裂。罗长明、罗海文受伤严重。

前来救援的同事，赶紧分成两组，一组奋力爬上铁塔救人，一组砍伐树枝做担架。

冰冷的铁塔上，几位同事花了1个多小时，才用绳子将奄奄一息的罗海文从塔上运到地面。此时，罗海文已一身冰凉，喉咙里发出"哼……哼……"的呻吟。

"快，赶快取暖！"可临时找来的树枝都点不着火。

"用身体取暖！"大伙纷纷解开衣服，轮流将罗海文的手、脚放到自己的胸前。

4名队员用树枝做成了担架，他们赶忙抬起罗海文一步一滑下山。

紧接着，罗长明也被救了下来。

然而，在送往医院后，罗海文、罗长明终因伤势过重，永远地离开了。

1月29日，时任国务院总理温家宝在长沙看望三位烈士家属时，深情地表示："今天面对你们，我无法用更多的语言来表示安慰，我给你们鞠个躬吧！"

1月30日，长沙市民倾城送英雄："永别了，人民骄子！""走好，抗冰烈士！"

（作者：李伟锋）

雷冬竹：222个"冰雪宝宝"的妈妈

人物档案

雷冬竹，1968 年 12 月生，湖南桂阳人。郴州市第一人民医院党委书记，第十二届、十三届全国人大代表，享受湖南省政府特殊津贴。在 2008 年百年不遇的冰灾中，她奋勇担当，在仅有 49 张床位的产科，12 天接生 222 个"冰雪宝宝"，被誉为"冰雪妈妈"。获得全国道德模范、全国五一劳动奖章、全国先进工作者、全国抗雨雪冰冻灾害英模、新中国 60 年湖南最具影响劳动模范等荣誉。

2008 年抗冰期间，一位妇产科医生 12 天接生 222 个宝宝。这几乎是不可能的事，她却做到了。雷冬竹因此被评为新中国 60 年湖南最具影响劳动模范，并获得极高评价："生命因渴望光明而鲜活，在那样一个非常时期，你的爱就是最灿烂的阳光；我们相信，222 个生命对这个世界的第一印象，就是你！"

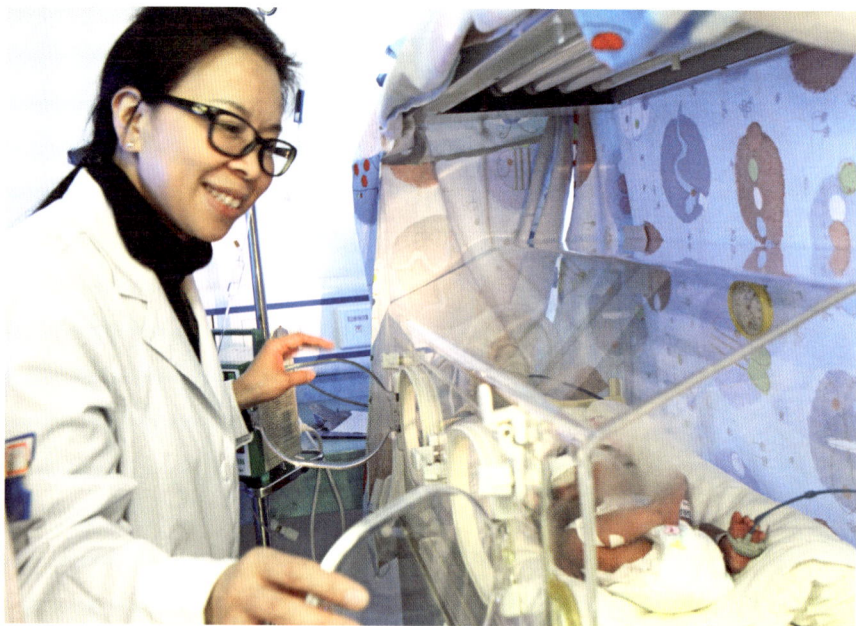

雷冬竹在巡查新生儿病房

"有一丝希望就要救人，责任我来担！"

　　"有一丝希望就要救人，责任我来担！"每每在抢救生命的紧急关头，都能听到雷冬竹这句话。2008年初，特大冰灾席卷湘南，停水停电，交通中断，郴州一度成为"孤岛"。风雪挡不住新生命的诞生，郴州市第一人民医院产科成为最引人关注、最令人揪心的抗冰战场。

　　为确保母婴安全，雷冬竹对科室人员进行分工，分片管理，责任到人。空调缺电不能运转，她挤出资金，紧急购买一批热水袋、保暖箱等，尽量改善手术条件。2008年1月26日，郴州全市停电缺水。当天，雷冬竹连续做完7台手术后，已是深夜。来不及休息片刻，她又接着抢救一位全身抽搐、嘴角流血的孕妇。手术进行时，雷冬竹突然全身直冒冷汗，身体摇晃着就要倒下。她大口喝完助手递过来的一杯糖水，又赶紧回到手术台，一直忙碌到次日凌晨 5 点多。

诊疗、手术和科室管理，使雷冬竹整天忙得连轴转。1 月 31 日 8 时许，一位刚出院不久、身患梅毒的孕妇再次急诊入院。当时胎儿胎心音微弱，确诊为胎盘早剥，母子生命危在旦夕。雷冬竹当即决定实施手术。胎儿出生后，脸色苍白没有哭声。就在这时，医院发电机出现故障，电动吸痰器无法使用，情况万分危急。看着奄奄一息的小生命，雷冬竹张开嘴就为新生儿实施口对口人工呼吸。同台医务人员都惊愕不已。梅毒是一种传染病，羊水、唾液都可能携带病毒。事后，为防止感染，雷冬竹注射了 1 个月抗生素。有人问她，这样玩命救人值吗？她笑着说："当时来不及多想，母子平安比什么都重要！"

2 月 5 日凌晨 1 时，120 急救中心送来一名产妇。该产妇产后出现大出血，生命垂危。此时，10 多天连续工作后，坚守在产科的医护人员已疲惫不堪。可人命关天，雷冬竹立即带领助手投入紧急抢救中。电梯不能使用，她们就用担架抬，一步一步把产妇抬上 9 楼手术室。经过 3 个多小时抢救，产妇转危为安。

在冰雪灾害最为严重的 12 天里，雷冬竹带领全科同志克服难以想象的困难，创造了生命的奇迹：222 名孕产妇分娩、222 个"冰雪宝宝"诞生，完成手术 104 台，抢救危重病人 15 人次。最多的一天住院病人达 150 人，没有 1 例孕产妇死亡。

"当我听到新生命第一声嘹亮的啼哭时，我觉得所有的付出都值得。"

1991 年，雷冬竹被分配到医院工作时，主动选择最脏最累的妇产科。她说："当我听到新生命第一声嘹亮的啼哭时，我觉得所有的付出都值得。"

作为妇产科医生，手上握着两条生命，雷冬竹从不敢有丝毫懈怠。在医院支持下，她组织成立全院高危孕产妇急救小组，要求5分钟赶到现场急救，5分钟之内做好术前准备；开辟孕产妇急救绿色通道，24小时随时手术，全院各科专家随时大会诊。

根据医学发展需要，雷冬竹第一个在郴州开展导乐全程陪伴分娩，第一个推出温馨病房，第一个开展产后康复按摩服务，第一个开展产前筛查、羊水产前诊断。在全院，产科业务量最大，用药比例却最低。技术领先，用药合理，费用低廉，雷冬竹为科室赢得了声誉，郴州市第一人民医院产科成为市属重点专科。

为了普及产前筛查、产前诊断技术，雷冬竹利用休息时间，对郴州市11个县（市、区）的产科医师、妇幼专干进行系统的业务培训。2007年5月的一个星期天，她累得病倒了，不得不到医院输液。可想着已与桂阳县妇幼保健院约定培训时间，县里各医院的产科医生、各乡镇的计生专干等着听讲座，她就将输液速度调到最大，输完液后拔了针头就往桂阳赶。同事们说，雷冬竹简直就是个工作狂，为了事业不要命。可就是这个敢于"以命相搏"的柔弱女医生，跑遍了全市的医院和卫生院，郴州的产科医生和计生专干几乎都认识她，有什么困难和疑问，一个电话就能得到她的热情指导。

2008年，郴州市产前诊断中心在雷冬竹领导下，在全省率先建立遍及市、县、乡、村的产前筛查诊断网，为当地每位孕妇进行产前筛查提供有效保障。

（作者：李秉钧）

周福坤：农民兄弟的贴心人

人物档案

周福坤，1952年3月生，湖南芷江人。党的十六大代表。曾任艾头坪乡武装部部长、副乡长、乡党委副书记。他为群众办实事，鼓励科技富农，乐于奉献。中组部、中宣部曾联合发出向周福坤学习的号召，湖南省委曾作出向周福坤学习的决定。被评为全国民族团结先进个人、全国优秀党务工作者、全国先进工作者。

随身一个斜挎包，包里装着一个水壶、一把剪枝刀、一把嫁接刀和一捆用于嫁接的塑料薄膜带，见果园就进，见人就教，他就是"农民兄弟的贴心人"——周福坤。这里的土地曾贫瘠和荒芜，这里的田野曾负载着封闭与落后。他来了，怀着泥土般质朴的情感，将自己的心血和汗水深深融入这片山野，用剪刀"剪掉"了山里人的穷尾巴，为群众"嫁接"起美好生活的新希望。

周福坤（右一）在教农民给果树剪枝

来了周部长，荒坡变了样

"你是说周部长，那怎么不认识。他是我们的老伙计、亲兄弟呢！"在芷江侗族自治县艾头坪乡（现芷江镇）塘家桥村一幢木屋前，说起周福坤，村里老人肖佑森稀疏的牙齿间接二连三地蹦出他的故事。

"娘啊娘，养女莫嫁艾头坪，山上不长毛，野菜当正粮……"这句流传多年的民谣，一直到20世纪80年代中期，依然是艾头坪乡贫穷落后的写照。

1986年春，退役军人、34岁的周福坤调任艾头坪乡武装部部长。报到第二天，他就下村去摸民情，所见所闻让他心里沉甸甸的：满目荒山，几亩薄田，衣衫破烂的农民兄弟听说他是乡干部，掉头就跑……周福坤没有灰心，他从那连绵的荒坡上看到了艾头坪的希望：这里水源充足，气候适宜，不应该守着优越的自然条件过穷日子。

一连几天，周福坤夜不能寐。经过深思熟虑，一份关于大力种植经济果木林的建议方案放到了乡党委、乡政府办公会议上。乡党委、乡政府采纳了这个方案，并任命周福坤为全乡山地开发的总指挥。

这年冬天，周福坤带领1000多名民兵开进了艾头坪沉寂的荒山。一个冬春，他和民兵们用9000多株橘苗为这180亩的荒山换了新装。此举带动了村民开发房前屋后的荒山荒坡，种植柑橘、葡萄和板栗，全乡新开发果林达3000多亩。

"来了周部长，荒坡变了样。"走进自家橘园，抚弄着果实累累的橘枝，肖佑森感慨无限。这橘园原来是一片荒地，周福坤送给他60株橘苗，并帮他一株株栽下去，后来每年出产橘子500多公斤。

"剪掉"穷尾巴，"嫁接"新希望

收获的季节到了。然而，现实却给满腔热情的周福坤泼了一盆冷水：由于农民不懂技术，不善管理，果树长起来，挂果却不多。周福坤眉头紧锁，满心焦急。

要更好地引导农民致富，必须掌握好技术。周福坤自掏腰包学技术，买来果木栽培书；订阅科技报刊，他一篇篇读，一页页啃，写下了20多本、50多万字的学习笔记。他还远赴湖北、广东、浙江，学习先进技术。

果树嫁接是一项技术难度较高的细活，关键是要把握"一刀切"的刀法。为了做到"一刀切"，周福坤在两年多时间里，先后用断了

100 多把自制的嫁接刀。下村途中，他常常一手捏着枝条，一手拿着嫁接刀，边走边削，练习刀法。

为了让果树品种更新换代，周福坤想了很多办法。1990 年，他特意让母亲和妻子到街上捡来几麻袋桃核，在自家责任地里先后育出 1 万多株桃树苗，供自己进行嫁接试验，嫁接成活率从 10% 到 30% 直到 99%。两年后，他终于成为艾头坪乡"第一刀"。经他"改头换面"的 1.5 万多株果树，真正成了村民的"摇钱树"。

每次下乡，周福坤随身携带一个挎包，包里装着一个水壶、一把剪枝刀、一把嫁接刀和一捆用于嫁接的塑料薄膜带。他见果园就进，见人就教。有些不在家的农户，发现自己的果树被人动过，起初还以为来了坏人，直到看见周福坤塞在门缝中的果树培管"处方"，才知道是这位"科技郎中"光临过。

帮助群众富起来，自己却成普通农户

荒芜、贫瘠的山野变绿了，人们变富了。艾头坪乡农民人均纯收入由 1986 年 230 多元增加到了 1999 年的近 2000 元。

以前，农民穿的是草鞋，周福坤穿的是解放鞋。后来，农民穿上了皮鞋，可陪伴周福坤跋山涉水的依旧是一双解放鞋。多年来，周福坤买的为数不多的便装，没有一件是超过 30 元的。

全县与周福坤同一天被录用为国家干部的 15 人中，有 11 人早就进了城，其中有 8 人担任了单位正职。当年与他同一个村民小组的 4 个"半边户"，很快也只剩下他 1 户了。身边的世界，许多事情都变了。然而，周福坤全心全意为人民服务的心却始终没变。

龙口村有一个孤儿肖伢子，自幼父母双亡，后来虽然成了家，但致富无门，穷得叮当响。周福坤了解他的困难情况后，送给他350多株蜜橘苗，并手把手教他栽培技术。后来，周福坤又帮他贷款买了5头猪、50多只鸭，发展起养殖业，并种上3亩多西瓜。一年下来，肖伢子收入超过1万元。肖伢子还清了债务，添置了家什，还被村民推选为村民小组长。

有人给周福坤算过一笔账：如果每嫁接一根果枝收费0.3元，那么仅这一项收入他就可以达到10万元以上。然而，到2000年初时，他还是个欠债近万元的普通农户。每每听人说起这些，内心坦荡的周福坤总是露出质朴的微笑。

他把自己的技术无偿地献给农民兄弟，他把自己的果苗无偿地赠送给困难群众，他还经常自掏腰包为老百姓捎带农药等。艾头坪乡的每一寸土地上，都留下了他的挚爱与忠诚。

人们崇敬周福坤，信任周福坤。这位农村基层干部的优秀代表，使脚下的田野升腾起勃勃生机和希望。

（作者：唐超奇　肖军　李夏涛）

李常水：回乡走出光彩路

人物档案

李常水，1950年6月生，湖南宜章人。中共十五大代表，第九届、第十届全国人大代表。1982年，李常水主动辞职回乡当农民，带领全村群众和附近乡邻种植水果致富。1997年，中宣部、农业部、北京市委和湖南省委在北京人民大会堂联合举办李常水先进事迹报告会，讲述李常水扎根农村、传播科技、致富乡邻的动人事迹。获得全国劳动模范、湖南省优秀共产党员等荣誉称号。

人生的道路如何走？怎样才能为社会为人民做更多有益的事？带着这些深沉的思索，1982年，大学毕业生李常水如愿离职回乡务农。几十年来，他传授的果木栽培技术，变成了湘南粤北万千果农枝头沉甸甸的收获；他奉献为民、带领群众共同富裕的故事，在五岭山脉传颂，一如他的名字——常水，奔腾不舍昼夜！

李常水在查看烤烟生长

跳出"农门"又跳进"农门"，立志在广阔农村实现人生价值

人向高处走，水往低处流。为了在最需要的土地上发挥自己的最大价值，20 世纪 80 年代初，当大学毕业生还非常稀缺的时候，李常水却像一泓清水，选择一次次往"下"流，一直流到能最大限度地发挥其价值的土地上。

"果树的根要扎在泥土里，共产党员的根要扎在群众中。"李常水经历了三次人生选择。一次是 1975 年从湖南农学院毕业时，学校打算让品学兼优的李常水留校任教，李常水却向校领导写了申请，坚决要求下基层，回到了县里。第二次是回到县里后，他又婉拒组织上留他在县城机关工作的美意，并向领导提出了两点请求：其一，到最需要、最艰苦的地方去；其二，干本专业。第三次选择最让人刻骨铭心：那是 1982 年，三十刚出头的李常水毅然辞去公职，回到生他养他的宜章县笠头村，当了一名普通农民。

"为什么我的眼里常含泪水？因为我对这土地爱得深沉。"李常水一次一次的选择，最终使跳出了"农门"的自己又跳回了"农门"。这是因为他深深眷恋家乡那一片生他养他的土地，是因为他见不得家乡父老受穷。党的十一届三中全会召开后，改革的春风给农村带来了生机和活力。欣喜振奋之余，李常水为一部分无致富门路和技能的农民忧心如焚，寝食难安。

知识能治愚，技术能治穷，乡亲们是多么需要有知识的技术人才啊！李常水知道家乡的土质极宜种植水果，他想如果把笠头村里 5000 多亩山地开发出来，年收入就在 1500 万元以上，这是一笔多么大的财富！"不能再让一方宝地在那里酣睡，不能再让乡亲们守着宝地受穷。"怀着一个共产党人的责任感，吃了秤砣铁了心的李常水坚决回到老家当起了农民，九头牛都拉不回。

从 9 分地试种到 15 亩地改良，用坚强脊背为乡亲们托起希望

选择回乡当农民的李常水，注定要用汗水来洒满他的人生之路。

回村后，困难像一座座山岭横亘在李常水面前：没有资金，没有土地，连栖身也只能借住一间破旧的老屋。然而，倔强的李常水不放弃，哪怕撞得头破血流也在所不惜。没有资金，他做通母亲的工作，让她把辛辛苦苦喂养的 3 头猪卖掉，做了自己的启动资金；没有嫁接

良种的砧木苗，他带着女儿到圩场去捡果核，3年里捡了2万粒；没有钱买肥料，他上山铲草皮，自己烧制土杂肥；没有土地，他向弟弟借来9分地试种。

在乡亲们疑惑的目光里，李常水开始进行柑橘"矮、密、早"试验。说破嘴皮子，不如做出个样子。1984年，"矮、密、早"试验终于成功！最早种植在9分地上的100株蜜橘"宫川6号"，产果2000多公斤。看到这一株株米把高的橘树上，不到3年就挂满了金灿灿的果实，乡亲们燃起了希望，眼热了，心动了，开始跟着李常水种果树。

为了摸索乡村发展果业生产新路子，1984年，李常水又主动承包了村里15亩多年既不长个又不挂果的柑橘"小老树"。为使"小老树"得到彻底改造，他在橘林里搭了个窝棚，日夜守护。为了节约资金，他用土杂肥逐株挖穴深施，自己配制土农药。第二年，橘林就"焕发了青春"。第三年开始挂果，产量达2万多公斤，收入2万多元。2万多元的集体收入，使笠头村人不仅品尝到橘子的甘美香甜，更奔涌出共同致富的信心和希望。

从湘南老家到粤北乡村，辛勤汗水化作满树金黄的果实

李常水深知科技在农业生产中的地位和作用。因此，在几十年的农村生活中，他一刻也没有放松学习新的农业科技知识，一刻也没有放松播撒科技的火种。他订购了几千册花卉苗木栽培和水果种植资料，又自费到全国16个省市自治区考察学习农业生产技术。他从几千公里外邮购优良的水果品种，还常常利用到省城开会的机会到母校

学习。有一次到省城开会，他直到深夜 12 点多才回到酒店，胳膊下还夹着一捆从母校带回的果枝。

人民群众是科学技术的主人。为提高劳动者素质，让群众掌握科学技术，李常水始终把传播科技知识视为农村腾飞之本。他坚持每年用三分之一的时间到田间地头去"传道"，还创办了村农技夜校，牵头成立了宜章县水果生产研究协会。至今，他已培养几百名"二传手"。通过这些"二传手"，又带出众多的"三传手""四传手"，从湘南老家到粤北乡村形成了一条技术传播链，带动湘粤边境 3 县 10 余个乡镇 1.7 万多农户种植水果。

李常水回到家乡当农民几十年，把科技的火种播撒在贫瘠的土地上，把"共产党员"四个大字深深烙进人民的心田，带领村民和附近群众走上致富之路。他喜欢吹竹笛，最拿手的曲子就是《唱支山歌给党听》。

（作者：奉清清）

三、中国特色社会主义新时代

（2012— ）

十八洞村："精准扶贫"首倡地

人物档案

2013 年 11 月 3 日，习近平总书记来到湘西土家族苗族自治州花垣县十八洞村考察，首次提出精准扶贫重要论述。曾经贫困的十八洞村自此蝶变。2016 年底，十八洞村成为湖南省第一批脱贫出列的贫困村。2021 年 2 月 25 日，全国脱贫攻坚总结表彰大会在北京举行，十八洞村代表从习近平总书记手中接过全国脱贫攻坚楷模荣誉称号奖牌。

春到苗寨处处新。在习近平总书记 2013 年到过的梨子寨，镌刻在石壁上的"精准扶贫"4 个红色大字，见证着十八洞村人的脱贫攻坚精神，成为我国脱贫攻坚历程中最具纪念意义的红色地标。

湖南省花垣县十八洞村

精准扶贫，攻克千年贫困

山间的檫木、田间的油菜开花了，开的都是金黄的小花。花朵牵引着蜜蜂，蜜蜂牵引着龙先兰的甜蜜日子。

每年，山里最先放飞的是龙先兰的蜜蜂。龙先兰，这个十八洞村曾经的苦孩子、脱单困难户，如今成了致富带头人，组建了温馨的家庭，有了一个活泼爱笑的女儿。

"我给女儿取名叫'龙思恩'，思党恩。"龙先兰说。

幸福故事的起点，要回溯到2013年。

那年11月3日下午，沿着弯弯曲曲的小路，习近平总书记走进了这个偏远的湘西小山村。

173

在村民石拔三家中，总书记坐下来同一家人算收支账，并察看她家的谷仓、床铺、灶房、猪圈。在村民施成富家小小的前坪，总书记与乡亲们围坐在一起，乡亲们毫无拘束地打开了话匣子，拉家常、道实情。

"贫困地区要从实际出发，因地制宜，把种什么、养什么、从哪里增收想明白，帮助乡亲们寻找脱贫致富的好路子。"在这里，习近平总书记第一次提出了精准扶贫重要论述，作出了"实事求是、因地制宜、分类指导、精准扶贫"重要指示。

时代洪流中，十八洞村成为脱贫攻坚的最前线。这里群山连绵、土地贫瘠，1994 年被确立为扶贫攻坚的主战场。"地无三尺平，多是斗笠丘"，祖辈早出晚归劳作只为几亩薄田，逼仄的空间压瘪了粮袋子，压塌了希望。到 2013 年，十八洞村人均纯收入只有 1668 元，集体经济为零。

在精准扶贫理念指引下，十八洞村率先向千年贫困发起攻坚。开展精准识别，因地制宜大力发展乡村游，种植猕猴桃，发展苗绣等产业……曾经苦甲天下，而今华丽蝶变。年轻人纷纷"飞"回村庄，养蜂、开店、办农家乐、直播带货……村里产业风生水起。2016 年底，十八洞村率先脱贫出列。

精准扶贫，风起十八洞村，迅速吹遍三湘四水，吹向全国各地。精准扶贫理念还被写入联合国大会的决议。2021 年 2 月 25 日，全国脱贫攻坚总结表彰大会在北京举行，十八洞村获得了全国脱贫攻坚楷模荣誉称号。

"年年都是好光景，只盼总书记再回村里看看。"当年被总书记称呼为"大姐"的石拔三老人，如今过上了舒心的好日子，每当有人要去北京办事，"大姐"总让捎个话。

乡村振兴，新的故事持续发生

十八洞村高名山十八溶洞进入精细设计阶段，峡谷栈道的勘察和初步设计已完成，张刀大通道路基全面拉通，游客服务中心、希望的田野灯光秀选址完毕，地球仓二期项目、飞虫寨文化广场已开始动工，农产品展销中心暨电商平台已投入使用……

"十八洞村不仅要做脱贫攻坚的模范，更要做乡村振兴的典范。"十八洞村党支部书记、村委会主任施金通说。这几年，旅游产业在十八洞村从无到有，飞速发展，山泉水、苗绣、种养等产业也都走上转型升级之路。

脱贫后的十八洞村，已经成为网红打卡地，每年接待游客超40万人次。2021年，十八洞与矮寨、德夯大峡谷景区一起，正式晋升为5A级旅游景区。

"今年我们要建成60栋民宿，未来三年内达到300栋的规模，再也不用担心游客住不下了。"施金通说。眼下，民宿群正在加快施工，集现代农业、文化旅游、田园社区等功能于一体的田园综合体项目也已经开工，建成后能容纳500人吃住行研学，可带动十八洞旅游增收2000万元以上。

2017年引入村的十八洞村山泉水厂，自动化流水线作业每小时可生产1万多瓶十八洞村山泉水，2021年实现村集体分红64万元。目前山泉水厂正在实施技改，增加生产线，扩建工厂成品仓库，提高产能。

虎年春节一过，十八洞的绣娘们就忙开了。苗绣合作社不断开发新型产品、拓展销售渠道，年前促成了与中车株洲电力机车研究所有限公司、湖南工业大学的合作协议，眼下正在赶工。

距村30多公里的千亩猕猴桃"飞地"，去年又丰收了，每户平均分红2500元左右。今年还将进一步提升水果品质、拓宽销售渠道。

"2021年，十八洞村人均年纯收入突破2万元。"施金通说。在2013年，这个数字是1668元。与此同时，村集体经济年收入由零增长至268万元，十八洞村成功实现了从深度贫困苗乡到小康示范村寨的华丽转身。

不仅如此，该村还依托"十八洞"品牌，带动了周边的村庄产业的发展。以十八洞村为圆心，花垣县改造和开发了黄金茶种植基地1万多亩，未来，"十八洞黄金茶"影响力将覆盖全县，"茶旅一体"线路将串联起花垣县的村村寨寨。

随着乡村产业迅速发展，越来越多的年轻人回到了家乡。

95后大学生施康，回到十八洞村进行电商创业，直播带货、制作短视频，将越来越多的"流量"带到家乡。十八洞地球仓服务员杨云秋正在接受培训，希望成为一名专业的酒店管理人员。返乡创业的龙金彪，养过蜜蜂，种过药材和蔬菜，今年又开始尝试种油茶……

每一个春天都是新的，每一段征程都令人鼓舞。山门大开，前路宽畅，乡村振兴路上，精准扶贫首倡地的奋斗者又出发了。

（作者：周月桂）

袁隆平：杂交水稻之父

人物档案

袁隆平（1930—2021），江西德安人。湖南省政协原副主席，国家杂交水稻工程技术研究中心原主任，中国工程院院士，被誉为"杂交水稻之父"。获得国家技术发明特等奖、世界粮食奖等20多项国内外大奖。"共和国勋章"获得者，被评为100位新中国成立以来感动中国人物、全国劳动模范、改革先锋、最美奋斗者等。

被誉为"杂交水稻之父"的袁隆平，将"发展杂交水稻，造福世界人民"作为终其一生的梦想和追求。他长期致力于促进杂交水稻技术创新，并将其推广至全世界。过完90岁生日，自称"90后"的他继续逐梦。直到离世的那一年，他仍旧坚持在海南三亚南繁基地开展科研工作。把水稻比作武器，对手是饥饿，他赢了。

袁隆平下田察看水稻长势

"愿天下人都有饱饭吃。"

在中国杂交水稻的发源地——湖南怀化安江，竖有一块石碑，上面印着"愿天下人都有饱饭吃"，那是袁隆平出发的初心。

亲历过战争时期，目睹过遍地饿殍，吃饭问题成为袁隆平下决心解决的问题。"饥荒的时候饿死人，我都亲眼见过。吃饭是天下第一桩大事，没有饭吃，人类怎么生存？"袁隆平认为，养活世界人口，最经济、有效的办法就是使用优良的高产品种。

1953 年，袁隆平从西南农学院农学专业毕业，到湖南安江农校任教。他在 1961 年发现天然杂交稻株表现出明显的杂种优势，和杂交水稻结下了"不解之缘"。

水稻是雌雄同花，没有杂种优势——传统遗传学理论早有定论。可袁隆平相信自己的眼睛！

一个乡村教师挑战世界权威，多少人等着看笑话。他却不在乎。这是对科学的诚实，更是对彼时深陷于饥荒的百姓的诚实。

两年内，他冒着酷暑检查了几十万株稻穗，终于找到了6株雄性不育株，也就是可以用于杂交水稻培育的母本材料。就在1966年发表的那篇划时代雄文《水稻的雄性不孕性》里，袁隆平首次描述了水稻雄性不育株的"病态"特征，开启了我国水稻杂种优势利用技术研发的序幕。

按照他提出的思路，从选育、试验、失败，到再选育、再试验、再改进……耗时将近十年的探索，袁隆平和团队于1973年攻克了"三系"配套难关，并于同年10月正式宣告中国籼型杂交水稻"三系"已经配套。但这一路并非坦途。

1968年春天的一个雨夜，安江农校试验田里发生了一件至今未破的悬案，差点让杂交水稻研究夭折。田里的雄性不育试验秧苗全部不见踪影！心急如焚的袁隆平四处寻找，只在一口井里打捞起5根浮起的秧苗。万幸的是，它们都成活了下来，总算没有"绝后"。

"三系"配套，前八年都在失败中摸索。袁隆平记得，一直到1972年，也就是被视为研究突破口的"野败"发现两年后，还有人质疑甚至反对他的杂交水稻培育方案。

三系法杂交水稻育种成功后，1987年国家"863计划"将两系法杂交水稻研究列为专题，袁隆平牵头，带领全国协作组开启两系法杂交水稻的攻关研究。没想到启动不到两年，就遭遇当头棒喝。一场夏季异常低温导致"两系"不育系育性出现"打摆子"，本来不育的变成了可育，使研究遭受严重挫折。一时间，科研界不少人"唱衰"甚至放弃两系法杂交水稻研究。

水稻研究生涯中，袁隆平遇上的失败、质疑和挫折，数不胜数。但这些从未将袁隆平击垮。"爬起来再干就是了。"袁隆平说。

杂交水稻的成果自 1976 年起在全国大面积推广应用，使水稻的单产和总产得以大幅度提高。同时，袁隆平带领团队开展超级杂交稻攻关，分别于 2000 年、2004 年、2011 年、2014 年实现了大面积示范每公顷 10.5 吨、12 吨、13.5 吨、15 吨的目标。最新育成的第三代杂交稻"叁优一号"，2021 年作双季晚稻种植，加上第二代杂交早稻，试验田里周年亩产突破 1600 公斤。

杂交水稻被西方专家称为"东方魔稻"，比常规水稻增产 20% 以上。目前，我国杂交水稻种植面积超过 1700 万公顷，占全国水稻总面积的 50%，仅每年增产的粮食就可养活 7000 万人。

"我不能躺在功劳簿上睡大觉。"

2019 年，在被授予"共和国勋章"时，袁隆平是这么说的："我不能躺在功劳簿上睡大觉。"

年过 90 岁的他依然保持着"泥腿子科学家"的作风，还是喜欢到农田观看稻谷的长势。

袁隆平从参加工作开始，便有下田察看水稻长势的习惯，身边时常备着下田的雨靴。他家的后院紧挨着试验田，一天要到田间看上三四回。

"禾下乘凉梦"是袁隆平对杂交水稻高产的一个理想。"梦想到禾下乘凉，梦里水稻长得有高粱那么高、籽粒有花生米那么大。"接近生命尽头的数年里，袁隆平依然通过身体力行延续他的"禾下乘凉梦"。

三系法杂交水稻可以"吃"一辈子，为什么还要开展后面的研究？面对这样的提问，袁隆平回答道："我总是感到不满足。搞科学研究，不断地想攀高峰。"

他坦言，"贪心"给他提供了源源不竭的动力。"百万富翁想千万，千万富翁想一亿。我贪产量，到了 700 公斤，我贪 800 公斤，800 公斤贪 900 公斤，900 公斤到 1000 公斤，1000 公斤到 1100 公斤，最后 1200 公斤，18 吨，不满足，因为这是一个有意义的事情。"

袁隆平还有另一个梦想——杂交水稻覆盖全球梦。"全世界有 1.6 亿公顷的稻田，如果其中一半种上了杂交稻，每公顷增产 2 吨，每年增产的粮食可以多养活 5 亿人口。"袁隆平说。

相关数据统计，从 20 世纪 80 年代至今，袁隆平和他的团队为 80 多个发展中国家培训了 14000 多名杂交水稻的技术人才。目前，全球有 40 多个国家和地区引种和试种杂交水稻；除中国以外，印度、孟加拉国、印度尼西亚、越南、菲律宾、美国、巴西、马达加斯加等国家已实现了杂交水稻的大面积种植，每年种植面积达到 800 万公顷，平均每公顷产量比当地优良品种高出 2 吨左右。

秉持消除饥饿的梦想，矢志不渝。90 岁高龄时，袁隆平仍带领团队向水稻单产的更高纪录发起冲锋，为人类端牢饭碗作出了极大贡献。

喜看稻菽千重浪，最是风流袁隆平。在心爱的水稻面前，自称"爱好自由、特长散漫"的袁隆平，守着他的本分，直到再也走不动……

"稻子熟了，妈妈，我来看您了。"很多年前他写给妈妈的一封信，再次看哭了无数人。人们愿意相信，他是去找深爱的妈妈了，他的梦里依旧有风吹稻香，稻谷满仓。

（作者：胡宇芬）

艾爱国：大国工匠

人物档案

艾爱国，1950 年 3 月生，湖南攸县人。湖南钢铁集团焊接顾问、湖南省焊接协会原监事长。他是我国焊接领域的领军人物，在焊接难度最大的紫铜、铝镁合金、铸铁焊接等方面有颇高造诣。获得"七一勋章"、大国工匠年度人物、全国劳动模范、全国道德模范等荣誉。

2021 年 6 月 29 日，"七一勋章"颁授仪式在北京人民大会堂隆重举行，湘钢工人艾爱国荣获"七一勋章"，成为湖南唯一获得此荣誉的人。穿着陪他在焊工岗位攻克了不少难关的工装皮鞋，艾爱国在颁授仪式上听到自己的名字后，稳步踏上颁奖台，朝习近平总书记走去。总书记语重心长地对他说："大国工匠，国家就需要你这样的人。"

艾爱国（右三）在生产车间指导徒弟焊接作业

艾工——"人家能干我们为什么不能干？"

从 19 岁进入湘钢成为工人，到 71 岁被总书记称为"大国工匠"，艾爱国在焊工岗位上一干就是 50 多年。

1983 年，冶金工业部组织联合研制新型贯流式高炉风口。如何将风口的锻造紫铜与铸造紫铜牢固地焊接在一起，是项目的一大瓶颈。冶金工业部只让湘钢负责紫铜风口的锻造和铸造任务，把最棘手的焊接任务交给这方面经验丰富的其他大钢厂完成。

"人家能干我们为什么不能干？"年轻的艾爱国找到上级。风口焊接攻关组迅速组建起来，艾爱国是主操作手。攻关近一年，反复试验百来次，越试越接近成功，艾爱国颇为得意："这项目也不是太难嘛，上正式的！"

事实证明，艾爱国得意得太早了。正式焊接当天，艾爱国足足焊了 6 个多小时，毛衣毛裤湿透了，怎么也焊不成型。攻关主任过来拍拍他的肩膀："这碗饭我们吃不成，让别人去搞算了。"

回到家，艾爱国怎么也不服气。反复思考后，他少了些冲动，重整旗鼓，继续攻关。几个月后，冶金工业部再次批准湘钢进行试验。艾爱国戴上石棉手套，用 2 个多小时完成高炉新型风口的焊接工作，大获成功。他及时记录这一解决方案，写下《钨极手工氩弧焊紫铜风口的焊接》，最终凭借该论文和攻关期间的贡献，获得国家科学技术进步二等奖。

此后，艾爱国笔耕不辍，结合实践，潜心钻研理论，写下数十万字技术笔记，获发明专利 1 项；与他人合作编著的《焊接技术及自动化》等书相继出版。

50 多年来，艾爱国时刻更新知识体系，实现了自己自入行起立下的"攀登技术高峰"目标，为我国冶金、军工、矿山、机械、电力等行业攻克焊接技术难关 400 多个，改进工艺 120 多项。

艾劳模——"劳模光环是一时的，还得与时俱进。"

认识艾爱国的人，都叫他"艾劳模"。这并非完全因为他曾获评全国劳动模范，而是因为在不少难题攻坚和重大项目建设中，都能找到艾爱国工作的身影。

20 世纪 80 年代，首都钢铁公司从德国引进当时世界上最大的 3 万立方米制氧机。如何保证 2 万多道焊缝在深冷状态下不发生泄漏？首钢向湘钢求助，艾爱国带徒赶去，采用国际上先进的交流氩弧焊双人双面同步焊技术，啃下这块硬骨头。德国专家看了，直称中国工匠不简单。

20 世纪 90 年代，湘潭食品机械厂制作一口直径 3 米的啤酒糊化铜锅，在焊接中遇到困难，公司委派艾爱国组成攻关队前去支援。看到艾爱国与同伴，在场的工人师傅围在一块嘀咕："只怕又是一批牛皮客。"艾爱国凭着多年焊铜的经验和技巧，带领队员攻关 12 天，焊好两口大铜锅。原先不服气的工人，现在见人就讲："这些年我们厂到处请'神仙'，谁晓得'神仙'就在屋门口。"

"每次看到师傅，都觉得他又厉害了不少。"曾跟艾爱国学习过的徒弟张文亮说。

"劳模光环只是一时的，要让人信服，要靠实力，还得与时俱进。"艾爱国说。

2020 年，华菱湘钢瞄准国内首个自营深水油田开发项目——流花项目。流花项目的导管架要求全部使用高强钢，华菱湘钢是国内第一家将新研发的高强钢送去给项目检验的钢厂，艾爱国参与了焊接工艺的研究。

然而，在实验室测试合格的焊缝，到了施工现场，却是另一回事。

艾爱国很着急，接到电话，次日一大早便坐高铁直奔目的地。穿上工作服、拿上防护面罩，艾爱国趴在钢板上查看焊缝，不放过任何一个细节。观察记录完整后，他和现场工程师坐下来——分析，根据生产现场的实际情况，优化出一套新的焊接工艺。

最终，湘钢的钢材和焊接工艺，通过了各方试验，独家拿下了流花项目 2.6 万吨高强钢订单。

艾师傅——"经验不教给大家，不就浪费了吗？"

荣誉加身，艾爱国却依然每天身着蓝灰工装、翻毛皮鞋，走路上下班。曾有人找艾爱国要当年报道过他的报纸、照片存档，艾爱国洒脱地说："我哪里还有那些东西，全部丢掉了！"

想请他吃饭，他连连摆手；有人要上门拜访，他避之不及……但对待愿意在一线钻研焊接技术的徒弟徒孙，艾爱国恨不得倾其所有，经常"不请自来"。

"艾师傅总是匆匆忙忙，事情很多，我很害怕麻烦他。"姜明是艾爱国的徒孙，在一次攻关焊接某种铝材料的过程中，费了很大功夫也没见效。他害怕打扰艾爱国，想咬牙自己再试试。

没想到，艾爱国主动打电话过来。听说进展十分艰难，艾爱国着急地说："你怎么不找我呢！"不到半小时，他就赶到姜明身边，两人共同攻关到深夜。

"只要肯学，我就教。经验不教给大家，不就浪费了吗？"艾爱国欣赏有干劲的年轻人，愿意为他们尽可能地创造学习条件。

艾爱国带徒，范围广、效果佳。几十年下来，湘钢技师、高级技师等级别的焊工，80% 跟艾爱国学过技术，他在全国培养焊接技术人才达 600 多名。

（作者：黄婷婷）

黄诗燕："最美扶贫书记"

人物档案

黄诗燕（1964—2019），湖南攸县人，曾任株洲市政协副主席、炎陵县委书记。他扎根扶贫一线，带领20余万老区人民脱贫奔小康，直到生命最后一刻。被评为全国脱贫攻坚先进个人、建党百年全国优秀共产党员、时代楷模等。

如一头老黄牛，9年如一日扎根革命老区炎陵，他对这片红土地爱得深沉，对这一方百姓饱含深情。"一只黄桃20亿"的传奇，让炎陵成为湖南省第一批摘帽的国家级贫困县。"最美扶贫书记"黄诗燕用生命兑现"脱贫功成，务必在我"的庄严承诺，倒在了走向胜利的号角声中。

黄诗燕（右二）在炎陵县霞阳镇大源村调研走访

"砸锅卖铁，也要让老百姓住上新房！"

2011 年 6 月 25 日，47 岁的黄诗燕走进炎陵县委大院，成为这个 20 多万人口贫困县的县委书记。此前，他是株洲市委副秘书长、市委办主任。

7 月，他戴上一顶草帽下乡去了，他先是走访了全县 11 个乡镇（场）、54 个贫困村。越走心情越沉重，沿途一幅幅图景在心中挥之不去：船形乡水垅村大半村民住在"杉皮屋"里，逢雨必漏；下村乡坳头村村民好不容易种出来的水果，因山路闭塞，一公斤两块钱贱卖给商贩……

一个多月的调研下来，黄诗燕摸清了家底：2010 年，全县农民人均纯收入 2970 元，相当于全省、全市平均水平的 52.8%、38.8%；按当年人均收入 2300 元的国家贫困标准，全县贫困发生率很高。

沉甸甸的数据让他寝食难安，更让他深感责任重大。炎陵脱贫攻坚，路在何方？

脱贫攻坚，攻的是最坚的堡垒，啃的是最硬的骨头。贫困群众"住房难"，就是炎陵要过的"坎"。

黄诗燕决定实施易地扶贫搬迁、扶贫对象安居、土坯房集中改善三大工程。但三大工程至少需要资金 3 亿多元。对当时年财政收入仅 3 亿元的炎陵县而言，这道"坎"实在不好过。

"能否只解决建档立卡贫困户住房难题？""资金缺口大，易地搬迁建房标准是不是低一点？"……但黄诗燕态度鲜明："砸锅卖铁，也要让老百姓住上新房！"

县委、县政府"勒紧裤腰带"，想方设法筹集资金，黄诗燕自己则带头"省钱"：工作人员几次提议，对县委书记办公室进行简单装修，被拒绝；办公桌褪色掉漆、书柜变形，建议换新的，被拒绝……

难关就这样闯了过去。3 年时间，全县 1250 户易地扶贫搬迁户住进了新房，2543 户农村贫困对象实现安居，6122 户农村危旧土坯房得到改善。

"为老百姓脱贫站台，我怕什么？"

人们不会忘记，小小的黄桃，是黄诗燕选择的炎陵县脱贫攻坚突破口，农民靠黄桃脱了贫。"大黄抓小黄，抓出金黄黄"的顺口溜，是老百姓对这位扶贫书记的最美颂扬。

通过深入调研与论证，黄诗燕与县委、县政府班子成员形成共识：

打造炎陵生态休闲农业风光带和特色水果、有机茶叶、无公害蔬菜、笋竹、油茶、白鹅、花卉苗木、药材八大"农字号"特色产业基地，鼓励村民"量体裁衣、宜养则养、宜种则种"。

"一带八基地"的突破口在哪里？黄诗燕将目光盯准了炎陵的黄桃。2011 年，炎陵县将黄桃产业纳入重点扶持产业，重点推广良种"锦绣黄桃"，财政每年投入 500 万元奖励、扶持种植户。

对此决定，赞成的有，反对的也不少：财政本来就困难，黄桃产业看不到税收预期，每年拿钱去"贴"，值吗？一家一户分散种植，品质如何保证？都种黄桃，果贱伤农怎么办？……

黄诗燕不为所动。在他的主导下，全县砍掉劣质黄桃苗，培育 5 个优质高效示范点，扶持 171 个科技示范户；建立"合作社 + 基地 + 农户 + 电商"模式，及时提供良种苗木、技术培训、农资供应、销售渠道等服务……

黄诗燕成了炎陵黄桃的头号推销员。每年的桃花节、黄桃大会，黄诗燕都出面"站台"吆喝；北京、广州等地的供销对接会，黄诗燕现场促销；央视推广炎陵黄桃，黄诗燕琢磨出推广语："炎陵黄桃，'桃'醉天下。"每到黄桃成熟季节，黄诗燕还会到路边水果店转一转，要求有关部门两天报告一次全县黄桃销售信息。

黄诗燕为炎陵黄桃的品牌推介不遗余力，有人好心提醒："领导干部为产品站台代言，不妥。你是县委书记，更容易招来非议。"

"为老百姓脱贫站台，我怕什么？"黄诗燕很坦然。

如今，炎陵黄桃迎来了自己的黄金时代。炎陵黄桃获颁国家地理标志证明商标，出口新加坡、阿联酋和畅销中国香港及澳门等地。炎陵全县 8000 多农户种植黄桃 8 万多亩，近 6 万人进入黄桃产业链，近 60% 贫困人口通过种植黄桃稳定脱贫。

2017 年，炎陵县摘帽国家级贫困县；贫困发生率从 2013 年底的

16.57%下降到2017年的0.65%，实现高质量脱贫。

黄诗燕对炎陵脱贫有着长远考量。实现高质量脱贫，关键是提升产业发展能力。为了引进一批优质项目，让老百姓可以在家门口安心就业，黄诗燕下足了功夫。一家企业诉苦说招工难，他要求相关部门开着车，带着招工信息直接进村入户。几年间，全县首个年税收过3000万元、首个年销售收入过10亿元、首个落户炎陵的民营500强企业等不断涌现，被外界誉为贫困山区招商引资的"炎陵现象"。

2019年11月29日上午，炎陵县召开全县脱贫攻坚工作调研会，黄诗燕穿着那件人们熟悉的黑色夹克衫坐在台上。当他发言时，人们吃了一惊：声音很低沉，甚至听不太清，只讲了20多分钟。

谁也没有想到，这竟是黄诗燕作为炎陵脱贫攻坚"一线总指挥"发出的最后一道战斗令。当晚，黄诗燕因突发心源性疾病去世。

时光深处，历史将记住，在炎陵这片被誉为"湖南井冈山"的红色土地上，一位百姓心中的"最美扶贫书记"，倒在共和国脱贫攻坚赢得最后胜利的前夕。

当春风吹遍三湘大地，人们不会忘记，黄诗燕和所有那些为脱贫攻坚而献出生命的人们。烂漫山花中，他们的笑容、温暖、明亮。

（作者：李伟锋）

蒙汉：香樟树之恋

人物档案

蒙汉（1965—2020），湖南靖州人。曾任怀化市人大常委会副主任、溆浦县委书记。在他的带领下，溆浦县累计减贫 13 万余人，贫困村全部出列，全县脱贫摘帽。2020 年 7 月，他在工作期间突发心肌梗死，倒在了脱贫攻坚的路上。被追授为全国脱贫攻坚先进个人、全国优秀党务工作者。

"县委大院的那棵香樟树，历经了近 500 个春秋，枝繁叶茂，蔚为壮观。"蒙汉刚到溆浦任职，写下了《香樟树遐想》，"每当我从香樟树下走过，自然想起：如果脱离群众，就会脱离党的宗旨；如果失去人心，就会失去执政的根基。"蒙汉一生痴爱香樟树，他给自己的微信昵称取名"香樟树之恋"，时刻以香樟树自勉。县里的干部说，蒙书记把生命化作了一棵香樟树。

蒙汉（右一）在桥江镇新坪村察看水稻集中育秧

坚韧

溆浦县委大院有一棵近500年的香樟树，岁月轮回、世事更迭，仍岿然不动、翠绿逼人。

当地干部说，蒙汉犹如这棵香樟树，坚韧挺拔，顶天立地。

2013年4月，时任怀化市鹤城区委书记的蒙汉，被调往溆浦县，担任县委书记。溆浦县是人口大县，地域广，贫困程度深，脱贫攻坚压力大。刚上任，蒙汉便问："哪个乡镇最偏远？"他调研的第一站就去了最偏远的沿溪乡。当晚，准备在沿溪乡最偏远的瓦庄村借宿。乡干部告诉他，去瓦庄村有两条路，一条是坐车绕行50余公里，一条是翻过大山的小路，7.5公里，只能徒步。"走小路！"蒙汉打着手电，与随行干部行走在陡峭的山路上。在山顶的朱家园村村民家歇脚时，乡亲们告诉蒙汉，山里人穷，都是因为路不通。他对随行的县直部门负责人说："要尽快修好这条路，不能再让老百姓受苦。钱不够，一起凑！"

当年国庆节前夕，这条水泥路修好了，成为一条连接山上山下 9 个村的"黄金路"。

"天亮就出发！"这是蒙汉的口头禅。上任 56 天，蒙汉跑遍全县 43 个乡镇，与 694 名村（社区）党组织书记座谈。在"开门见山"的溆浦，他一天都没有停歇。

蒙汉说，干部就是要有脚板底下出思路的担当。通过调研，他发现"断头路"是阻挡乡村群众奔向幸福的屏障。"决不将贫穷留给子孙！"蒙汉在溆浦第一次主持召开的县委全会上发出号令。而脱贫攻坚第一场硬仗，就是拉通全县的"断头路"。

截至 2016 年底，全县共拉通"断头路"871 公里，实现"让乡里人像城里人一样走上一脚好路"的愿望。

用电难、上学难、看病难、通信难……脱贫路上，贫困群众的件件难事，蒙汉都牵挂在心，带领干部一道用情用力办好办实。

2019 年，溆浦县贫困人口从 2014 年的 165316 人，减少到 6254 人；贫困发生率从 2014 年的 20.23% 下降至 0.77%，获评 2019 年度全省脱贫攻坚先进县。

2020 年 2 月，湖南省人民政府批复：溆浦县脱贫摘帽！收到省政府批复那一刻，蒙汉眼里泛起了泪花。

眼界

走进溆浦县红花园工业园二期标准化厂房建设施工现场，机器轰鸣，一派繁忙。这个充满生机和活力的现代化工业区，2013年前还是一片荒山。

"蒙汉有香樟树的眼界，立得高，看得远，为全县高质量发展集聚了不竭动力。"园区干部这样评价他。

"不抓产业就是死路一条，不抓项目就是死水一潭，县域经济发展要依靠规模化的实体经济。"蒙汉下定决心，白手起家，建立工业园区。

蒙汉穿上解放胶鞋，拿着地图，带着干部在城郊的荒山、河滩转悠，选址定园。2013年10月16日，溆浦县工业集中区管委会成立。蒙汉把管委会班子成员带到选址的山坡上，现场宣布任命。

在园区建设最艰难的时候，蒙汉隔三岔五来到园区排忧解难，经常吃住在工地。

园区招商是一道难题。蒙汉和其他县领导带队，按照"老乡库"名单，前往珠三角、长三角等地招商。

溆浦捷飞电子科技有限公司是首家入园企业。公司总经理贺达春对家乡感情深，蒙汉三顾茅庐，他很快回乡创业。在蒙汉身体力行推动下，2019年，园区共进驻企业49家，其中高科技企业22家。当年，溆浦县被省政府评为"落实创新驱动政策措施真抓实干成效明显县"。

情怀

2020年7月10日，一场数万干部群众自发参加的送别，让溆浦这座千年古城，陷入一片悲痛中。2021年清明节，怀化市仍有不少百姓自发前往蒙汉墓前扫墓。

"百姓情怀深厚，是蒙汉同志的最大特色和生命本色。"怀化市主要领导这样评价。

"香樟树常青不老，源于大地提供养分。"蒙汉说。党员干部要像香樟树一样，扎根大地，树冠如盖，为人民群众遮风挡雨，守护一方幸福安宁。

"蒙书记把咱老百姓的事当家事。"溆浦县卢峰镇屈原社区居民王林芳哽咽道。

王林芳的丈夫患重病，两个儿子居无定所。为了维持生计，王林芳外出打工，留下两个年幼的孙子。2016年，蒙汉与王林芳一家结成帮扶对子，协调将她丈夫纳入低保，还为她小儿子家解决一套公租房，让王林芳一家重新树起生活的信心。

"谁是你的'圈内人'？"蒙汉说，"我们领导干部的生活圈、朋友圈，首先应该为群众圈。"在溆浦这些年，他与上百名困难群众认亲戚、结对子，深得百姓爱戴。

仰望着香樟树，只见它高耸挺立，不惧风霜。蒙汉同志就像一棵枝繁叶茂、苍劲挺拔的香樟大树。

（作者：肖军　雷鸿涛）

张超：逐梦海天的强军先锋

人物档案

张超（1986—2016），湖南岳阳人。生前系某舰载航空兵部队中队长、一级飞行员。2016 年 4 月 27 日，张超在驾驶舰载战机进行陆基模拟着舰时，战机突发故障，他为保战机错过跳伞最佳时机，坠地牺牲，年仅 29 岁。张超是为我国航母舰载机事业牺牲的第一位英烈，被追授为时代楷模、逐梦海天的强军先锋、全军挂像英模、最美奋斗者、人民英雄。

随山蜿蜒，拾级而上，行至岳阳市张超烈士纪念园，刻着"逐梦海天的强军先锋"大字的石碑立于苍松翠柏之间。烈士墓前，身着飞行服、左手托飞行帽的张超铜像面带微笑，目视前方的歼 –15 战机模型。面对突发故障，在短短 4.4 秒的生死一瞬，他尽最大努力挽救战机，错过跳伞求生的最佳时机，英勇牺牲，年仅 29 岁。

张超准备驾机训练

"飞鲨"勇士，梦断蓝天

2016 年 4 月 27 日，晴朗的天空高远透亮。对于飞行来说，是一个难得的好天气。

当日 7 时，张超与战友们来到外场。他有 3 个架次的飞行任务，前两架次是超低空掠海突防飞行，他的战术动作衔接流畅，非常好地完成了规定课目，着舰指挥员打出本场次最高分。

紧接着，飞机前轮触地，快速平稳地向前滑去。然而，就在这一瞬间，无线电耳麦传来急促的语音告警：117 电传故障，检查操纵故障信号……

滑跑时速超过 240 公里的战机，像一匹正在狂奔的烈马被勒紧缰绳一样，前轮猛地弹起，机头急促上仰，尾部蹭在地面上，瞬间火花四溅，让在场的人惊出一身冷汗。

危急关头，张超第一时间将操纵杆猛推到底，试图把上仰的机头强压下去，挽救这架造价数亿、朝夕相伴的"飞鲨"战机。

"跳伞！跳伞！跳伞！"塔台指挥员对着话筒大喊。

在巨大的速度惯性下，飞机骤然离地20多米。无奈之下，张超终于拉动弹射手柄，跳伞自救。但是，救生伞还没来得及张开，张超就重重地摔向了地面。

"我……是不是……再也飞不了了……"张超的最后遗言，充满对飞行梦想的无限眷恋和遗憾，让战友们至今回想起来仍热泪盈眶。

因全身多处骨折，遭受多发性严重复合损伤，15时8分，张超年轻的心脏永远停止了跳动。

强军报国，逐梦海天

1986年8月，张超出生在岳阳县一个小乡村，后随父母移居岳阳楼区。2003年9月，正在岳阳市七中读书的张超看到空军招飞信息，从小听当兵的舅舅讲战斗故事的他壮着胆子，报名应征。

次年9月，他顺利通过层层考核选拔。拿到招飞入伍通知书那天，张超跑到父亲跟前："爸，我的飞行梦想就要实现了！"

完成4年院校培养、1年航空兵训练基地训练后，2009年，张超要求分配到"海空卫士"王伟所在的海军航空兵某团："一个国家，要国泰民安，最重要的一个方面就是依靠强大的国防力量，特别是空中力量……"

舰载战斗机上舰飞行被称为"刀尖上的舞蹈"。"要干就干最难的，要飞就飞舰载战斗机！"2014 年底，得知海军选拔舰载战斗机飞行员的消息，张超决定报名参加考核选拔。

父亲张胜华提醒他："听说航母上飞比陆地上难得多、危险得多，你可要想清楚。"辞职后特招到部队的妻子张亚劝他："一家人刚刚团聚，你若选上就会调离，我们又要分开了。"

思前想后，张超初心不改。他宽慰父亲："飞舰载战斗机虽然危险，但我有信心飞好。"他对妻子坦言："我的梦想就是飞最顶尖的飞机，你是懂我的，请你理解我。"

2015 年 3 月，张超以优异成绩被选拔进入舰载机部队，成为中国海军最年轻的舰载战斗机飞行员。

从入列第一天起，张超就铆足劲补差赶队，自我加压多飞多练，1 个多月完成理论改装，6 个月赶上训练进度，13 个月完成上舰前 93.24% 的飞行架次，已符合上舰要求。

到牺牲那天，再有 3 个飞行日，张超就能完成剩下的训练任务，顺利上舰。张超和妻子张亚有一个浪漫的约定——等他上舰那天，她来部队共同见证梦想成真的一刻，分享上舰成功的喜悦。

但这一次，张超"食言"了。

告别仪式上，全班战友集体送张超最后一程。战友说："兄弟，等着，我们很快带着你一起上舰！"

英雄远去，精神永存

张超的母亲李四荣清楚记得，儿子在牺牲前的那个清明节回乡祭祖，她感觉儿子不仅黑了许多，还瘦了一圈，她心痛不已。

成功在于奋斗，同样在于奉献。岳阳县筻口镇漆市村公路旁，立着一块镌刻着修路捐款人名字的石碑，上面刻着：张胜华，3500元。张胜华说，这其实是儿子张超分两次捐的。第三次，张超又拿出2万元，帮助村里把这条土路修成了水泥路。

"我家虽然不富，但也要尽力帮乡亲们。如果钱不够，我愿意再凑一些。"张超曾告诉家人。他对公益事业大方，对自己却很"抠"。张亚说，他总在洗发水快用完时兑水再用，剃须刀用了好多年也不换，衣柜里仅有几件军装和运动服，鞋架上只有几双旧鞋，剩下的就是书。张亚每次想给他买新衣服，他总说："不用了，这些还够穿呢。"

短短29载人生，张超为从小树立的梦想而奋斗，为祖国建设"世界一流空军"而奋斗。在家乡人民心中，张超的精神永远激励着他们奋勇向前。2021年3月26日，张超烈士纪念园在岳阳市烈士陵园落成，岳阳市200多个企事业单位、学校、社会团体2万余人分别在纪念园举行不同形式的缅怀活动。

"英雄爸爸，我们来看你了。"2021年4月，张超7岁的女儿张上明珠和岳阳楼区白杨坡小学的少先队员走进纪念园，他们献上鲜花，参观战机，听老师讲英雄的故事……

（作者：徐亚平　张璇）

谭清泉：梦想与导弹齐飞

人物档案

谭清泉，1956 年 9 月生，湖南湘阴人。中国人民解放军火箭军某旅高级工程师。入伍 42 年来，胸怀对党绝对忠诚的坚定信念，刻苦钻研导弹技术，关键时刻勇挑重担，曾荣立二等功 2 次、三等功 6 次。获得砺剑先锋、全国道德模范、最美奋斗者等荣誉称号。

40 余年与导弹为伴，他始终满怀对党的无比忠诚和对战略导弹事业的无限挚爱，刻苦钻研导弹技术，熟练掌握专业知识。身为火箭军某导弹旅高级工程师的他，多次参加战斗弹年检、实装操作、装备整修、战役演习、实弹发射等重大任务，为提升部队实战能力作出了重大贡献。2011 年，身患癌症后依然坚守战位、忘我工作。

谭清泉

优秀青年从军报国

1956 年 9 月，谭清泉出生于湘阴县南湖洲镇谷贻村。"清泉从小就是一个懂事、爱劳动、爱学习的伢子。"老母亲一说起谭清泉，自豪而又心疼，"孩子小时候真苦，上学时得摸黑起床，干完家务再走 10 多里路去学校。"

"清泉哥 15 岁就参加'双抢'，挑稻谷。"村民李慧明忆起儿时伙伴，满是赞誉。弟弟谭乐根还记得，哥哥高中毕业后，任大队民兵营长兼团支部书记。1975 年，他组织群众支援益阳烂泥湖围垦，一直忙到腊月二十九才回家。"那时，哥哥已是作为乡镇干部培养的苗子，但他一直不肯放弃当兵的梦想。"弟弟谭永宏回忆道，"1976

年 3 月，哥哥终于光荣入伍。"

到部队后，谭清泉吃苦耐劳的品质让他很快崭露头角。每天清晨，他总是第一个到达训练场。队列动作和器械训练，他是新兵连的标兵；武装越野跑，他是跑在最前面的那一个。新兵训练结束后，他被评为优秀士兵。

由于各方面表现突出，谭清泉入伍 1 年后，加入了中国共产党，并被推荐参加军校招生考试。每天完成任务后，他如饥似渴地学习，终于以优异成绩考入第二炮兵技术学院。

"导弹神医"手到病除

1981 年 7 月，谭清泉从军校毕业，被分配到某导弹旅，从此与导弹结下不解之缘。

在导弹部队一线担任技术干部，谭清泉从一开始就铆足了劲，一定要以自己所学，回报组织的培养。每逢重大任务，他总是最早进场、最后退场。一年有 160 天待在阵地，每天工作超过 10 个小时。1994 年 3 月，身为某导弹旅优秀技术营长的谭清泉，调任该旅装备部部长。

当时，全旅官兵熟悉专业的风毛麟角，专业训练处于起步阶段。谭清泉以"土法"上马：没装备，他带领官兵画圈为井，把草绳当电缆、圆木作导弹；没教材，就用大学教科书。他组织起"百人百天集训班"，担任教员，手把手教会战士们专业知识和技能。正是有了这些基础，新装备一到来，这个新组建的旅很快就形成战斗力，4 年后奉命高原"亮剑"，首战告捷。

"没有严谨细致的作风，导弹发射就会随时面临失败的危险。"平时温文尔雅的谭清泉，在导弹阵地上却一丝不苟、十分严肃。一次，谭清泉审阅设计图纸时发现，某系统缺少压力监测设备。他当即向厂方专家建议增设一个压力表和截止阀，却被回绝："这个方案上级已经定型，各方代表都已签字，而且符合技术标准，不能随意更改。"谭清泉坚持道："练兵是为了打仗，绝对不能有漏洞。"上级部门最终采纳了他的方案，并予以推广。

在谭清泉眼里，训练场上的细微漏洞就是弥天隐患。与导弹相伴40余年，谭清泉就像一名全科医生，时刻关注着导弹的各项数据是否精准。稍有偏差，他总能准确诊断，并且"手到病除"，被官兵誉为"导弹神医"。

作为导弹专家，谭清泉先后提出 10 多项技术改进方案，破解200 多个技术难题，研发模拟训练装备 80 多（台）件，4 项科研成果获得军队科技进步奖。

"只要祖国需要，我仍会继续战斗！"

"叫您别来了，您怎么还是要来呢！"

"只要我还能动弹，就和大家一起干下去……"

2017 年的某一天，火箭军某导弹旅特装科科长刘得志组织官兵查验返厂维修归建的某特种装备，这时，一个熟悉的身影映入他的眼帘——谭清泉正向他们走来。

官兵们都知道，谭清泉身体状况不好。2011 年，他在肺癌手术中切除了最大的一叶肺，走路稍快就会气喘吁吁。为此，旅里每逢重大任务，都不忍心叫他。然而，术后仅仅 4 个月，谭清泉又上一线了，只要得知有任务，就一定会准时到场。

"这批装备手动阀门气密性检测不合格，建议立即组织返厂！"

在现场仔细查看每一件装备后，谭清泉神情顿时严肃起来。经反复检验，正如他判断一样，个别部件存在瑕疵。

其实，早在2016年，60岁的谭清泉已达到最高服役年限，完全可以回家养病、陪伴妻儿。但他主动申请延迟退休，继续为部队建设发挥余热。

2018年9月，在火箭军某战备演练中，谭清泉以62岁的高龄第7次担任技术总把关，连续数月奔波在训练阵地、中心库和发射场，与年轻官兵一起在白天阴雨连绵、晚上呵气成冰的晋北高原紧张奋战，打出了某型导弹"4个首次""6个之最"的优秀战果。

演练任务胜利结束后，谭清泉没有沉浸在喜悦之中，而是继续带领官兵加班加点进行检讨式总结、梳理经验教训……

在谭清泉的感召下，近年来，该旅实战化建设步伐不断加快，战斗力水平持续提升，多次完成实弹发射、红蓝对抗演习、战备演练等大项任务，6次被评为"军事训练一级旅"，并荣立集体三等功。

"生命的精彩不在于地位高低、时间长短，而在于把每一天过得有价值有意义。"谭清泉说，"只要祖国需要，我仍会继续战斗！"

（作者：施泉江）

姜开斌：丹心忠骨映深蓝

人物档案

姜开斌（1956—2018），湖南常德人。1976年应征入伍，历任海军某部潜艇副机电长、机电长。2018年3月，姜开斌受聘于中船重工下属单位担任某试验平台机电长，8月20日，在台风中为抢救国家重点试验平台壮烈牺牲。被追授为时代楷模、全国优秀共产党员、全国道德模范、最美奋斗者。

向往大海、热爱大海的姜开斌，与战友黄群、宋月才一起把生命献给了蔚蓝的大海，树起一座永远的丰碑。中共中央总书记、国家主席、中央军委主席习近平作出重要指示指出，黄群、宋月才、姜开斌3位同志面对台风和巨浪，挺身而出、英勇无惧，为保护国家重点试验平台壮烈牺牲，用实际行动诠释了共产党员对党忠诚、恪尽职守、不怕牺牲的优秀品格，用宝贵生命践行了共产党员"随时准备为党和人民牺牲一切"的初心和誓言，他们是共产党员的优秀代表、时代楷模。

姜开斌

滔天巨浪，他勇敢冲在最前面

2018 年 8 月 20 日，受台风"温比亚"影响，大连出现罕见的狂风骤雨。停靠在中国船舶重工集团有限公司第七六〇研究所南码头的国家某重点试验平台，在巨浪的袭击下出现险情。部分缆桩因受力过大，出现严重变形，甚至断裂。缆绳脱落，导致平台首部只剩舰桥加装的钢缆受力，随时可能失控、毁损，甚至倾覆沉没。

七六〇所某试验平台机电负责人姜开斌深知，这个用于科研试验的专用海上试验装备，对提升我国船舶多项核心关键技术水平有着重要意义。10 时 30 分许，姜开斌和七六〇所党委委员、副所长、研究员黄群等 12 名同志一道，携带备用缆绳穿过 300 多米满是积水的码头，前去加固试验平台，奋力挽救国家财产，挽救军工装备，挽救同胞生命。

战友刘子辉作为亲历者，亲眼看到姜开斌义无反顾地走在最前面。就在抗险加固过程中，海面上突然翻滚起 30 多米高的巨浪，一下把姜开斌卷入海中。紧接着，黄群、宋月才等 7 名抗险勇士被卷入海中。

救援人员甩出缆绳，试图把战友一个个拉上来。一位营救的战友好不容易抓住姜开斌的手，高喊："姜开斌，你要挺住！"

就在大家想尽办法营救姜开斌时，巨浪再次把姜开斌卷走了。

在这场战斗中，试验平台安然无恙，但黄群、宋月才、姜开斌 3 位同志被狂风巨浪吞噬、壮烈牺牲。

祖国需要，他义无反顾听从召唤

姜开斌，1956 年 12 月出生在一个农民家庭，一家 6 个兄弟姐妹，他最小。1 岁时父亲去世，他在母亲的拉扯下长大。因为家庭困难，初中毕业后没钱读书，倔强的他在墙头的木板上一遍一遍写下："我要读书！"哥哥拗不过，借钱送他读高中。为了读书，姜开斌每天步行 15 公里上学，从不叫苦。

1976 年，姜开斌应征入伍。在青岛潜艇士兵学校受训后，到海军大连某部服役，守护着万里海疆。表现出众的他，在部队服役不到一年便光荣加入中国共产党。1978 年，他又以优异的成绩考入武汉海军工程学院（现海军工程大学）。几年下来，勤奋刻苦的姜开斌成为机电专家。毕业时，学校留他任教，他却说："祖国培养了我，我要回到我的部队，报效祖国。"

回到部队的姜开斌，训练、远航，一次就是一个月。他艰苦训练，练就了一身绝活，动力系统出现问题，光靠一双灵敏的耳朵，就可以听出故障所在。凭借过硬的本领和"时刻准备着"的战斗精神，姜开斌迅速成长为海军大连某部副营职机电长，先后4次受到嘉奖。1989年2月，姜开斌转业到常德市物价局工作，2016年12月，从常德市发改委退休。

退休后，姜开斌原本可以享受天伦之乐，但为了国防事业，2018年3月，又义无反顾听从召唤，来到中国船舶重工集团有限公司第七六〇研究所某重点试验平台，担任机电负责人。他精通结构构造、系统配备、高低压、燃油电路等系统，出色地完成了一个又一个高难度任务，带出了一支高水平队伍。

忘我奉献，他把别人装在心里

35年前，姜开斌和吴春英结婚，婚后两地分居。女儿小时体弱多病，常常深夜发烧抽搐，吴春英一个人急得抱着孩子哭，好在有邻居帮忙，才闯过一个个难关。原以为，丈夫转业后可以多抽出时间照顾家里，没想到姜开斌却一头扎进工作里。"我了解他，他总把别人装在心里。"吴春英由衷地敬佩丈夫。

姜开斌在物价、发改等部门工作20多年，平均每年出差200多天，每年检查20多家企业，立案20余起。

常德市发改委副调研员钟志宏记得，当年姜开斌刚来物价局不到3个月，所有物价法规、政策条款便烂熟于心。一次到石门一家水电站，就其上网电价的报批进行调查。由于一台发电机组的装机容量标牌不详细，而这一数据直接影响定价，姜开斌现场测算出装机容量。

2008 年初，常德发生罕见冰灾。受冰雪灾害天气影响，生活必需品价格容易出现波动，姜开斌就带队巡查城区粮油、肉菜、食盐等生活必需品价格。路面结冰达 10 厘米厚，不能开车，他们冒着冰雪严寒步行，查遍城区大型超市、重点市场。"一个星期下来，姜开斌的手脚长满了冻疮。"常德市发改委党组成员、副主任陈谋建记忆犹新。

"姜开斌同志为国防科学建设和试验平台研究作出重要贡献。他的离去，是我们七六○研究所的重大损失，是祖国和人民的重大损失。"中国船舶重工集团有限公司第七六○研究所总工程师、党委委员刘文帅沉痛地说。

（作者：姜鸿丽　鲁融冰）

周令钊：新中国美术大师

人物档案

周令钊，1919 年 5 月生，湖南平江人。曾任中央美术学院壁画系民族画室主任、全国邮票设计评审委员等。代表作有新中国的第一张海报《复活》、开国大典天安门城楼上的毛主席像、中国革命历史博物馆的历史油画《五四运动》，担任第二、三、四套人民币的总体设计等。被评为最美奋斗者、新中国成立 70 周年百名湖湘人物。

周令钊是新中国美术大师。2018 年 8 月 30 日，习近平总书记给中央美术学院周令钊等 8 位老教授回信："耄耋之年，你们初心不改，依然心系祖国接班人培养，特别是周令钊等同志年近百岁仍然对美育工作、美术事业发展不懈追求，殷殷之情令我十分感动。"

周令钊坐着轮椅，亲临"大爱·大美——徐悲鸿与周令钊、戴泽艺术成就展"现场

"我也没有什么过人之处，是机缘所致！"

1919 年 5 月 2 日，周令钊出生于湖南平江县。受当美术教师的母亲的影响，他从小背着画夹到处写生。后来考入长沙华中美术专科学校，苦学绘画本领。

1937 年，青年周令钊参加湖南省抗敌画会，次年进入国民政府军委会政治部第三厅美术科，1942 年参加抗敌演剧队。他以笔代枪，投身抗战，足迹遍及大半个中国及缅甸多地，创作出一幅幅描绘中国军民抗战的作品。

1947 年，周令钊任教上海育才学校。次年，应国立北平艺术专科学校（中央美院前身）校长徐悲鸿之聘，自沪北上，担任美术系讲师。

北平和平解放后，许多会议都在中央美院礼堂举行，布置会场成了周令钊的"家常便饭"。他曾数次绘毛主席像，让人印象深刻。

距离开国大典约 20 天时，周令钊接到任务：画一幅毛主席像挂在天安门城楼上。他立刻带着妻子陈若菊来到天安门开始工作。巨幅画像的关键是控制比例，需要打格放大。两人做了一个粉线袋，像木匠那样弹线、打格子。每天天刚亮，两人便带着干粮登楼作画，直到天黑。

1949 年 9 月 30 日夜，一幅高 6 米、宽 4.6 米的毛主席画像完工了。画像上，毛主席头戴八角帽，身穿粗呢子制服，脸部稍稍上仰，带着慈祥的微笑。

为开国大典画毛主席像，这么神圣的任务为何会落在当时年仅 30 岁的周令钊身上？"其实，我也没有什么过人之处，是机缘所致！"周令钊谦虚地说。

但正是"没有什么过人之处"的他，参加或主笔国徽、共青团团旗、少先队队旗、八一勋章、独立自由勋章、解放勋章设计；担任第二、三、四套人民币，一、二、三届全运会大型团体操背景，中国最早的主题公园深圳锦绣中华、中国民俗文化村等总体艺术设计；创作了大量体现国家形象的邮票、宣传画等。

作家曾庆龙称赞道："周老既是杰出的画家、新中国美术教育的一代名师，也是资深的革命者、新中国'国家形象'的重要设计者。"

"身处盛世，我还要继续工作。"

新中国成立后，国徽开始设计。为了保证质量，周恩来总理指示，中央美院和清华大学都成立设计组。中央美院设计组由张仃、张光宇、周令钊等组成，清华大学以梁思成、林徽因为主。

在张仃、张光宇的最初方案中，国徽底下是天安门，周围是齿轮、麦穗，中间一个五角星。周令钊提议，在此基础上把五颗五角星放在天安门上方。国徽审查组肯定了这个方案，并以此为主加以修正完善。

周令钊说，方案虽然基本确定，但只是平面设计效果图，还需浮雕制作、严谨成型。周总理指示这项工作交给清华大学设计组，那是他们的强项。清华大学设计组丰富了原有设计：原来的麦穗须多，是苏联式的，他们调整为中国式的彩带，把齿轮和麦穗缠绕起来，使国徽更具有民族性与装饰性。"国徽是集体设计的结晶，我只是参与了部分工作。"周令钊强调。

1950 年，周令钊接受第二套人民币的设计任务。为了突出民族特色，他多次到故宫、颐和园临摹收集各类石雕、木雕的纹样，研究云冈、敦煌图案，丰富设计思路。

"第二套人民币采用的完全是我国民族传统纹样，用得最多的是唐代纹样唐草，而 2 元券背面景框则是故宫窗棂给我的启发。"周令钊说。

1958 年，第三套人民币开始设计。油画家罗工柳任主持人，周令钊担任票面总体设计。这套人民币入选奥地利出版的《国际钱币制造者》一书，其中 5 元券被评为"世界钞票精品"。

1978 年，第四套人民币设计临近完成时，设计小组突然接到通知，要求设计壹佰元币。而票面上各民族人物已用到"极致"，还能画什么？周令钊冥思苦想。一天，他看到电视中国庆游行队伍抬着毛泽东、周恩来、刘少奇和朱德横排浮雕像走过，心生灵感：为何不把 4 位领袖画上人民币？他大胆提出了创意。这一建议最终获得批准，开创新中国成立以来人民币以领袖像做图案的先河。

身披至高荣光，周令钊却淡泊宁静，潜心创作。他集水粉、水彩、丙烯、中国画、油画等众多精湛表现技艺于一身，多幅作品被国家博物馆、中国美术馆、人民大会堂等展示、收藏。著名画家黄永玉感叹："他搞了许多重大的事情，没有多少人知道，他从不张扬。如果换成有的人，能参与其中任何一项，都可以'吹嘘'一辈子。"

2019年，百岁高龄的周令钊老先生从北京回到故乡平江，走访参观，感觉家乡越来越新、越来越美。老先生笑意盈盈："身处盛世，国家昌盛，人民幸福，我还要继续工作。"

（作者：徐亚平　张脱冬　周磊）

望城消防救援大队：雷锋故里"火焰蓝"

人物档案

长沙市望城区消防救援大队始建于 1978 年。建队以来，大队历届指战员"接过雷锋的枪，当好雷锋的传人"，弘扬雷锋精神。获得时代楷模、学雷锋模范消防大队、全国五一劳动奖状等荣誉。

滨水之城，雷锋故里，活跃着一支被群众传颂的消防救援队伍——长沙市望城区消防救援大队。他们立足"雷锋家乡学雷锋"品牌建设，将雷锋精神融入指战员骨血之中，用实际行动践行"雷锋家乡消防兵，竭诚奉献为人民"的誓言，走出一条新时代消防救援队伍守初心、立本职、学雷锋、树新风之路。

长沙市望城区消防救援大队指战员代表在望城消防救援站雷锋铜像前合影

艰难困苦，玉汝于成

走进长沙市望城区消防救援大队（以下简称"大队"）营区，抬头便能看见一个"锋"字盾牌形状的徽标，象征着大队对雷锋精神的坚守与传承。

时间回到 1978 年，大队还是望城县公安消防股，最开始只有 3 名成员。没有办公室，也没有工作用车，3 个人顶着烈日、冒着严寒、吃干粮、打地铺，走村串户为群众办实事。

在艰苦的条件下，他们立下"传承雷锋精神，争做雷锋传人"的队训。如今，40 多年过去了，他们还保存着第一任股长张保初和历届指战员的 83 本日记，里面记录着为群众做的各种实事、好事：从第一代望城消防人为受灾群众捐赠粮票，到每半年至少开展一次义务献血；从逢年过节看望慰问敬老院的老人，到农忙时帮助群众开展春耕生产和抢收抢种……日记见证的是，艰难困苦，玉汝于成。

"敬礼！"2014年8月19日晚，在中宣部时代楷模发布会现场，大队副政治教导员陈国军用弯曲的右手行了一个"不标准"的军礼，让现场观众的眼眶湿润了。大队被中宣部授予时代楷模称号，颁奖词这样写道："民与望者，如时雨也，国与倚者，如重城焉。"这是当时全国公安系统唯一获此殊荣的队伍。

2018年，消防救援队伍改革转隶，挥别"橄榄绿"，拥抱"火焰蓝"。无论队伍隶属关系如何变化，大队"学雷锋、做雷锋"从没停歇，一批批新鲜血液前赴后继融入这个先进集体，主动接过雷锋的枪，当好雷锋的传人。

不少转业、复员人员回到地方工作后，仍然坚持学雷锋、做好事。大队干部王维2005年退役后，创建一家投资管理公司。10多年来，他始终不忘雷锋精神，带领员工积极参加社会公益活动，资助湘西贫困儿童，被评为"全国优秀军转干部"。他说："多年来，我们早已把帮助别人当成了一种生活习惯，希望自己是一团火，去温暖大家的心！"

出生入死，扶危济困

1997年1月29日，长沙燕山酒家发生特大火灾。当时的大队副教导员陈国军在紧急营救被困群众时，右手4根手指肌腱被高空坠落的玻璃齐刷刷地截断，但他仍奋战在火海中，接连救出4名群众，最后晕倒在地。虽然右手落下终身残疾，连行军礼都十分困难，但陈国军却说："一根手指救一个人，值！"

"我是雷锋故里消防兵，舍生忘死为百姓……"在大队雷锋班，班长张定轩在日记中这样写道。正像日记中所写，他们始终坚持立足岗位学雷锋，平时扶危济困，危难关头冲在前面，出生入死保平安。

望城区乌山镇贫困居民老熊，住的是低矮土砖房，不到10岁的儿子身患重病。为了养家糊口，他借钱买了几个油罐，搭棚私自贩卖柴油。因为存在极大消防安全隐患，大队依法对他进行查处。在了解到他家的情况后，大队执法队员当场给了他500元，帮他暂时渡过难关。后来，指战员捐款给他买了一台收割机，他家的状况慢慢好转，还盖上了二层楼房。他感激地说："是消防救援大队救了我家！"

2012年7月16日17时39分，湖南旺旺食品有限公司预备车间发生大火。车间屋顶被烧穿，浓烟迅速向四周扩散，火势异常凶猛。预备车间西北角约25米处的地下溶剂罐，储存有30吨易燃易爆危险品，一旦着火爆炸，方圆数公里将被夷为平地。

火情严峻，刻不容缓！张定轩主动请缨，冲到最前面阻击火势。奋战时他的腿部被大面积烧伤。战士揭叶栋因连续作战、体力不支，昏倒在地，被送往医院救治。他醒过来后瞒着医护人员重返火场，继续奋战8小时，再次昏倒。

在这场火灾中，望城消防官兵奋勇战火魔，阻止了一场可能发生的爆炸，保护了群众安全，为企业挽回直接经济损失6800万元，赢得大家赞誉。

建队以来，大队历届指战员参加灭火救援9600余次，参加社会救助4800余次，营救被困群众3000余人，抢救保护财产价值20多亿元，被当地群众称为"百姓的守护神"。

薪火相传，发扬光大

2007 年 5 月底，大队营区附近居民反映，大队早上出操、出警的声音影响学生高考复习。从这年 6 月 1 日起，大队坚持出操不喊口号、出警不拉警报。这种无声的出操和出警，被一批批队员传承下来，成为一道独特风景。

一花独放不是春，万紫千红春满园。2012 年，大队发起成立学雷锋志愿服务队。通过与湖南第一师范学院等单位合作，学雷锋志愿服务队带动社会志愿者 2 万余名，深入社区、乡村、学校、企业，开展消防宣传、爱心助学、扶贫帮困，在社会上掀起学雷锋热潮。

大队还建立起全国第一个消防特殊教育基地，编创消防安全知识手语操，编写盲文版《消防安全知识手册》；联合民政、财政部门，实施《火灾返贫家庭救助办法》……一个个立足岗位学雷锋的爱心举措，温暖着雷锋家乡的群众。

立足新时代新任务新要求，雷锋故里"火焰蓝"整装再出发，以实际行动让雷锋精神进一步发扬光大，永远传承下去。

（作者：周小雷）

段江华："最美画家"

人物档案

段江华，1963年10月生，湖南麻阳人。湖南师范大学美术学院教授，湖南省文学艺术界联合会副主席。2015年3月，他冒着生命危险跳入冰冷湖中勇救落水儿童，受到社会广泛赞誉，被称为"最美画家""最美老师""我们身边的活雷锋"。被评为时代楷模、中国好人、全国师德标兵。

长沙后湖国际艺术区，一棵郁郁葱葱的大栾树下，有一栋两层红砖小楼，是段江华的工作室。工作室外，是波光粼粼的后湖。2015年3月4日，当时52岁的段江华奋不顾身跳入湖中，救起一名落水儿童。从教30多年来，段江华一直践行"学画先学做人"的人生信条。

段江华（图中戴帽者）为长沙市特殊教育学校聋哑学生讲授美育公益课

湖中救人，被誉为"最美老师"

2015 年 3 月 4 日下午，家住长沙市岳麓区的 7 岁小朋友扬扬和几个同学结伴回家。路过后湖岳麓渔场时，扬扬不小心掉入湖里。

当时，段江华和妻子吴涛开车经过，被前面两台车挡住了去路。刚打开车窗，一个小女孩跑过来焦急地喊："叔叔，快救人！"

段江华立即下车，跑到湖边，只看到一个书包漂浮在离岸边 10 多米的湖面上。他急忙脱去外套，纵身跃入冰冷刺骨的湖中。熟悉水性的他很快找到落水儿童，把她拖到岸边。被抱上岸的扬扬脸色发乌，已经昏厥。吴涛和段江华的学生肖彬把扬扬放到地上躺平，对她实施人工呼吸和心肺复苏，终于把她从死神手中救了回来。

现场有人拨打 120，急救车很快驶来。经过医院抢救，扬扬脱离危险。医生说，幸亏施救及时，否则扬扬有生命危险。

冒着危险跳入湖中救人，回想那一刻，段江华说："当时只有一个念头，一定要救起孩子！"人们纷纷赞扬段江华的救人之举，称他是"最美画家""最美老师"。

面对社会各界赞誉，段江华说："这些赞誉，其实是人们心中对真善美的追求。目前，社会上一些人对'善'失去了信心，甚至见义不为。如果通过这件小事能让负面现象有所改观，也是我为社会作出的一点贡献。"

从教多年，资助学生成习惯

在段江华学生眼里，老师勇救落水儿童，一点也不奇怪。

"老师就是这样的人，他一直是个古道热肠的人。"段江华的学生于轶文说。

出生于怀化市麻阳苗族自治县的段江华，毕业于中央美术学院油画系，现为湖南师范大学美术学院教授、博士生导师，并担任湖南省文联副主席、湖南省美协副主席等职务。

从教 30 多年来，段江华已记不清资助过多少学生。

郑敏，现任教于广州美术学院。2001 年时，他在段江华办的画室学画。因为家庭贫困，负担不起学费，准备退学。这时，段江华把他留下，免去他的学费、住宿费等。

2002 年的冬天特别冷，郑敏没有厚衣服穿，一连几天窝在床上。段江华知道后，马上派人买了一件军大衣和一双厚皮鞋送给郑敏。回想起当年的情景，郑敏说，那是人生最温暖、最珍贵的记忆。

后来，郑敏考上广州美术学院。临近大学毕业时，他给恩师打电话，吐露毕业创作没钱完成。段江华立即汇去 3000 元。在老师资助下，郑敏完成了毕业创作《王小波》雕塑。

"学艺术对农村的孩子来说非常奢侈，每次发现一名可造之才，但是又家庭贫困，交不起昂贵的美术学习费用，我就觉得不能浪费了学生的才华，不能让他看不到未来。"对郑敏、于轶文、石富等一个个来自农村、极富才华的孩子，段江华不仅免去学费，还经常补贴生活费，资助他们去报考心仪的学校等。

德艺双馨，学画要先学做人

"我首先是一个教师，然后才是一个艺术家。"这是段江华给自己的定位。曾有多次机会离开教师这个岗位，段江华还是选择坚守。他说："做教师，乐趣很多。这辈子，我能干上自己最喜欢的职业，是最大的幸运。"

段江华与学生在课堂上是师生，课后是朋友，学生都亲切称他为"老段"。学生评价老段："不仅教绘画，更教做人的道理。"段江华说："教师应该把育人放在首位，艺术家应该把人品放在首位。教师没有好品格，培养不出好学生；艺术家没有好品格，创作不出真正的好作品。"

"学画要先学做人。"在段江华看来，艺术技巧很容易学，但做一个艺术家绝不仅仅是学点技术那么简单。

张钊浩是段江华带的研究生。他说，段老师的风景写生课，不是带学生去画美景，而是去北京看展览，参观名家的工作室，看他们的生活状态，去接触正在奋斗的艺术家，体悟他们的困苦。"一方面，让我们开阔视野，找到自己的艺术语言；另一方面，也是告诉我们，不是为了生活更好而从事艺术，也不要因为贫困而不做艺术。"张钊浩说。

生活经历丰富的段江华，如今正处于创作的黄金时期。这些年来，他潜心耕耘，艺术创作取得很大成就。他创作的《王·后二号》1994 年获第二届中国美展油画展金奖，《重现的辉煌》2003 年获第三届中国油画展优秀作品奖，《国殇·文夕大火》2012 年获湖南重大历史题材金奖。他参与组织湖南省庆祝中国共产党成立 100 周年美术创作地市作者辅导工作，创作大型油画《九曲浏阳河》；承接湖南省委宣传部建党主题绘画任务，创作油画《革命圣地》，被中央党史馆永久收藏。

段江华说，作为教师和艺术家，最让他骄傲的，不是他的哪一幅得意之作，而是他的学生。他说，段江华只有一个，但是优秀的学生有很多。

桃李不言，下自成蹊。如今，段江华的不少学生已成为国内有影响的艺术家。

（作者：卢嘉俊）

余元君：洞庭之子

人物档案

余元君（1972—2019），湖南临澧人。湖南省水利厅原副总工程师、省洞庭湖水利工程管理局原总工程师。2019 年 1 月 19 日，余元君在岳阳水利工程施工现场办公时因公殉职。被列入第九届全国人民满意的公务员表彰对象，被追授为时代楷模、最美奋斗者。

生于洞庭、业于洞庭、逝于洞庭。余元君年少时发誓学好水利造福家乡，洞庭治水 25 年，忠诚践行习近平总书记"守护好一江碧水"嘱托，夙兴夜寐奔走在洞庭湖水利建设管理一线，直至生命最后一刻。上善若水，浩瀚洞庭，涵养了余元君的江海气质、清水品格。他的一生，体现了一位优秀共产党员守护一江碧水的忠诚品格、永葆创业激情的奋进状态、坚守廉洁底线的高尚情操。

余元君（右一）在指导全省河道修防工职业技能竞赛

坚如磐石，源水初心

洞庭治水，是余元君一生的梦想与坚守。

余元君的家乡，在烟波浩渺的洞庭湖畔。他在一份自述材料中写下初心："1990 年，适逢大旱，庄稼无收，深感中国农业之'靠天'原始落后。我以优异成绩第一志愿考入天津大学水利系水工专业，希望能为家乡有所贡献。"

立志不难，坚守不易。凭借余元君的专业水平，如果下海，他可以轻松挣得数倍于后来工资的收入，但当官、发财从来就不是余元君的梦想。毕业后，余元君回到了家乡，如愿进入湖南省水利系统，2013 年成为洞庭湖水利工程管理局（以下简称"洞工局"）总工程师，

2017 年开始分管洞工局工程处，并兼任省水利厅副总工程师。

信念如磐，始终如一。面对洞庭湖治理的世界性难题，余元君把"守护好一江碧水"的承诺始终放在心底、扛在肩上。一年又一年，洞庭湖 3471 公里一线防洪大堤、226 个大小堤垸，都留下了他的脚印。工作 25 年，他至少有一半时间在洞庭湖度过。

余元君生命中最后 3 天的工作轨迹依然行程满满：在长沙开工程评审会，奔赴华容县协调蓄洪垸安全建设工程的取土料场事宜，陪同长江委专家对大通湖东分洪闸、钱粮湖分洪闸开展质量检查，协调南县安全区取土料场事宜，赶往大通湖分洪闸建设工地检查……几乎每天都忙到深夜才休息。

在三天满负荷运转后，2019 年 1 月 19 日 16 时左右，伴随一阵剧烈心绞痛，正在君山区钱粮湖分洪闸建设工地组织召开工作调度会的余元君，在工作现场倒下了。抢救无效，他再也没有起来。

25 年投身洞庭湖治理，将自己毫无保留奉献给水利事业——问渠那得清如许？为有源头活水来。余元君的"源头活水"，是他作为一个共产党员、一个水利专家为民治水的不变"初心"。

善作善成，滴水功夫

万里长江，险在荆江，难在洞庭。

在洞庭湖区长大的余元君，"明知湖有蛟，偏要举绳缚"。他的经历，映照着知识分子为国求索、为民纾难的心志。

虽是名牌大学水利专业科班出身，但余元君并没有在办公室坐而论道，而是以严谨务实的态度，俯下身去了解母亲湖。

走上领导岗位后，余元君到一线调研，还是秉持"没有调查就没有发言权"做法。在一次查勘污水自排闸时，面对污水横流、臭气熏天的涵洞，他穿上雨靴，打着手电，一头钻进漆黑的洞口，走出来后，腿部皮肤被污水浸泡出大片红斑。

年复一年，知行合一，余元君仅凭一支笔、一页纸，就能勾勒出洞庭湖不同区域的水系堤垸图、工程分布图，其速度之快、位置之精准、数据之翔实，令许多同行专家叹为观止。

他编辑的《洞庭湖项目法人工程建设管理文件汇编》，被誉为"洞庭宝典"，兄弟省份同行也纷纷拿去参考学习。

他指导的烂泥湖垸羊角村险段除险加固工程防渗墙方案，让工程总投资减少了近1500万元，安全也更有保障。

他参与和主持过500多场次治湖工程技术方案审查，从已经完工的工程来看，科学性、合理性全部"过得硬"。

在同事们眼中，余元君早就是"行走的洞庭湖水利百科全书"，但他永葆奋进状态，永不停息脚步。

尤其是党的十八大以来，生态文明建设力度空前加大。领衔洞庭湖治理规划的余元君认为，之前的治理规划都把工程放在首位，现在需要在原来的基础上，更多协调生态保护与治理开发的关系。

纤尘不染，秋水品格

"肝肠暖若朝阳，气骨清如秋水。"作为洞庭湖水利工程管理局总工程师，余元君这些年来先后主持了洞庭湖区数百个项目的技术评审和招投标工作，经手的资金、签下的合同达百亿元。这样的岗位，在逐利者眼里，简直就是一块"唐僧肉"。但常在"湖"边走的余元君，硬是没打湿脚，始终坚守底线，一身廉洁。

做事，余元君干干净净。

建章立制，规规矩矩办事。2002 年以后，湖南省洞工局开始担任洞庭湖治理法人，他主持编制了《洞庭湖区治理堤防工程验收实施细则》《洞庭湖二期治理堤防建设设计管理规定》等文件，加强项目管理规划，防止资金"跑冒滴漏"。

为了更好地管理洞庭湖工程建设项目，更好地保证资金安全，余元君组织开发了"千里眼"项目管理系统，实现了施工现场在线监管、施工及监理资料实时数字整理、资金支付在线审批，有效避免了项目管理人员与参建各方面对面的接触，极大降低了贪腐风险。

做人，余元君清清白白。

对家人，他有说不清的愧疚与深情。但这么多年来，没有一位亲属朋友从余元君手里承揽过工程。余元君出身临澧农家，几名兄弟姐妹家境都不宽裕。作为唯一一个上了大学、有公职的"家族荣耀"，余元君在亲情与原则、友情与纪律的天平上，分得清孰重孰轻。

对乡人朋友，余元君公私分明、两袖清风。余元君老家临澧县水利局的老局长王卫红，与余元君有 20 多年交往，"这么多年，他从来没找我们照顾他老家一件事、安排一个人，哪怕是给他安排一次车都没有"。

"捧着一颗心来，不带半根草去。"这是余元君作为一名共产党员最贴切的写照。

（作者：周月桂　刘勇）

周春梅：正义永远不倒

人物档案

周春梅（1976—2021），湖南龙山人。生前系湖南省高级人民法院审判监督第一庭副庭长。2021年1月，她因公殉职，年仅45岁。被追授为全国模范法官、全国三八红旗手、湖南省优秀共产党员，并获评全国双百政法英模、CCTV2021年度法治人物、2021年度人民法院十大亮点人物，其事迹被写入最高人民法院工作报告。

面对工作，她初心不改，坚持法治信仰；面对群众，她俯首甘为孺子牛，无私奉献；面对邪恶，她正气凛然，用鲜血和生命捍卫司法公正。周春梅虽然倒下了，但正义永远不倒！

周春梅在法庭上

脊梁不弯，用生命捍卫公平正义

"说实话，干实事，脊梁不弯。"走进湖南省高级人民法院 904 办公室，周春梅生前办公电脑的桌面上这 10 个大字映入眼帘。这是她的人生信条。

2021 年 1 月 12 日一大早，周春梅像平常一样吻别熟睡中的孩子，乘电梯到地下车库准备开车去单位上班。

然而，电梯门打开，等待她的却是同乡好友向某刺来的冰冷利刃。

她没有想到，再一次对请托的拒绝，竟让自己的生命戛然而止。

时间回到 2019 年。一天，周春梅突然收到一条信息，发件人是向某。原来，向某因与原单位产生劳动争议纠纷向法院提起了诉讼。为了胜诉，她多次请周春梅向办案法官打招呼。周春梅一口回绝，并对向某进行开导、劝慰。

当案件进入再审审查环节，到了周春梅所在的省高院审监一庭。向某再次请求周春梅"关照"，同样遭到拒绝。

后来，向某借口周春梅的孩子生病上门看望，扔下一个果篮就走了。周春梅打开一看，里面藏着2万元现金和一个金手镯，连忙追出去，并拨打向某手机。但对方怎么也不接电话。

第二天一上班，周春梅把"礼物"带到单位，在和同事商量后，决定派人给向某退回去。但当干警来到向某家楼下时，向某仍然不接电话。无奈，干警只能假装送快递的，才把这些东西退还向某。

"你背叛了我们的友谊，连这点忙都不肯帮我。"这是向某发给周春梅的微信。周春梅曾向同事感慨："这个忙，我怎么能帮呢？她要怪，就怪我是个法官吧。"

2021年1月4日，为方便接近并伺机报复，向某应聘为周春梅所居住小区的保洁员。1月12日7时许，当周春梅从小区电梯间进入车库时，向某冲上去将她扑倒在地，用随身携带的单刃刀朝她头、颈部连刺数刀，致周春梅当场牺牲。

消息传来，社会各界为之震惊！

"这么多年，周春梅从没在案件上打过一次招呼、说过一次人情。"同事们回忆说，周春梅办案不唯上不唯私，只唯法律和事实。

在省高院民一庭工作时，所办案件标的额动辄以亿元计算，有的当事人就想方设法拉拢周春梅，不行就进行人身威胁，但她始终不为所动。不少亲戚朋友知道周春梅在省里当法官，但她早早就"约法"在先："为案子说情，请不要敲我家的门。"

学法报国，不负初心使命

学法报国是周春梅从小的理想，也是她坚持法治信仰的思想源头。

大学毕业后，她以第一名的成绩考入湖南省高院，后来又以优异的业绩获评全省审判业务专家。她说："成为一名共和国的法官，是自己这辈子最值得骄傲的事情。"

周春梅是高院出了名的啃"骨头案"的"专业户"，总能以情理法，真正实现"案结事了人和"。不仅案子办得多、办得好，还善于总结办案经验，形成了独特的"32字诀"，被同事们称为"春梅工作法"。

在一起批发市场特大火灾案中，上诉人多达197人，各方利益、矛盾交织。周春梅作为二审承办法官，为查明起火原因和商户损失，10多次深入现场走访调查，并组织当地政府、市场方和上诉人召开协调会30多次，最终成功审结。

在一起涉芦苇场合同纠纷案中，为了确定芦苇虫害损失责任分配，周春梅专门研读了10多部有关芦苇的专业书，其专业程度令芦苇场场长都为之惊叹，称她为"芦苇专家"。

信仰为壤，春梅绽放。从事审判工作15年，周春梅所办案件无一超审限、无一因过错被发回重审或改判。正如她所说："法官具有了法治信仰之初心，司法为民之情怀，则必然具备高度的责任感和担当。"

司法为民，既解"法结"又去心结

周春梅牺牲后，同事打开她的办公桌抽屉，里边静静地躺着一封信："尊敬的周法官，你是人民的好法官……"

两页发黄的信纸下方，署名"宋义明"，落款时间是 2018 年 1 月 13 日。

宋义明是株洲县（现改为渌口区）石板桥村村民。他说："当初之所以给周法官写信，是因为她在办案过程中细致认真，让我们佩服。"

这起由土地权属纠纷引发的"民告官"案，持续时间长，案情复杂，牵扯到几百名当事人，如果处理不好，很容易激发矛盾。周春梅数十次为大家耐心释法，又情理并用，把土地确权"确"到每个当事人的心坎上，让人心服口服。最终，这起闹了 30 年的纠纷烟消云散。

"法官判案，断的不仅仅是输赢，更要让人们对党和政府有信心。周法官做到了！"宋义明说。

在一起长达 10 年的合同纠纷案中，当事人双方原为师徒关系，合伙经营企业，后因经营理念不合产生纠纷。周春梅接到案件后，用心用情调解，既解"法结"，又去心结，不仅成功化解了矛盾，还推动双方进一步合作。

就这样，周春梅以良善践行司法为民，在群众心中植入对法律的信心。正如她常说的："案卷虽然没有温度，但裁判结果却足以影响到每个当事人的人生冷暖。"

"头顶三尺是法律，脚下支撑是品节。"这是周春梅在一篇读书笔记中写下的话。她始终坚持公正司法，直至以生命践行诺言。

周春梅依旧"在岗"，她在湖南高院 904 办公室的灯光也一直"亮"着。因为，大家和她一样坚信：正义，永远不会倒下！

（作者：张斌）

左亭：“奔驰的火车头”

人物档案

左亭（1964—2015），湖南望城人。湖南省发改委原副主任。他用权为民，严于律己，用自己的一言一行，树立起"一心做事，干净做人"的好干部形象，被称为"真正的时代先锋，我们的楷模"。被评为铁道部青年科技拔尖人才，获原铁道部最高荣誉火车头奖章，被追授为湖南省优秀共产党员。

2021 年 12 月 6 日，连接湖南张家界、吉首、怀化的张吉怀高铁首趟列车从张家界西站发出，正式开通运营。牵头规划推进这条铁路的左亭，却没能等到这一天。2015 年 11 月 17 日，因突发脑溢血，左亭永远停下了奔忙的脚步，年仅 51 岁。怀邵衡铁路、黔张常铁路、渝长厦铁路……左亭在铁路线上奋力奔跑 30 年，用自己的辛勤付出，推动了湖南多条铁路的动工建设，被誉为"奔驰的火车头"。

左亭在怀邵衡铁路公司揭牌仪式上

与火车赛跑的"拼命三郎"

1986 年从北方交通大学毕业后，左亭就与铁路打交道。

在熟人圈里，左亭有与火车赛跑的"拼命三郎"之称。

进入湖南省发改委后的 3 年多里，他先后 70 多次上北京，平均每月两次；忙着汇报、督查，他可以辗转北京、湖南，连续 8 天不换衣服……

他忙的事，大多与铁路有关；他一生中的大部分时间，都在与铁路打交道。

2012 年，国家加快铁路建设步伐，当时湖南铁路路网规模偏小，等级不高，发展不平衡。省政府急需引进一名熟悉铁路工作的干将。

2012年8月，时任沪昆铁路客运专线湖南有限责任公司副总经理的左亭，走马上任湖南省发改委铁路建设办公室主任。

左亭上任之后的2013年，湖南省铁路建设投资计划由年初的256亿元增加到279亿元，在全国排第五位。2014年，沪昆高铁湖南段全线通车。当年，湖南省铁路建设完成投产里程近1000公里，完成投资1134亿元，其中当年开工项目投资1000亿元左右，是历年湖南铁路投资额度最大的，建成铁路和在建铁路投资也位列中部六省前列。

湖南铁路发展最快的那几年，也是左亭最为劳碌的几年。

怀邵衡铁路，从动议到动工仅1年（一般都要3年）。2013年，左亭1年内15次到北京汇报，争取国家部委的支持。

张吉怀铁路也凝聚了左亭大量的心血和智慧。张吉怀铁路项目最初提出时，中国铁路总公司不是很认可，怕没有客流量。左亭先后数次带领湘西州相关人员到国家发改委、中国铁路总公司等单位汇报，并创造性地提出"高铁环线"的概念，让张吉怀铁路得以快速推进，并于2016年开工建设。

左亭总感到时间不够用，去世前5天他每天的日程都满满当当；去世的前一天，他还与省重点办的同事一起商量工作，接待湘潭市发改委的两位同志来访。去世当天，还忙着与广西发改委调研组交流。去世时，他的工作笔记本上列着5条铁路的有关事项：娄邵铁路和石长铁路的开通、张吉怀铁路的开工、常益长铁路的前期协调、蒙华铁路的拆迁……

在湖南省铁路"十三五"规划示意图上，六纵六横的铁路线覆盖全省。时任湖南省发改委重点办副主任的陈江平说："湖南省铁路的高速发展，左亭功不可没！"

很接地气的"铁路工人"

在朋友和同事们的眼里，左亭没有"官气"，很接"地气"。

左亭投身铁路建设 30 年，从基层站点，到原铁道部机关；从中国铁路总公司的下属公司，到湖南省发改委。人生的每一站，他都迎难而上。

2002 年，他调任衡阳车站站长。当时车站处于困境，货运量少，客运量低，人心涣散。他主动寻找市场、提升服务水平、稳定队伍人心。他提出领导干部降低奖金比例，奖金向一线员工倾斜；还把自己获得的"铁道部青年科技拔尖人才"的 1 万多元奖金拿出来放进集体奖金盘子里。一系列举措让衡阳站走出困境，连续两年生产经营考核被评定为优秀。2004 年，左亭获得铁道部最高荣誉——"火车头奖章"。

作为领导干部，左亭总是把方便让给别人。到沪昆铁路客运专线湖南公司后，每年春节他都主动申请留在公司值班，尽可能地让同事回去与家人团聚。

征地拆迁时，左亭在政策允许范围内给予百姓最高标准补偿。负责沪昆铁路在怀化的征地拆迁工作时，他 3 个多月就完成了 1.6 万多亩土地的征收、14 万余居民的拆迁工作，创造了项目征地的"怀化速度"。其间没有一人上访，没有发生一起群体事件，创造了"路地和谐"的"怀化经验"。

左亭总是说："工作上要高标准，生活上要低要求。"他在工地一线总是一身工作服，与工人一起吃食堂、住工地。不少与他打过交道的人都说，与其说他是个厅级领导干部，倒不如说是一个地地道道的铁路工人。

省发改委的同事至今记得左亭说过的话："人呐，职务多高不重要，关键是你在现任的职务上，兢兢业业做了事没有。"

从沪昆铁路客运专线湖南公司调到湖南省发改委，工资只有原来的四分之一，同事开玩笑说："你吃大亏了！"左亭回应："组织需要，我就服从安排。"面对家人的不理解，左亭劝慰道："能吃碗辣椒炒肉就是最大的幸福。"

左亭去世后，同事们才知道，他还一直住在没有电梯的老旧集资房的5楼，面积不到100平方米。住在望城的老父亲，因爬不动楼梯了，多年没去过他家。

2015年11月17日，司机李振营永远记得这一天。左亭当天的中餐是李振营帮忙从食堂打来的，一个香菜牛肉，一个四季豆，左亭一边吃饭一边急着看材料。当天晚上下班回家，左亭在家赶写材料时倒下了。

生命的"列车"骤然停歇，但"火车头"精神永在。

（作者：唐爱平）

王新法：千里扶贫，魂归大山

人物档案

王新法（1953—2017），河北石家庄人。2013年，他来到石门县南北镇薛家村义务扶贫，被村民选为名誉村主任。2017年2月23日下午，因过度劳累，突发心梗去世。被追授为全国脱贫攻坚先进个人、湖南省扶贫楷模、湖南省优秀共产党员。

在湖南省石门县南北镇薛家村六塔山上，长眠着一位异乡人。每年清明，总有不少村民手捧鲜花、果酒，来他坟前悼念。他们说："名誉村主任为村里扶贫事业献出了生命，我们应当子子孙孙永远记住这个好人。"他就是王新法，河北的一位退役老兵，从2013年到2017年，他用真情、大爱和生命演绎了一段千里扶贫的传奇。

王新法（左二）与薛家村的乡亲们在一起

请"烈士"回家，建精神之碑

2013年，一个偶然的机会，王新法来到石门县六塔山下的薛家村，发现这里山美人纯，但村民们很穷。他由此产生了来这里义务扶贫的念头，决心带领村民彻底改变薛家村的贫困面貌。

扶贫先扶志。有一次，王新法踏勘村里六塔山时，村干部向他讲述了20世纪30年代这里曾发生的一个悲壮故事：为掩护大部队突围，红四军一个连与敌人展开白刃战，最后弹尽粮绝，退至剪刀峡绝壁顶上，舍身跳崖，壮烈牺牲。当时一些农会会员找到68具红军战士遗体，草草掩埋在村里5个地方。

听到这个故事，老兵王新法热血沸腾，一种崇高的使命感油然而生。"何不请烈士们'回家',让乡亲们有个精神寄托? 有了这种不怕牺牲、舍身奋斗的精神,就没有改变不了的贫穷面貌!"

六塔山属村集体所有,319 亩荒山一直闲置。王新法与村干部合计:在那里建一座烈士陵园,再栽上油茶,既绿化荒山,又可解决村民吃油问题。

不到一个月,王新法捐资 12.8 万元,买来红色绸缎、上好木料和 3.5 万株优质油茶苗。只用一个星期,村里妇女连夜绣制 68 面五星红旗。全村男女老少不计报酬投工投劳,在复垦过的荒山上种上油茶苗。村民们还自发捐赠 3000 余株楠木、红豆杉、八月桂等名贵树苗,栽种到六塔山上。

2014 年 3 月 31 日清晨,六塔山上,覆盖着五星红旗的 68 位烈士的遗骸被隆重安葬。英烈魂兮归来,土家村寨脱贫攻坚从此树起强大精神支柱。

领着大伙埋头苦干,彻底改变贫困村面貌

王新法很快用行动赢得村民信任。2013 年底,他被村民推选为名誉村主任。

3 年多时间,王新法带领村民劈山炸石,拓宽村道 10 多公里,修建山道 5 公里,把通组道路修到 30 多户村民家门口;加固河道,架起 6 座桥梁;爬山越岭,铺设管道引来山泉水,修建蓄水池,解决了 6 组 20 余户人家安全饮水问题,还同步解决了 100 多亩茶园的灌溉问题。

拔穷根,拓富路。他组织村民开垦荒地,栽种 600 多亩油茶,建成 1100 亩生态茶园。成立湖南薛家村(土家族)共同富裕合作社和

茶叶专业合作社，与湖南高校茶叶专家团队合作成立湖南五行缘农业科技公司，注册茶叶商标，推出功能茶系列，茶园成为乡亲们的"绿色银行"。

他帮助薛家村移风易俗，推动精神上脱贫。他每月组织一次新型农民培训班；买来 60 台摄像机送给村里的小学生，组织他们开展"我看是非我看美"摄像活动，表扬真善美，批评陈规陋习；推动绿色生态殡葬，白喜事不办酒席不放鞭炮不烧纸钱……

2015 年，薛家村摘掉贫困帽。2016 年，村民年收入由 2013 年不足 2000 元增加到 7700 多元。2017 年，薛家村进入省级文明村行列。

王新法千里扶贫的义举，感动了他的战友们。2014 年春，王新法正式成立薛家村帮民共富军人团队，先后有 140 余名志同道合的退役、现役军人、军属和社会志愿者加入，捐钱捐物支持薛家村扶贫事业，其中 3 人常驻村里。

3 年多时间，薛家村帮民共富军人团队共为薛家村各项事业捐出 170 多万元，其中王新法个人捐款超 100 万元。王新法捐的这些钱，是他补发的 20 多年的工资和退休金。

女儿接力扶贫路，乡村振兴绘新图

王新法千里扶贫的壮举，感动了无数人，也震撼了原来并不理解他的女儿王婷。

在处理父亲后事的日子里，那一幕幕场景——薛家村人的巨大悲痛、县乡干部的无比痛惜、十里八乡的乡亲们赶来挥泪相送，一次次撞击着她的心灵，她读懂了父亲的事业和精神。

一天晚上，在清理遗物时，王婷看到了父亲生前绘的一张图纸，那是薛家村"4个三年"发展规划图。坐在灯下，王婷陷入沉思。

"决不能让父亲的扶贫事业半途而止！古有花木兰代父出征，今天我也要接过父亲的接力棒干下去。"几个月后，王婷说服家人，辞掉北京的工作，把年幼的女儿交给婆婆和丈夫，只身来到薛家村。

王婷很快让薛家村人看到了一位都市知识女性的开阔视野和创新路子。她在网上建起薛家村茶叶销售平台，把城里年轻创客引到村里，"品牌包装""网络销售""茶艺体验店"等新鲜事让村民眼界大开。

村里10多个在外打拼的年轻人，在王婷的影响下纷纷回村，加盟创业。村民们种茶积极性被激发，茶园面积一年多时间扩大到1600多亩。

王婷多方奔走、汇报，争取政府部门支持。2018年春，薛家村茶叶加工项目正式立项，2019年10月破土动工，2020年3月正式投产，可年加工干茶500吨。

王婷牵头成立股份制企业——湖南石门薛家共富有机茶业有限公司，外联湖南茶业龙头企业壶瓶山茶业有限公司，下联薛家村茶叶合作社和基地、农户，这条产业链覆盖周边上万亩茶园、2500多名贫困群众。

茶叶成了薛家村的"黄金叶"。2019年，薛家村980人仅茶叶一项，人均增收9000多元。

现在，王婷又在勾画第二幅蓝图：建一个茶艺体验馆，走"红色文化＋生态观光＋茶艺体验"茶旅融合之路。薛家村乡村振兴前景越来越清晰。

（作者：杨又华）

方璇：一腔热血洒青山

人物档案

方璇（1991—2017），湖南桂东人。生前系桂东县青山乡副乡长。方璇投身扶贫战场，埋头实干、倾力奉献，不幸殉职。被追授为全国脱贫攻坚先进个人、湖南省优秀共产党员。

2021年2月25日，全国脱贫攻坚总结表彰大会在北京人民大会堂举行，当习近平总书记说到"在脱贫攻坚斗争中，1800多名同志将生命定格在了脱贫攻坚征程上，生动诠释了共产党人的初心使命"时，方彦泪如泉涌，他想起了女儿方璇。2017年8月2日，方璇乘车前往联点村扶贫途中，因车辆滑落山涧不幸殉职，年仅26岁。

方璇

飞出去的金凤凰，又飞回山窝里

桂东，湖南省平均海拔最高的县，是革命老区，也是国家级贫困县。1991年1月，方璇出生在桂东县普乐镇一个普通干部家庭。方璇的爸爸妈妈在乡镇工商所工作。

2013年6月，方璇从湖南中医药大学毕业，被广州一家医药公司选上。有多位师兄师姐在这家公司做得风生水起，他们希望方璇加入他们。

外面的世界很精彩，家乡条件却很艰苦，是去外面闯荡一番，还是回家报效乡梓？方璇面临两难选择。

"女儿呀，家乡更需要人才。"母亲祝素梅试探女儿。

父亲方彦说："桂东养育了你，希望你回来。"

"既然家乡需要我，我回来！"方璇坚定地说。

2013 年 8 月，方璇以优异成绩考上大学生村官，担任普乐镇文溪村主任助理。当地乡亲笑称：飞出去的金凤凰，又飞回山窝里。

方璇报到那天，时任普乐镇镇长的彭丽娟给她打"预防针"："农村工作千头万绪，很苦，你可要有思想准备。"

"我能吃苦，希望组织给我压担子。"于是，方璇除了村干部的身份外，又多了个镇办公室干事身份。她与镇干部一道冲锋陷阵，奋斗在脱贫攻坚一线。

短短几个月，外表俊秀的方璇挽着裤脚下田、勒紧腰带上山，走遍文溪村 320 户村民，与乡亲们打成一片。哪家媳妇快要分娩，哪家孩子要上学，哪家危房要改造，哪家茶园要杀虫……她记得一清二楚。

一分付出，一分收获。2014 年 12 月，方璇光荣加入中国共产党。2015 年，县委对村干部逐项计分考核，方璇各项工作全是满分。

扶贫战场上，留下她深深的脚印

2015 年 7 月，方璇考上公务员，被分配到清泉镇政府。

当时，清泉镇易地扶贫搬迁鏖战正酣，然而中坑村贫困户谷平立怎么也不肯从马头寨搬迁下来。方璇与镇扶贫办干部钟学良主动把这个艰巨任务揽过来。

马头寨山高路陡，来回要走几个小时，方璇、钟学良步行来到谷平立家了解情况。

望着满是裂缝的土坯房，方璇劝道："大伯，您这情况可享受易地扶贫搬迁政策，机会千载难逢。"

看着气喘吁吁的方璇，谷平立说出了实话："我想让村民张宝云那块靠近马路的地转让给我建房，可就怕人家不同意。"

"不试试怎么知道。"方璇和钟学良立刻下山做张宝云的工作，张宝云爽快地答应了。

2016年4月，方璇通过选拔考试，被组织提名为副乡长人选分配到青山乡政府，分管文教卫工作，联系宋家村。

青山乡是桂东县位置最偏远、底子最薄弱、脱贫难度最大的乡镇，境内八面山主峰海拔达2043米。

方璇深入走访贫困群众，对症施策，制订教育、易地搬迁、产业发展等一揽子扶贫计划，加快群众脱贫步伐。

在方璇努力下，青山乡中心小学留守儿童用上了崭新的被褥、全自动洗衣机和亲情聊天室。

打赢脱贫攻坚战，发展产业是关键。宋家村的菜园、果园、茶园等，都留下了方璇深深的脚印。

2017年3月的一天上午，方璇和其他乡干部到宋家村几户偏远的贫困户家走访，回到村部时已是11时30分许。

离中饭还有点时间，方璇决定去斗煨茶基地看看，一不留神两脚陷进烂泥中。众人把她拉出来，但一只鞋深陷其中。方璇打着赤脚下山，打趣道："我可为斗煨茶的发展留下了最深的脚印！"

爸爸再也等不来女儿的电话

2017年8月2日上午，小雨淅淅沥沥，方璇一行坐着乡里一辆皮卡车一路颠簸，来到宋家村贫困户郭履兴家了解蜜蜂养殖情况。

　　而后，他们坐上车，准备再到 1 公里外验收郭履兴家的药材林。

　　车子刚启动便不听使唤，司机使劲踩油门朝前开，车子还是往后滑，转瞬掉下 3 米多深的山涧。

　　方璇被惯性甩出窗外，头撞在岩石上，额头上撞了个窟窿，鲜血不停往外流，染红了脚下的土地。

　　"看看资料袋还在不在？这些都是原始资料……丢了就没了……一定要找回来！"满身是血的方璇用微弱的声音叮嘱同事，"对不起……剩下的工作……就拜托你们了……"

　　"救人要紧，用我的车送方乡长去医院！"村民朱小勇刚好开着农用车经过，大家合力把方璇抬到车上。

　　郭履兴赶紧跑回家把两床棉被从床上扒下来垫在车上，让方璇躺在被子上。朱小勇开车焦急地向医院驶去。

　　就在方璇出事前一个半小时，方璇的爸爸打来电话，方璇急匆匆地说："爸，我正忙着调研扶贫工作，等我忙完再回你电话。"

　　但这一回，爸爸再也等不来女儿的电话！方璇因伤势过重，医治无效，永远地离开了青山乡的父老乡亲，离开了她挚爱的亲人。

　　人往高处走，水往低处流。有人曾问方璇："你是省城毕业的大学生，放弃大城市的工作机会，来偏远的桂东工作后不后悔？"

　　"不后悔，我是大山的女儿，在全省平均海拔最高的地方工作，这不是在往高处走吗？"方璇笑道。

　　血染青山终不悔，青山留下一首歌。可以告慰方璇的是，2018年 8 月，经国家专项评估检查，湖南省政府正式批复同意桂东县在罗霄山片区率先脱贫摘帽。

　　　　　　　　　　　　　　　　（作者：颜石敦　陈应时　郭建东）

谭泽勇：抱团攻坚闯新路

人物档案

谭泽勇，1973年4月生，湖南麻阳人。麻阳苗族自治县楠木桥村支部书记。他充分发挥支部引领作用，打破地域界限，大胆探索由9个村党支部、270余名党员参与的"连村联创、抱团攻坚"党建引领扶贫新模式。获得全国脱贫攻坚奖奋进奖，被评为全国脱贫攻坚先进个人。

大山深处的麻阳苗族自治县（以下简称"麻阳县"）谭家寨乡楠木桥村，沉睡了千百年，一度是凋敝的苗寨。1996年，苗族汉子谭泽勇辞去麻阳县烟草公司体面的工作，回到老家楠木桥村发展，被推选为村支部书记。在他的带领下，楠木桥这个落后、贫穷的"麻烦村"变成了小康示范村。山还是那座山，楠木桥还是那个楠木桥。但大山已醒来，楠木桥已焕然一新。

谭泽勇（右一）在与农技专家探讨猕猴桃栽培管理技术

连村联创——组建联合党总支

楠木桥村曾是典型的边远山区村。2016 年全村 657 户居民中尚有建档立卡贫困户 229 户，没有产业支撑是贫困的主要原因。与楠木桥村相邻的其他 8 个村同样贫困落后。

在谭泽勇的带领下，楠木桥村发展迅速，成为全国创先争优先进基层党组织，慢慢拉开了与邻村的发展差距。

"一村富，小幸福；村村富，大幸福。"谭泽勇建议，楠木桥村与周边 8 个村共同发展，共同富裕，这得到乡党委和上级党组织大力支持。

但是，最初 9 个村意见不统一，其中两个村的党支部书记甚至有抵触情绪，个别党员还嘲讽谭泽勇"想当官想疯了"。

为达成共识，谭泽勇带队，9个村党支部书记和党员、群众代表一起，到广东佛山市罗南村等经济强村开阔眼界，统一了"连村联创、抱团攻坚"的思想。以全国创先争优先进基层党组织——楠木桥村党支部为基础，组建联合党总支。由乡党委书记兼任党总支书记，楠木桥村党支部书记谭泽勇任党总支专职副书记，其他8个村党支部书记任党总支委员。

联合党总支是抱团攻坚的"一线联合指挥部"，下设20个抱团攻坚党小组。党小组建在富民产业上，保证9个村11个产业都有党小组，33个产业基地都有党员致富能手，实现"一产业一小组、一基地一旗帜"的组织建设和产业建设无缝对接。

"一线联合指挥部"统筹规划，党小组抱团攻坚，致富能手成为"领头雁"，抱团攻坚的9个村迈入发展快车道。

抱团攻坚——土地"含金量"越来越高

抱团攻坚，核心是发展产业、助农增收。楠木桥村山多，可耕种土地少，但在谭泽勇的推动下，土地"含金量"越来越高。

作为联合党总支的"指挥者"，谭泽勇首先抓产业的"领头羊"，依托湖南省首个大学生村官创业园——楠木桥大学生村官创业园，组织9个村的扶贫产业种植专业合作社，注册成立麻阳宝库岭扶贫产业园开发有限公司，共同组建核心扶贫产业园。园区4个贫困村和5个非贫困村签约，集约土地2000亩，投入资金800万元，覆盖贫困人口646户2383人，占全乡贫困人口总数的77%。

2018年，产业园首次实现收益，年利润超300万元。从这时开始，村民们都亲切地叫他"谭指挥"。如今，9 个村猕猴桃、葡萄、黄桃等水果产业从无到有，保证四季有果。

在组建核心扶贫产业园的基础上，谭泽勇坚持连点成线、连片成群，9 个村扶贫产业全面开花，先后建成 100 亩霞飞中药材基地、竹子坳村 200 亩蓝莓基地、楠木桥村 500 亩葡萄基地、黄茶村 200 亩红心猕猴桃基地、吴公桥村 200 亩黄桃基地等，年产值超过 1000 万元。

把绿水青山变成"金山银山"。楠木桥等 9 个村虽然是偏僻的山区村，但谭泽勇引导 9 个村党支部解放思想，积极投入张吉怀精品生态文化旅游经济带建设，大胆探索民族团结联谊旅游新路子。

在楠木桥村举办的"葡萄熟了·大湘西乡村旅游文化节"上，新疆维吾尔自治区吐鲁番市高昌区艾丁湖乡也木什村前来交流并与之缔结为"姐妹村"，签订了葡萄产业区域发展合作协议，建立 100 亩"楠也联谊"葡萄示范基地。

不落一人——"小资金"撬动"大资本"

山高愈前行，梦好起宏图。2016 年，谭泽勇获得全国脱贫攻坚奖奋进奖，成为当年全省唯一获奖者。

在脱贫攻坚的路上，谭泽勇创新奋进，勇当改革先锋，带领 9 个村党支部率先探索扶贫小额信用贷款模式，保证贫困户在免抵押、免担保的情况下，都能贷款发展产业，破解了资金瓶颈。

通过"资金跟着穷人走、穷人跟着能人走、能人跟着产业项目走、产业项目跟着市场走"的"四跟四走"产业扶贫路子，实现了扶贫"小资金"撬动金融"大资本"，放大了扶贫资金效益。在脱贫攻坚战场上，9 个村 600 余户建档立卡户，总计获得扶贫小额信用贷款超 2000 万元，发展产业项目超 100 个。

精准扶贫，不落一人。在楠木桥大学生村官创业园，谭泽勇还倡导创建了五保老人和残疾人托养中心——和谐长寿园，集中供养了 38 名五保户、残疾人。

成立联合党总支，如何杜绝扶贫"雁过拔毛"式腐败？谭泽勇引领 9 个村党支部，率先探索建立"互联网＋扶贫监督"新模式，搭建监督平台。先期在楠木桥村安装 2 台扶贫资金查询终端，方便群众随时查询，保障群众知情权、监督权，确保产业扶持、易地搬迁、社保兜底等相关资金一分不少地落实到贫困家庭，保证真扶贫、扶真贫、真脱贫。

（作者：奉永成）

刘祖治：永不离开的扶贫队长

人物档案

刘祖治，1972 年 9 月生，湖南茶陵人。湖南万樟园林集团有限公司董事长。从 2010 年开始，刘祖治先后投入 10 亿余元，带领团队，将 10 万余亩荒山，变成了现在的绿水青山，带动茶陵县严塘镇、桃坑乡等 2 个乡镇 21 个行政村脱贫致富奔小康。获得全国绿化奖章、全国脱贫攻坚先进个人、全国脱贫攻坚奖奉献奖、湖南省劳动模范等荣誉。

被村民称为"扶贫队长"的刘祖治，对种树情有独钟。自 2010 年起，刘祖治将茶陵县严塘镇周边的 10 万余亩荒山承包下来，打造万樟园林现代农业产业示范园，解决 3000 多名村民就近就业问题，帮扶和带动 3 万余名建档立卡群众脱贫致富。如今，万樟园林现代农业产业示范园枝繁叶茂，鲜花盛开，已成为国家 3A 级旅游景区。刘祖治说，自己就是园中的一棵树，已在这里深深地扎下了根。

刘祖治查看花卉的生长情况

"亿万富翁"对种树情有独钟

踏进万樟园林现代农业产业示范园，宽敞的柏油路沿着蜿蜒的山脊画出一道优美的曲线。

"再过一个月，杜鹃花会铺满整个山坡；盛夏，万亩紫薇园里，轻盈艳丽的花朵会成片盛放。那边是樱花园，还有油茶园……"站在山头的最高处，刘祖治向来访者"指点江山"。

如今的这一山繁花胜景，是刘祖治带人在荒芜中种下的。

刘祖治毕业于中南林业科技大学，对树有着天然的热爱和不舍的情结。20多年前，刘祖治从一个花卉盆景店起步，开始他的生态园林绿化事业。一路摸爬滚打，刘祖治创立了万樟园林工程有限公司。

2010 年，已有"亿元存款"的刘祖治在路过严塘镇时发现，因受 2008 年冰灾影响，严塘镇及周边十多个山头茅草丛生，满目荒芜。

一个大胆的想法在他脑海中出现：在这里植树造林，绿化荒山，创建一个现代农业产业园，造福当地村民。

说干就干。很快，刘祖治就带领一支队伍来到这片荒山上考察，跟村民商谈土地流转事项。

土地是农民的命根子，当地村民纷纷质疑：流转这么多土地，能不能干成？刘祖治决定先做"样板工程"。

他在严塘镇尧市村流转 800 亩荒山，打造精品农业产业园。一个月后，800 亩荒山染绿，打消了村民们的顾虑。

10 万余亩荒山成景区

将荒山变公园，不仅需要勇气，更需要耐力。

刘祖治要把荒山打造成公园的消息不胫而走。亲友们纷纷反对：自己的事业做得顺风顺水，为何要去冒这个风险？刘祖治耐心解释：种树，是为了让荒山变绿、农民变富。他最终得到了亲友们的支持。

将土地流转过来后，刘祖治带领 100 多名工人与 10 多台挖机和铲车向荒山进军。他们吃在山头，睡在山头，开始了以荒山为家、披星戴月的苦日子。

为了打通进山的道路，刘祖治挽起裤脚和工人们一起干，拿起镰刀开山劈路。饿了啃口随身带的干粮、渴了喝口冷水。有时候工人们下班了，他还要继续工作，到各个山丘勘查。

林业项目投入大见效慢，为了稳扎稳打，刘祖治一边改造荒山，一边承接园林苗木项目，将赚到的钱投入到基地。

从 2010 年至今，刘祖治已在严塘镇及周边 10 万余亩荒山上建成了紫薇、丹桂、杜鹃、红枫、玉兰、油茶、蜜柚、黄桃、红叶石楠、嫁接银杏等 10 余个特色精品园，并成功申请为国家 3A 级旅游景区。

荒山变公园，刘祖治当初的梦想已变成现实。乘着春风，刘祖治陪同来访者坐上游览车在示范园里一路向前，连绵的山头一个接一个，放眼望去满目苍翠、繁花盛开。

打开一扇致富门

万樟园林现代农业产业示范园所处的核心地带——严塘镇，是革命老区，也是贫困山区，外出务工是当地村民的主要收入来源。

刘祖治的到来，为当地贫困群众打开了一扇致富门。林地里的活，劳动强度不大，刘祖治把招工年龄放宽到 70 岁；工资当日结算，不仅可以赚钱，还能照顾家庭，自家的农田也顾得上。

尧市村的贫困户李娥妹当初不愿把土地流转出来，但如今成了刘祖治的"铁杆粉丝"。"只要愿意来，就会有事做。"李娥妹告诉记者，做一天最少可得 100 元钱。2021 年，她在万樟园林现代农业产业示范园务工收入超过 3 万元。从 2010 年至今，万樟园林现代农业产业示范园已为村民发放劳务工资超亿元。

绿水青山带来了新变化。夏天，紫薇盛开，众多游客前来游玩。

"最多的一天怕有上万人。"猷竹村脱贫户谭头娇说，游客多了，村民家里的土特产成了香饽饽。最多的一天，她光卖芝麻豆子茶，就赚了 500 多元钱。

为带动贫困群众脱贫致富，刘祖治又牵头成立万樟园林苗木种植农民专业合作社，吸纳 183 户贫困户入社，免费提供种子、农药、肥料，并签订回购包销合同。如今，入社的脱贫户户均年增收超 2 万元。

自 2010 年扎根这片荒山以来，刘祖治已为 10 多个贫困村修通了机耕道，硬化了水泥道路，修筑了简易桥，投资建设了农民广场，带动 3 万余名建档立卡群众年人均增收超万元。刘祖治也被当地百姓称为"永不离开的扶贫队长"。

脱贫后的乡亲们，经常会拿着自家种的青菜、花生或是香浓的芝麻豆子茶来感谢刘祖治，刘祖治一一道谢。他说："其实，我要谢谢他们，让我从一片荒芜里，收获了一片'绿洲'。"

（作者：奉永成）

杨淑亭：轮椅上的"最美扶贫人"

人物档案

杨淑亭，1991 年 4 月生，湖南城步人。城步万红花卉种植专业合作社理事长，湖南七七科技股份有限公司董事长、总经理。虽因车祸导致高位截瘫，但她自强不息，创办合作社和扶贫工厂，带领乡亲脱贫致富。获得全国脱贫攻坚奖奋进奖、中国青年五四奖章，被评为全国脱贫攻坚先进个人、全国三八红旗手、湖南省劳动模范、湖南省自强模范、湖南省百名最美扶贫人物。

命运给杨淑亭开了个天大的玩笑，一个笑靥如花的女孩，在最好的年华，却被一场车祸带走了自由行走的能力，也带走了她青春的梦想。

"只要奋斗不止，折翅的天使同样能活出精彩的人生。"面对厄运，杨淑亭十分自信地说。经过短暂的沉沦，杨淑亭以敢闯敢干的精神，创办公司，设立扶贫车间，安置贫困群众和残疾人就业，不仅让自己摆脱了困境，还帮助 1300 多名贫困群众和残疾人脱贫致富。

杨淑亭

战胜磨难，顽强创业

杨淑亭是城步苗族自治县（以下简称"城步县"）白毛坪乡歌舞村人，2009年大专毕业，20岁进入医院成为一名护士。正当她憧憬着美好的未来时，2011年3月，一场突如其来的车祸造成她5根肋骨断裂，胸椎7、8、9节爆裂性骨折，胸部以下高位截瘫。

为了给她治疗，家里欠下30多万元债务，变得一贫如洗。

"病痛不可怕，可怕的是对生活失去希望。"躺在家里一间黑黑的小木屋里，杨淑亭无数次想过自杀。在亲友开导、榜样激励和乡亲们关怀下，杨淑亭逐渐走出阴霾。

2012年，在朋友帮助下，杨淑亭开始接触电商，学会了用电脑做淘宝客服和游戏代练。一个月下来，赚了 7.7 元钱。这笔微不足道的钱，却像一支火苗，重燃她生活的勇气："原来我也能赚钱，我坚信自己不是一个废人！"

从此，杨淑亭挺着还留有两块钢板和 9 颗钢钉的背部，坐在电脑前，忍受着身体的疼痛，一分一分、一角一角地赚钱。收入越来越多，终于，她能自己养活自己了。

2013 年，杨淑亭和朋友开起了服装淘宝网店，朋友进货发货，她打理网店。生意不温不火，但积累了不少经验。

2014 年，杨淑亭看到仿真花在国内外市场热销，便和残疾人朋友开了一家仿真花工艺品淘宝店。这一年，她赚了 40 多万元，不仅帮家里还清了债务，还主动向村里申请脱贫。

反哺乡亲，扶贫助残

创业小有成就后，杨淑亭想到了跟自己一样同处困境的残疾人和贫困中的乡亲们。她的内心深处产生一种强烈冲动：带着乡亲们一起勤劳致富。

杨淑亭的家乡歌舞村地处大山深处，村民收入来源少，贫困人口多。没有产业支撑，村民们难以稳定脱贫。

2015 年 5 月，杨淑亭在工商部门注册成立了城步万红花卉种植专业合作社，由卖仿真花转向专业生产仿真花。她和家人在屋边修建了简单的厂房，购置了生产设备，招收了 20 多名村民当工人；与周边 200 多户贫困家庭签订合作协议，为他们提供仿真花半成品，他们在家里进行手工组装，合作社再回收和销售。当年，她就帮合作家庭每家创收 1 万元以上。

2016 年初，在城步县有关部门支持下，杨淑亭在县城周边和白毛坪乡设置了 30 多个花卉组装代理点。在这些扶贫车间里，共有 400 余人参加花卉组装，月收入 2000 至 4000 元。

在杨淑亭帮助下，不少乡亲的生活得到彻底改变。今年 60 岁的李红贞原是建档立卡贫困户，老伴患有阿尔茨海默病，身边离不开人。杨淑亭创办万红花业后，李红贞在家里边照顾老伴边组装花卉，每月能赚 2000 多元。

办实体不是一件容易的事，但杨淑亭克服各种困难，坚持干下去。为了获得更多订单，她坐着轮椅、拖着伤残之躯，赴全国各地参加展会，拓展业务。2016 年 10 月，她去陕西宝鸡参加订货会，坐了 20 多个小时的车，人差点休克，可她坚持参加业务洽谈。

热心公益，感恩社会

万红花业的成功，员工与贫困乡亲的笑脸，让杨淑亭看到了自己的价值。她在日记中吐露心声："我感觉不是为了自己而活，更是为了社会、为了员工、为了家庭，更多的是为了责任。"

2016 年 11 月，杨淑亭"走"出大山，12 月在城步县工业园区内，创办了湖南七七科技股份有限公司（以下简称"七七公司"），注册资金 1000 万元，主要生产外贸商品足球、背包、仿真花等。杨淑亭取名"七七"，是为了纪念最初上网赚钱 7.7 元，提醒自己不忘当年创业的艰辛。

"我的家乡城步当时还是国家级贫困县。我创办公司、扩大生产，不是为了自己赚钱，而是想尽力帮助更多需要帮助的人。"杨淑亭说。

杨淑亭是这样想的，也是这样做的。2016 年，其公司利用国家扶贫小额信贷资金 200 万元，对口帮扶建档立卡贫困户 40 户，每户当年分红 5000 余元。

现在，七七公司共安排了 600 多人就业，其中 205 人为脱贫群众，60 人为残疾人。

今年 53 岁的肖明辉，小时患小儿麻痹症，他家曾是建档立卡贫困户。七七公司创办时，他听说公司董事长是个残疾人，便抱着试一试的心态来参加招工面试，没想到杨淑亭满口答应聘用他。现在，他每月能赚 2500 元左右，早就脱了贫。他满意地说："我在这里干活很开心。"

杨淑亭得到商务部和省、市、县各级各部门的鼓励和支持，其企业办得红红火火。现在，公司外贸年出口额已突破 6000 万元，产品畅销亚、欧、美。

2014 年以来，杨淑亭累计帮助 1300 多人就业增收，带动全县 700 多户增收，380 多户贫困户脱贫。

杨淑亭还资助了 4 名贫困学生上学，关爱留守儿童 500 余人，关爱孤寡老人 200 余人，累计投入公益慈善金额 60 多万元。

（作者：肖祖华）

龙俊：奔跑在扶贫路上

人物档案

龙俊（1961—2019），湖南保靖人。生前系中国农业银行保靖县支行干部，保靖县毛沟镇阳坪村驻村帮扶工作队队长兼村党支部第一书记。他3次主动请缨下乡扶贫，先后帮扶3个村。2019年7月29日，在去扶贫村途中不幸遭遇车祸，将生命永远定格在扶贫路上。被追授为全国脱贫攻坚先进个人、湖南省2019年百名最美扶贫人物、湖南省优秀共产党员。

5年3次主动请缨下乡扶贫，龙俊不停奔跑在扶贫路上，跑贫困户、跑项目、跑产业，5年穿破了14双跑鞋，划破了10多条裤子，踏遍了所驻贫困村的沟沟坎坎。龙俊出车祸时，随身携带的蓝色公文包落在路旁，包里是一沓扶贫材料。

龙俊（左二）走村入户帮助村民办实事

5年3村，一直在路上

2015年4月，龙俊骑着一辆摩托，一头扎进保靖县碗米坡镇美竹村，开始扶贫之旅。这里地处大山之间，长期灌溉、饮水困难。龙俊帮助争取资金修建设施，引入高山黑猪养殖等项目，为贫困户找到一条脱贫路径。2016年，美竹村实现脱贫出列。

2016年2月，他又主动申请到毛沟镇如景村扶贫。驻村期间，他走访每个贫困家庭，了解致贫原因，和村干部一起结合村情制定产业脱贫方案。

两年后，他再次请缨到阳坪村扶贫。2019年3月，龙俊担任阳坪村驻村帮扶工作队队长兼村党支部第一书记。在他的引导和帮助下，阳坪村发展了柑橘、猕猴桃、大雁等种植和养殖项目。为了不耽误村民劳作时间，他一般每天早晚去村民家走访、核实情况。对阳坪村 66 户建档立卡贫困户，更是放在心上，多的一个月要跑 10 多次。

龙俊的工作成绩有目共睹，经他直接帮助过的建档立卡贫困户，有 59 户 221 人脱贫。如景村党支部书记彭金洲说："龙哥除了好，还是好。去了阳坪村后，还经常回到我们村看望大家。"

始终把老百姓的事放在心上

龙俊干的都是实实在在的事，始终把老百姓的事放在心上。他为养蛙创业者申请低息贷款，为帮扶户的孩子联系热心人资助，为建档立卡贫困户的脑瘫儿子申请轮椅，为房屋破漏的家庭申请危房改造经费……

"媛媛，猕猴桃掉果啦，你要多去看看啊！"2019 年 7 月 28 日，也就是龙俊出事的前一天，还在山下睡觉的阳坪猕猴桃专业合作社理事长彭媛，接到龙俊打来的电话。

彭媛回忆："龙哥天天来，看园子比我自己还用心。"龙俊还常常打电话叮嘱她："园子积水了，要挖引水渠了。""草长疯了，要记得除草。""有几只大雁粪便颜色不对，你要注意啊！"……

阳坪猕猴桃专业合作社有 196 户村民入股，包括全村的 66 户建档立卡贫困户，是村里脱贫关键项目。2019 年 4 月，合作社准备改良品种、扩大规模，需要大量资金。龙俊骑着摩托车跑前跑后，争取到 50 万元贷款。

80 后村民彭廷成、彭其金回村养青蛙。龙俊把他们和村里 4 户建档立卡贫困户组织起来，建立青蛙养殖合作社，申请 5 万元低息贷款，并帮助解决后期投入资金问题。

"龙叔知道我们第一年缺少经验，三天两头到蛙田来。有时候，我们还没到蛙田，他就已在田边等我们了。"彭廷成说。

就在龙俊去世前几天，阳坪村下了一场暴雨。雨未停，龙俊就往蛙田跑，因为雨天路滑，还摔伤了小腿。

"老龙对我们的事特别上心，怎么突然就没了……"龙俊去世的消息传来，阳坪村建档立卡贫困村民彭治坤不肯相信。他指着脑瘫儿子坐的轮椅说，这是龙俊一个月前送到他家的。龙俊生前常来他家走访，看到他23岁的脑瘫儿子常年躺在床上，想出门晒晒太阳都做不到，就为他申请了一个轮椅。彭治坤家原来的木房被风吹倒了，也是龙俊跑前跑后安置他们一家。龙俊还为彭治坤的小儿子申请"雨露计划"。

如今，阳坪村400亩柑橘完成了品改低改，3.3公里道路实现硬化，182户820名乡亲喝上了安全放心水，59户厕所进行了改造……

1分15秒，成了父子俩最后的交流

龙俊患糖尿病多年，妻子是下岗工人，身体羸弱；儿子龙小丹在长沙工作，儿媳患病在家，龙俊去世时孙女还不到1岁。

孙女出生后，龙俊的妻子向宗菊便去长沙帮儿媳照顾孙女，龙俊一个人留在保靖，阳坪村成了他的第二个家。

一年365天，龙俊与家人相聚的时间屈指可数。2019年"五一"假期，龙俊到长沙第一次见到出生3个月的孙女。"手机里只留下他爷孙俩唯一的合照。"龙小丹说。

"以前理解不了他的扶贫工作，理解不了他的忙碌，现在能理解了，他却不在了。"追忆起父亲的点滴，龙小丹难掩悲伤，"如果知道会这样，我那天一定会和他多聊几句，一定会拉着他去照一张全家福，让他多抱抱宝贝孙女。"

龙小丹说，医生叮嘱龙俊每周至少检测两次血糖，但他一般 3 到 5 个月才检测一次。父亲去世后，龙小丹曾到阳坪村看过，村里医务室就可以检测血糖，但龙俊从未去做过检查。

龙俊出事后，龙小丹常常翻看微信中与父亲最后的语音通话记录，1 分 15 秒，成了父子二人最后的交流。

龙小丹在父亲去世后两次来到阳坪村，走走父亲每天走过的道路，看看父亲日夜牵挂的村民。

"梦里梦到他，都是他笑眯眯地对我说，下乡回来了！他说他要休息一会儿，我说休息的话，你就在家里住两天再走吧。他却说，还有很多事没有做完。"提起丈夫，向宗菊泣不成声。

他心里装的都是贫困村民，唯独没有自己。

（作者：李孟河　李金城）

周秀芳：千里支教，甘当爱心"搬运工"

人物档案

周秀芳，1948 年 6 月生，浙江宁波人。退休小学教师。古稀之年远赴湖南省溆浦县支教，架起爱心桥梁。获得全国道德模范、全国脱贫攻坚先进个人、中国好人、全国最美志愿者、感动中国之感动湖南人物、最美浙江人·浙江骄傲 2018 年度人物、浙江省道德模范等荣誉称号。

她是一位宁波的退休教师，年逾七十。本是颐养天年、尽享天伦之乐的年纪，她却选择了远离家乡，在湖南溆浦"千里支教"。4 年多的时间内，在她的带动下，来自各地的爱心人士先后在溆浦捐建了 19 所希望小学，结对帮扶近 400 名贫困生，累计捐赠款物近 3500 万元，另有 10 所希望小学正在筹建之中。她说，与溆浦的相遇虽是偶然，但一踏入这片土地，就感觉到离不开这里了。

周秀芳看望学校师生

每次家访回来，累得倒头就睡

周秀芳个子不高，一头银色的卷发，戴一副黑框眼镜，脸上总是挂满了慈祥的笑容。

2015 年春节，一个偶然的机会，她听一位朋友无意中讲起溆浦县北斗溪镇的教学条件十分艰苦，不少老师都被吓跑了。

说者无心，听者有意。周秀芳默默记下这件事，并决心要去看看山里的情况和那些孩子。3 月中旬，周秀芳和她的好友孙绍富来到千里之外的溆浦县北斗溪镇进行考察。看到眼前的桐林小学，周秀芳当即决定，留下来在这里支教。

这条支教之路比周秀芳想象的要困难得多。周秀芳的腿有关节炎，走路多便会疼痛难忍。山里的学生住得分散，路上坑坑洼洼，走访一个学生家都要走半天，每次家访回来，她都累得倒头就睡。但她还是坚持下来了，每个学生家里她都要去了解情况。她说，只要看到那些活泼可爱的孩子围在她身边，甜甜地喊着"周老师""周奶奶"，她就觉得很幸福！

刚开始到桐林小学时，家里人很担心她的身体，每天都要打几次电话。因为信号不好，周秀芳曾经配了3个手机，哪个有信号就打哪一个。

在桐林小学支教的时候，周秀芳偶尔在朋友圈发一些在村里的情况和感受，没料到引起了广泛关注。有一位远在美国洽谈业务的学生张刚，在微信朋友圈看到昔日恩师在桐林小学支教的事情之后，一回国就直奔湖南溆浦，专程到北斗溪看望周老师。

看到破烂的校舍、简陋的办学条件，看到年迈却毅然选择在贫困地区支教的周老师时，张刚被深深地打动了，当即决定捐资30余万元重建桐林小学，并配齐学校所有的教学设施。2015年4月，桐林弘盛希望小学开始动工了。周老师一边教书，一边监督学校的建设进展。

张刚回到宁波之后，把周老师的事迹告诉了身边的朋友和大学同学，他们有感于周老师的无私奉献，决定在当地再捐建一所希望小学。就这样，你出5万元，我出10万元，一共凑了35万元。与当地政府和学校联系后，决定修建前进希望小学。2015年9月，这2所2层楼高的希望小学全部建成，学生们都搬进了新校舍。

"我巴不得是孙悟空，一个筋斗就能搬运更多爱心。"

周秀芳的支教故事，影响了很多人。除了她当年的学生之外，不少宁波人也纷纷伸出了援手。越来越多的人集聚在周秀芳周围，形成了一个爱心团队。她在宁波和溆浦之间搭建了一座"爱心桥"。

2018年10月26日，周秀芳牵线捐建的第17所希望小学在北斗溪镇红花村落成。这是唯一一所通过众筹建立的小学。3天时间，5000名网友筹集50万元爱心款，周秀芳当场流了泪。她说："为红花村造一所希望小学，是村里两位80多岁的老人拜托我的事，也是红花村小学的学生在给我写信时表达的心愿，今天终于实现了。我要特别感谢这些有爱心的网友！"

这些年来，在她的牵线搭桥下，宁波、上海等地人士的爱心源源不断地涌向溆浦。

宁波一位女企业家出资31万元捐建搭溪小学，象山爱心人士掏出20万元捐建来凤小学，上海交大筹资50万元捐建前进小学……每一个捐赠者的名字都写在本子上，记在周秀芳的心里。最让她感动的是，宁海县91岁的王春文老人看到了她的事迹之后，几经周折找到她，一次性拿出250万元，在溆浦捐建5所希望小学。还有很多人通过电话、微博、微信等方式联系到周秀芳，通过她找到需要助学的儿童，联系需要捐建的希望小学。周秀芳像一个"爱心搬运工"，将全国各地的"爱心"源源不断汇聚到大山深处，点燃了山区的希望。她常说："我巴不得是孙悟空，一个筋斗就能搬运更多爱心。"

在溆浦扶贫助学期间，周秀芳的事迹也感动和影响了很多当地人。

2015年10月，溆浦九溪江乡宝山小学唯一的教师张艳香想外出打工。周秀芳得知后赶到学校，耐心做她的思想工作，还送她去北京培训。此后张艳香通过考试获得了溆浦县优先转为公办教师的资格。"周老师一个外地人都能来，我更应该留下！"张艳香决定留在宝山小学。

北斗溪镇专门准备了一本台账，记录周老师爱心团队的每一次捐款捐物。镇党委书记说："在周秀芳的带动下，当地老百姓更加重视孩子的教育了。她推动了溆浦'向善行善'的良好风尚。溆浦百姓要记住这个好人，常怀一颗感恩的心。"

（作者：李传新）

谭艳林：巧手"编织"脱贫梦

人物档案

谭艳林，1985 年 8 月生，湖南龙山人。2011 年，谭艳林在龙山县城创办惹巴妹手工织品有限公司，制作、销售土家族特色手工编织产品。从一个小小的手工作坊做起，公司逐步发展壮大，年创产值约 4000 多万元，吸纳就业 1247 人，带动残疾员工 226 人、1000 多贫困人口脱贫致富。获得全国脱贫攻坚奋进奖，被评为全国劳动模范。

前锥、左拨、挑针，一双手灵巧翻飞。不一会儿，毛线团慢慢变小……龙山县惹巴妹手工织品有限公司（以下简称"惹巴妹公司"）车间里，几十名员工正忙着赶货。他们大多是留守在家的妇女和老人，还有部分残疾人。一头连着湘西偏远山村的留守妇女和老人，一头连着国内外的各大商场和柜台；一头连着遍布深山的扶贫车间，一头连着"四通八达"的电商平台……美丽的"惹巴妹"谭艳林，用"小车间"撬动"脱贫梦"。

谭艳林〔左〕上门为残疾人手把手教技术

爱心开启创业路

16 岁那年，成绩优异的谭艳林为让弟妹完成学业，南下打工。2010 年，结束打工生涯的谭艳林回到龙山县城，开了一家精品店。

当时，谭艳林的姑姑因摔伤半身瘫痪，没有了经济来源。为让姑姑能有一份收入，谭艳林给她找了一个活儿：让手巧的姑姑编织自己设计的织品，再通过精品店售卖出去。

没想到，谭艳林设计的一些图稿被姑姑织成毛线织品后，在市场上大受欢迎。

手工织品热销，市场空间极大。谭艳林想到还有很多像姑姑这样会手工编织的残疾人和留守妇女，如果组织她们进行手工编织，不仅可以让她们在家门口实现就业挣钱，还能照顾家庭。

创业之初，谭艳林在阿里巴巴注册网店，把第一批"作品"放到网店，没想到一天就接到 200 多个咨询电话。

2011 年，谭艳林成立龙山县惹巴妹手工织品有限公司。在龙山县相关部门的支持和指导下，公司在全县 21 个乡镇（街道）开展手工编织巡回培训。培训第一天，便招聘到 89 名员工，其中 23 名为残疾人。

公司创办伊始，第一批员工招收进来后，因为技术生疏，生产过程中浪费了大量材料。谭艳林不计损失，毅然回收不合格的产品。正是她的这一举动，焐热了大伙儿的心，让这个充满温情的大家庭焕发出生机与活力。大家干劲十足，积极参加培训，主动"传帮带"，很快成长为"师傅"。两个月后，公司 6000 多件优质产品"新鲜出炉"。

小产品搭上大电商

电子商务像一束光，让谭艳林看到通往外界的路。

她抓住一切机会，阿里巴巴、京东、微商……有事没事，谭艳林就在网上"逛"，生怕漏掉有价值的信息。

有一次，她在阿里巴巴看到一条国外的求购信息。事实上，不会英语的她并没有看懂求购信息，但是里面的求购图片她看懂了，觉得自己的公司能做。她便给阿里巴巴客服打电话，请他们帮忙翻译并回复。

就这样，谭艳林和这个国外客户建立了联系。当时国外客户告诉她，几个月以来，谭艳林是第一个回复他的人。就是这样一个回复，让惹巴妹的产品走出了国门。

订单多起来后，谭艳林不断开发新品种，从婴儿鞋帽服饰、创意礼品，到具有民族特色的女性饰品，一步一步把大山里的特色产品带到山外。

2016年，惹巴妹公司实现从"中国制造"到"中国创造"的转型，主要研发湘西民族民间手工编织品。融合现代时尚元素，惹巴妹公司原创设计的500来种编织品，通过电商平台远销海外。

2017年，第22届意大利米兰国际手工艺品展销会上，惹巴妹公司手工织品深受欧洲消费者青睐，很快销售一空。惹巴妹公司与意大利动漫公司、亚马逊欧洲代理人签约，聘请2名意大利留学生为公司研发设计总工程师，还在意大利唐人街开拓市场。

2018年初，惹巴妹公司的手工织品参加法国巴黎国际博览会，带去的210件产品被抢购一空。当年广交会上，惹巴妹一次性签下60万元订单。

目前，惹巴妹公司80%的产品出口。在线下，惹巴妹公司和多家外贸公司合作，签订长期供货协议，产品销往欧美、中东、东亚、南亚等地；同时和国内知名母婴店签约代理分销，向全国各景区分销铺货，年销售额为4000多万元。

惹巴妹托起"大梦想"

谭艳林是一位龙山土生土长的85后苗族姑娘，员工们却称她"惹巴妹"。"惹巴"是土家语，意为"美丽"，惹巴妹即"美丽的姑娘"。

惹巴妹公司的员工，大多是留守妇女和残疾人。谭艳林希望让这些妇女在家门口就业，让山里的孩子不再像自己小时候一样在家留守。正因为如此，谭艳林坚持把分车间设在农村。目前，谭艳林在龙山县多个乡镇（街道）都设立了扶贫车间，解决龙山县近600名留守妇女就近就业，其中近半人来自原建档立卡贫困家庭，70余人为残疾人。

惹巴妹公司以发展扶贫车间为突破口，一步一个脚印，形成"就业一人、脱贫一户、带富一方"的扶贫格局，用"小车间"撬动"大扶贫"。公司采取"公司＋扶贫车间＋农户"经营模式，通过产品回收、劳动力入股、产业帮扶等带领农户致富，并以灵活务工方式，让公司员工就业、顾家两不误，人均月收入达2000元左右。

目前，惹巴妹公司面向湘西州8个县市开展免费手工技能培训，年培训3000余人次，设立扶贫车间20余个，共安排2000多名农村留守妇女等就业，其中残疾人200余名，帮助1000多户原建档立卡贫困户致富。

（作者：莫成）

周祖辉：回乡带富众乡亲

人物档案

周祖辉，1982年3月生，湖南凤凰人。凤凰县廖家桥镇菖蒲塘村党委书记、村委会主任，湖南省周生堂生物科技有限公司董事长。2008年返乡创业，创办扶贫车间，解决200多人就近就业，其中原建档立卡贫困群众80多人。被评为全国农村致富带头人、全国向上向善好青年、湖南省劳动模范、湖南省最美扶贫人物、湖南好人等，并获得湖南青年五四奖章。

2013年11月，习近平总书记来到凤凰县廖家桥镇菖蒲塘村和村民们一起摘柚子的画面，给人们留下了深刻印象。时隔多年，周祖辉又有幸参加了习近平总书记在长沙主持召开的基层代表座谈会，并向总书记汇报菖蒲塘村的喜人变化。菖蒲塘村离凤凰县城很近，昔日却是个穷山沟，而今成为全省巩固脱贫成果实现乡村振兴的村级"样本"。周祖辉返乡创业，是如何改天换地，带领乡亲致富的呢？

周祖辉（中）在菖蒲塘村水果园里直播带货

"我们自己有鲜果，为什么不进行深加工呢？"

2022年4月，凤凰县廖家桥镇菖蒲塘村水果产业园里，猕猴桃、柚子、柑橘花竞相开放，果农们忙着除草、修枝、授粉等。

"现在是果园培管期，大家都在地里忙活。到了秋天，果子熟了，会是另外一番景象。"菖蒲塘村党委书记周祖辉指着产业园里的游步道说，这是2020年底修建完成的，秋天果子成熟时，很多游客会来观光采摘。

这一切，凝聚着周祖辉的心血。中专毕业的周祖辉，曾南下广东打工。回乡后，他发现凤凰县猕猴桃产量丰富，却没有一家水果深加工企业，当地销售的猕猴桃果干也来自外地。

　　"我们自己有鲜果，为什么不进行深加工呢？"2011年，周祖辉沉下心来，进行近半年实地调研后，决定依托吉首大学科研优势，成立凤凰县周生堂绿色食品厂（湖南省周生堂生物科技有限公司，以下简称"周生堂公司"），重点开展农副产品深加工。

　　"保底收购猕猴桃，加工成果脯。"周祖辉说，这是他和伙伴们做的第一件事。紧接着，他们成功研发蜂蜜柚子膏——将果农丢弃的仔柚、畸形柚收购回来加工，"变废为宝"，让果农增收。村民姚本清种了4亩多柚子，他说："过去丑柚子直接丢掉，周生堂公司收购后，每亩每年增收几百元。"

　　在周生堂公司二楼展览购物厅里，摆着蜂蜜柚子膏、猕猴桃果脯、土家擂茶等，琳琅满目。凤凰县驻菖蒲塘村工作队队长唐金生一边介绍，一边拿起一杯泡好的蜂蜜柚子膏给大家品尝。旁边，一位来自湖北的游客提着两个袋子，正在购买猕猴桃果脯等。

　　为了保证鲜果供应，周生堂公司推行"公司＋自然村＋合作社"的村企共赢产业扶贫开发模式，以蜂蜜柚子膏加工为龙头，与菖蒲塘、林寨等6个自然村签订原料供应基地协议；与菖蒲塘村、瓦场村、八斗丘村等村，签订猕猴桃保底收购合同；向菖蒲塘村和附近村以保护价采购蜂蜜，为其提供养殖技术支持。公司产业以菖蒲塘村为中心，辐射凤凰县多个村寨。

　　短短几年，周生堂公司建起猕猴桃、柚子、蜂蜜等8条农特产品深加工生产线，产品畅销全国。2021年，收购当地果农水果850多万公斤，带动数千人致富。

"让更多儿童不再留守，让更多老人不再空巢。"

"让更多儿童不再留守，让更多老人不再空巢。"这是周祖辉对乡亲们的承诺。

"离家近，照顾老人、小孩方便，上班也开心。"曾在深圳务工多年的菖蒲塘村村民滕建秀，现在在周生堂公司做销售员，每月工资近 3000 元。

"直播带货，不用出门，就有收益。"周祖辉在村部电商直播间直播带货猕猴桃鲜果，卖了 176 单。"我们的果子，早上挂树上，晚上在路上，第二天送到你的舌尖上。"他说，他想带动更多村民直播带货，让更多村民回乡创业。目前，菖蒲塘村发展水果 8000 多亩。2021 年，村民人均可支配收入达 25481 元。

"外地打工的人回来了，老人和小孩就不再孤单。"周祖辉说。

目前，周生堂公司有猕猴桃、柚子种植基地 1000 多亩，达产后可创年产值 1.2 亿元以上。猕猴桃种植基地与 199 户原建档立卡贫困户签订帮扶协议，以分红等方式带领他们致富；解决就业 200 多人，其中就业困难人员、原建档立卡贫困群众 80 多人，短期用工 1000 多人。

脱贫攻坚战胜利前，周生堂公司积极与贫困群众建立利益联结机制，创办扶贫车间，成为全国就业扶贫基地，获评全国"万企帮万村"精准扶贫行动先进民营企业。公司现有直营店和加盟店 50 多家，直接、间接吸纳就近就业人员 5000 多人。周祖辉先后捐资 80 多万元，资助 100 多名失学学生重返校园。

牢记殷切嘱托，加快脱贫致富步伐

周祖辉介绍，2013年11月，习近平总书记来到菖蒲塘村，和村民们一起摘柚子，品尝猕猴桃，嘱托大家依靠科技，开拓市场，做大做优水果产业，加快脱贫致富步伐。2020年9月17日，周祖辉又有幸参加习近平总书记在长沙主持召开的基层代表座谈会，并向总书记汇报菖蒲塘村的喜人变化。2019年，菖蒲塘村人均水果种植面积达1.59亩，村民人均可支配收入达18609元，比2013年增加了3倍。

菖蒲塘村大力推进"生态人居""生态环境""生态文化"工程，新建住房统一规划、合理布局，营造"山清水秀、天蓝地绿"的宜居环境。利用各类宣传工具和文化阵地，引导农民追求科学、健康、文明、低碳生产生活方式，构建和谐的农村生态文化体系。菖蒲塘村新建果园游步道3公里、旅游观光道路4.5公里，发展农业休闲体验游和自然观光游。2021年，村内飞水谷景区接待游客28万人次，实现农副产品销售收入180多万元。

周祖辉带着感情回乡创业，带着责任帮助周边群众发展产业、稳定就业。他坚持做公益，热心帮助失学学生和孤寡老人，为当地经济发展作出很大贡献。他把创新精神融入产品研发和经济发展工作中，以创新思维思考发展方向、加强研发、打造品牌、拓展销售、带动就业，不断加快当地经济发展步伐。

（作者：李孟河）

覃道周：壶瓶山区"电骡子"

人物档案

覃道周，1968 年 6 月生，湖南石门人。常德湘能农电服务有限公司副总经理、国网湖南省电力有限公司石门县供电分公司宝峰供电所党支部书记、所长。他精心管理，将壶瓶山、宝峰供电所打造成电力行业标杆；贴心为民，进山带商品、出山带山货，被山区百姓亲切地称为"电骡子"。获评全国劳动模范、中国好人、湖南省道德模范、国网楷模等。

了却百姓心头事，守护千家万户明。山里长大的土家汉子覃道周，把最好的青春年华献给了大山的光明事业。扎根石门山区 30 年，他和同事们一起，守护遍布"湖南屋脊"壶瓶山的供电网络，并利用巡线、维护等机会，为山区百姓捎带物品近 20 万公斤。

覃道周运送水果到偏远村庄

保供电是头等大事

20 世纪 90 年代，覃道周本有机会当公务员，然而生在农村的他，深知农民艰辛，毅然投身农村电力事业。

2007 年，壶瓶山供电所成立，覃道周出任所长。

这是全省海拔最高、供电环境最恶劣的供电所。辖区千岩万壑、峰回路转，有海拔 1000 米以上的山峰 266 座，大小溪河 23 条。当地基础设施落后，当时 876 平方公里内 4.5 万多名百姓还没有用上国家电网的电。覃道周上任第一件大事，就是利用刚刚启动的全国电网改造，彻底解决山区用电难问题。

2008 年春节前夕，湖南遭遇冰冻灾害。石门县南北镇白竹山村、壶瓶山镇楸木峰村的电杆被冰雪压断。当时积雪深达2米，抢修人员和器材无法进山，两村100多户村民在黑暗中度过半个多月。再这样下去，老百姓可挨不住了！农历正月十五，覃道周带领农电工，冒着冻雨强行进村抢修。他说："保供电是头等大事，只要天上不落刀子，我们就要去抢修！"

那段时间，覃道周没睡过一个好觉。他每天带领抢修队员背着干粮，穿行在大山深处，修复受损线路。困了躺在苞谷秆上打个盹，饿了就着雪水啃方便面，每天工作16个小时以上，保障37个村4953户正常用电。

"把电管好，让群众安心发展产业，我们义不容辞。"覃道周说。过去，壶瓶山电路设施简陋，经不起风雪、雷电、洪水侵袭。覃道周带领农电工早出晚归，顶酷暑、冒风雨、卧冰雪，不到两年时间完成68个台区的农网升级改造，增容变压器15台，增加配电变压器22台，新建变电站2座，大大提升了壶瓶山区供电可靠率。农机、生活电器用电有了保障，各类农产品加工企业如雨后春笋般冒出来。2011年，壶瓶山供电所被评为"中国最美供电所"。

2013年元旦前夕，一场罕见的冰雪降临壶瓶山，覃道周带领抢修队员花了2个多小时排除东山峰管理区一处险情。这时，南北镇操车坝村又告急：一条一千伏高压线被覆冰压弯，与低压线相触造成短路，5000多户群众断电。覃道周驾驶着电力110抢险车驶过陡峭的山路，赶到险情点时已是晚上8时许。来不及休整，覃道周和抢修队员忍着饥寒"开战"，用一根16米长、碗口粗的竹子，艰难地将100多米长电线上的覆冰一点点除掉。

当电闸合上，家家户户的灯亮了时，覃道周长舒一口气："看到电灯亮了，我心里最高兴。"

好事堆成了一座山

骡子，吃苦负重、任劳任怨，是山区重要的运输工具。覃道周和农电工们就像骡子一样，肩挑背扛，为山区百姓"运送"幸福。

2007年盛夏的一天，覃道周在南坪集镇遇到一位老人。攀谈中得知，老人家住30多公里外，儿女在外打工。为了到集镇买包盐，老人来回走了一整天。覃道周给老人留下电话号码，告诉他："以后需要什么就讲一声，我们一定会送到你家。"

山区留守老人、儿童多，出行不便，生活用品难上去，山上物产出不来。山区百姓的困境，深深刺痛着覃道周的心，他发动供电所39名农电工，在做好本职工作的同时，承担起义务为山区百姓代购代销的任务。大米、面条、化肥、种子，代购上门；腊肉、土豆、茶叶、药材，代销出山。

2010年初，临近春节，青林村神水溪空巢老人叶安珍家米仓见底，覃道周立即联系供电所南坪班组帮忙。农电工吴俭买了10公斤大米，顶着风雪，跋涉5小时送到老人家。10多年时间，覃道周和同事们累计为山区百姓捎带生活用品近20万公斤，销售农产品30多万元。

剩头村是常德一个偏远村庄，从壶瓶山镇驱车15公里，走过长116米、高188米的吊桥，再走1小时山路方可到达。这条罕为人知的路，覃道周却烂熟于心。逢年过节，他带领农电工进村，义务维修线路、电器，送去生活物资。

山区孩子也把覃道周当亲人。大棚村有一名贫困学生，父亲早逝，母亲改嫁，由年迈的爷爷奶奶抚养。覃道周结对帮扶，让他顺利考进大学。受覃道周影响，供电所12名党员每人对口帮扶一个困难家庭。

大棚村老人吴志强说："覃道周和农电工们为我们做的好事，堆起来就是一座山。"

2018 年 6 月，因工作需要，覃道周调离奋斗了 10 多年的壶瓶山，来到位于城乡接合部的宝峰供电所。他将宝峰供电所打造成继壶瓶山供电所之后，常德市第二个国网五星级乡镇供电所。

山上山下，不改本色。"电骡子"精神已跟随覃道周悄然下山。在新的奋斗场，覃道周继续发扬吃苦耐劳的精神，带出一批又一批"电骡子"为民服务。

（作者：周勇军　卓萌）

刘友梅：中国电力机车之父

人物档案

刘友梅，1938年2月生，江西上饶人。我国轨道电力牵引动力专家，中国电力机车事业的开拓者和奠基者之一，中国工程院院士，被誉为"中国电力机车之父"。他参与、主持研发了我国第一至第四代各型电力机车，助力中国电力机车事业实现从普载到重载、从普速到高速、从交直传动到交流传动、从进口到出口的历史性跨越。获得詹天佑科技成就奖、湖南光召科技奖、全国劳动模范等荣誉。

从"跟跑"到"齐头并进"再到"弯道超车"，中国如今"领跑"世界轨道交通装备制造。这背后，倾注着"中国电力机车之父"刘友梅的心血。"只有加强自主创新，才能实现交通强国梦。"一辈子扎根湖南株洲、年逾八十的刘友梅，仍活跃在我国轨道交通装备技术研发领域最前沿。

刘友梅（左二）与技术人员交流

核心技术是买不来的

"任何核心技术都是买不来、要不来、讨不来的，只有坚持走自主创新之路。"刘友梅说。

1961 年，从上海交通大学毕业的刘友梅，怀着满腔报国之志，来到株洲电力机车厂（中车株机公司前身，以下简称"株洲厂"）工作。这一干，就是一甲子。

"当时大家都不太熟悉电力机车，可以说是在一张白纸上开始干。"刘友梅每天泡在车间里，与工人们打成一片。肯钻研、爱学习，有理论知识，又有一线实践经验，他很快成为大家眼中的"电力机车活字典"。

那时，株洲厂已诞生新中国第一台国产干线电力机车，可技术是从苏联引进的。很快，随着国际局势变幻，照搬国外技术的模式已不可持续。这对刘友梅触动很大，中国电力机车自主创新刻不容缓。

机会来了！1968 年，株洲厂开始自主研制"韶山 1 型"电力机车。厂领导不顾争议，大胆起用表现出色的刘友梅担任总设计师，当时 30 岁的刘友梅勇敢挑起了我国独立研制电力机车的大梁。

接过重任，刘友梅迎难而上。他带领研制组对机车进行了 3 次重大技术改造，将牵引电动机功率提高到 700 千瓦，机车小时功率、持续功率分别提高到 4200 千瓦和 3780 千瓦，电阻制动功率也提高到 2800 千瓦，最大时速达到 90 公里。

"你以为跑起来就万事大吉了吗？反而压力更大了。"第一台机车跑起来了，刘友梅却顾不上高兴。为了保障列车正常运行，他每天跟车跑，和司机一起倒班。碰上半夜三更列车开不动，停在铁轨上，刘友梅得钻到车厢底下、趴在铁轨上，检测故障，解决问题。

每一个阶段都很难，但刘友梅和他的团队百折不挠，奋勇向前！同年，"韶山 1 型"研制成功，很快投入批量生产。这是新中国第一代国产电力机车，开启中国自主研发电力机车新纪元。

依靠自强不息精神，刘友梅带领团队，让我国电力机车在"重载""提速""交流传动"上奋起直追。

从 1985 年开始，刘友梅主持第三代电力机车研发，使我国跨入世界少数几个国际铁路万吨重载牵引国家行列；1998 年，试验时速 240 公里的"韶山 8 型"电力机车从郑州飞驰南下，我国成功跻身"国际铁路高速俱乐部"；"八五"期间，第四代电力机车"AC4000 型"，实现我国铁路机车交流传动技术"零"的突破，标志我国铁路机车研制进入高新科技领域；2002 年，试验时速 321.5 公里的"中华之星"创下中国铁路第一速，中国列车首次迈过时速 300 公里门槛……

一批批电力动车不断刷新中国的高速和载重纪录。如今，中车株机公司已形成年产 1000 台电力机车的规模，成为全球最大的电力机车研发和制造基地。"韶山型""和谐型""曼德拉号"……十几种、近万台电力机车走向世界，服务全球数十个国家和地区。

院士不能光靠一顶帽子过日子

经历"跟跑"与"并跑"的中车株机公司，开始"领跑"世界轨道交通装备制造。这时，古稀之年的刘友梅对中国轨道交通发展方向有了新的思考，他率先提出"绿色""智能"的理念，开始进入"做小学生"的两个领域：中低速磁悬浮和智能电车。

2012 年，全球首台采用超级电容储存电能为主动力能源的列车问世。刘友梅自豪地介绍："每节车厢的顶部都有一组超级电容，只需充电 30 秒就可以支持列车行进两公里。也就是说，乘客上下车的时间就足够让列车充满电，开往下一车站。"

将超级电容运用于列车的大胆想法，最早来自刘友梅和外籍专家一次交谈中迸发的灵感。当时，那位外籍专家正向中方介绍超级电容储能在港口起重机上的应用案例，刘友梅很快联想到，既然吊装集装箱时消耗的势能可以转换存储，列车制动时消耗的动能为什么不可以？经充分调查论证，他率领团队将这一创新灵感变为现实。

攻坚不懈，创新不止。同年，被命名为"追风者"的中低速磁悬浮列车在株洲诞生。刘友梅心中有种别样的畅快！在他看来，磁悬浮项目成功运营后，意味着磁悬浮交通核心技术和系统集成技术牢牢掌握在自己手里，中国因此成为当时世界仅有的 4 个掌握中低速磁悬浮列车技术的国家之一。

2016 年，我国首条中低速磁悬浮线路——长沙磁悬浮快线"追风者"投入运营，从长沙南站至长沙黄花机场 T2 航站楼，仅需 15 分钟左右。

从储能式电力牵引轻轨车辆到储能式现代无轨电车，从时速 160 公里的商用磁悬浮 2.0 列车到红黑相间、宛如飞龙的商用磁悬浮 3.0 列车，刘友梅始终坚守在中国电力机车发展最前沿。正是以刘友梅为代表的科研人员的坚守，让中国轨道交通装备走到了世界前列，成为一张张流动的"国家名片"。

1999 年当选院士后，许多高校伸来橄榄枝，但都被刘友梅谢绝了。"院士不能光靠一顶帽子过日子，应该在合适的岗位上发挥自己的作用。"刘友梅说。

一辈子工作不息。现在刘友梅还是一有空就来到公司车间，带着徒弟们研究电力机车新产品，攻关技术难题。他希望更多青年科技工作者踩在他的肩膀上，站得更高，成长得更快。

（作者：姚茜琼）

丁荣军：中国高铁有了自主"机芯"

人物档案

丁荣军，1961 年 11 月生，江苏宜兴人。电力电子及控制技术专家，中国工程院院士。从事电力电子器件、牵引变流和交流传动系统的创新研究与成果转化，创建了适合我国国情的标准体系并与国际接轨的技术模式。中国中车首席科学家，湖南大学机械与运载工程学院院长。获国家发明奖 1 项，国家科技进步奖二等奖 2 项。获得全国劳动模范、詹天佑科技成就奖等荣誉称号。

上大学前从没见过火车的丁荣军，却与火车终身结缘。在中车株洲电力机车研究所有限公司，丁荣军领军的研发团队，突破国外对电力机车行业核心技术的封锁和垄断，取得从大系统到大部件、从关键材料到关键工艺、从核心器件到核心软件的全方位突破，结束了我国轨道交通机车车辆没有自主"机芯"的历史。

丁荣军（中）与青年员工进行交流

世界上有很多路可走，选择了就努力走好

丁荣军小时候的梦想是当一名医生，长大后却读了电力机车专业。上大学前，他甚至都没见过火车。

谈起这一切，丁荣军说："这世上有很多路可走，不用太刻意，只是一旦选择以后，就要努力走好，不能三心二意。"

1984年夏天，在西南交大电力机车专业优秀毕业生丁荣军面前有两条路：一是去北京铁道科学研究院，一是去株洲电力机车研究所（以下简称"株洲所"）。

带着干一番事业的想法，丁荣军到株洲所报到了。

此时的株洲所率先丢掉"铁饭碗"进入市场，所有技术人员都要深入到机务段跟司机跑车，现场解决技术问题。

从 1984 年到 1988 年，丁荣军在偏远山区的陕西勉县一个机务段跟车跑了 4 年。漫长的日子里，他白天在车上颠簸记录，晚上在招待所里彻夜苦读。也就在这段时间里，他掌握了机车交流传动技术相关知识。

20 世纪 80 年代，机车交流传动技术开始在国外得到正式应用。为了追赶国外先进技术，株洲所成立交流传动研究室，率先在国内开展机车交流传动技术的研究。1989 年，回到株洲的丁荣军，受命"啃"下交流传动研究室的第一块硬骨头——开发 1000 千瓦大功率电机交直交实验系统。

事实上，这是一个暂时看不到应用前景的项目。不仅如此，还相当"烧钱"，整个项目烧毁的元器件可以装满一卡车。现在，丁荣军还经常说起这"一卡车的失败"："那时企业销售收入还不到 1 亿元，这一烧就是几百万元啊！"

在短期效益与长期发展的权衡中，丁荣军和株洲所的决策者们毅然选择了后者。丁荣军清晰地记得这个日子：1991 年 3 月 24 日，凌晨 2 时多，他带队开发的 1000 千瓦大功率电机，终于成功转动起来了。5 年后，我国第一台交流传动原型电力机车"AC4000"诞生，国产电力机车电传动发展史迎来了一个新的里程碑。"技术突破带给我的，是攀上一座高峰时的畅快与欣慰。"丁荣军说。

把中国的标准，变成世界的标准

交流传动与网络控制系统是现代机车车辆的"心脏"和"大脑"，直接关系到列车跑得快不快、稳不稳，被称为"机车之芯"。

　　然而在 20 世纪 80 年代，这颗"芯"却仅为国外少数公司掌握。因技术落后，当时我国列车最高时速为 100 公里，而法国高速列车时速已达 300 公里。

　　这让丁荣军心里有了新目标：造出与国际列车比肩的高速列车之"芯"。

　　自 2000 年以后，丁荣军经历了从技术专家到技术管理者，再到企业管理者的角色转变。不管身份如何转换，他都像一个不知疲倦的斗士，带领团队，用坚韧不拔的毅力，扫除了一个又一个障碍。丁荣军和其团队不断突破国外公司的技术封锁与垄断，成功建立起自主先进的牵引传动和控制技术体系、标准，其中传动控制、变流器设计和网络控制 3 个核心技术水平进入国际领先行列。"现在，我们企业的使命不是对标国际标准，而是要把中国的标准变成世界的标准。"

　　2004 年，株洲所作为核心参与者，积极参与中国高速动车组项目的研制。株洲所坚持"两条腿走路"的战略，"一条腿"坚持做好技术引进消化吸收，"一条腿"坚持自主创新不动摇。

　　短短三年中，株洲所先后完成了包括电子生产工艺、结构工艺、系统组装等多项全新工艺技术的引进、掌握和创新，先后实现 116 种材料的国产化。

　　2007 年 4 月 18 日，时速 200 公里以上的国产动车组闪亮登场，从此，中国有了属于自己的高速列车。

　　"科技先导"是丁荣军一直坚持不变的理念。株洲所每年以不低于年销售收入 8% 的巨额资金进行核心技术研发，高科技成果转化率超过 85%，一系列"卡脖子"技术得到突破，其中最耀眼的莫过于构建完全自主知识产权的半导体技术体系。

　　2010 年 12 月 3 日，装载株洲所"机芯"的"CRH380A"，高速试验跑出 486.1 公里最高时速，刷新了世界铁路运营试验最高速。

2014 年，在丁荣军及其团队的不懈努力下，我国第一条功率半导体 IGBT（绝缘栅双极型晶体管）芯片生产线在株洲建成投产，成功研制出国内首片 8 英寸 IGBT 芯片，打造了 IGBT"芯片—模块—系统应用"完整产业链，一举打破国外在功率半导体关键技术领域的垄断，跻身世界领先行列，有力地保障了我国在高速列车、特高压直流输电、新能源、舰船等领域的用芯安全。

2017 年 6 月 26 日，装载株洲所八大子系统的"复兴号"在京沪线双向首发，中国高铁正式迈入具有中国血统的"复兴号"时代。

2021 年 6 月，"复兴号"高原内电双源动车组首次在西藏拉林线上亮相，也标志着"复兴号"列车实现对 31 个省区市全覆盖，而其中的"机芯"技术，就是由丁荣军院士所在的株洲所领衔自主研制的最新成果。

从跟跑、并跑到领跑，株洲所一系列核心技术成果应用到高速动车组等代表世界先进水平的机车车辆上，为我国铁路机车实现从普载到重载、从常速到高速的跨越作出了重大贡献。

（作者：曹娴　姜杨敏）

刘仲华：探寻"黑茶金花"

人物档案

刘仲华，1965 年 3 月生，湖南衡阳人。中国工程院院士，博士生导师。湖南农业大学学术委员会主任、茶学学科带头人，国家植物功能成分利用工程技术研究中心主任，国家茶叶产业技术体系加工研究室主任。多年来潜心茶叶科技攻关，推动了我国茶叶科技进步和茶叶产业的健康快速发展。获国家科技进步奖二等奖 2 项、全国创新争先奖等，被评为湖南省教书育人楷模。

一片树叶，可以成为专业，更可以成为事业。1981 年，刘仲华考入湖南农学院茶学专业，硕士研究生毕业后留校任教，一头扎进茶学的科研和教学工作。他潜心攻关的茶叶功能成分提制技术领跑国际同行，并让安化黑茶享誉国内外。执教 30 余年，他培养了一大批高层次专业技术人才。刘仲华的梦想，是让中国从"茶叶大国"变成"茶叶强国"。

刘仲华（左二）在实验室给学生上课

潜心科研，让茶叶变"金叶"

细数湖南好茶，安化黑茶榜上有名。此茶有 600 多年历史，具有去油腻、调肠胃的作用，曾占据我国边销茶半壁江山。但进入 21 世纪，安化黑茶因外形粗放、储运不便、质量控制不稳等问题，风光不再。

2003 年，在导师施兆鹏的嘱咐下，刘仲华带领研究团队，踏上了用科技推动安化黑茶从"灰姑娘"变成"金凤凰"的复兴之旅。

作为安化黑茶瑰宝之一的茯砖茶，其独特之处在于它有金花。金花即冠突散囊菌，外呈金色有淡香。发花，是茯砖茶加工过程中最关键的工序。传统黑茶主要原料为粗老茶叶，茶梗多，利于发花。如何让没有茶梗的细嫩茶叶也能发花？

2005 年，刘仲华带领科研团队联合益阳茶厂的技术团队，在实验室里泡了无数个日夜，经过无数次失败后，终于找到了最佳温度、湿度和茶叶透气性，让无梗的鲜嫩茶叶也发出了茂密的金花！

随后，刘仲华团队又发明了黑茶诱导调控发花、散茶发花、砖面发花及黑茶品质快速醇化等加工新技术，科学系统地探明了黑茶的健康密码。刘仲华也因此被誉为"黑茶金花之父"。

刘仲华团队研制了系列黑茶加工新设备，实现了黑茶加工的清洁化、机械化和标准化，研制了方便型、功能型、时尚型、高档型黑茶新产品 20 多个，使安化黑茶的年产值从开始的几个亿跃升至现在的 200 多亿。如今安化黑茶，不仅家喻户晓，更是品质的代名词。

他将科研的目光瞄准了茶叶深加工，即把茶叶中的有效物质与活性成分提取出来，应用转化到健康食品、天然药物、功能饮料、天然化妆品中去。这一绿色、安全、高效的技术，就像打开茶叶功能成分利用宝库的钥匙，大大提升了中低档茶叶的附加值和产业效益，扩大了茶叶的消费空间。

茶香也怕巷子深！刘仲华坚持把科技成果更多地应用于生产。他以团队的研究成果为基础创办的湖南金农生物资源股份有限公司，将一款款创新的茶产品，从实验室送进生产车间，从国内推向国外。

如今，中国的茶叶提取物工厂取代日本、德国，成为全球保健食品、功能饮料、化妆品中茶叶功能成分的主要供应商。刘仲华说："如今，我们的茶叶深加工技术与产业化，领跑世界。"

他在全国高校首创植物资源工程专业。2009 年，由他主导的国家植物功能成分利用工程技术研究中心落户湖南农业大学。

扎根讲台，是教师也是偶像

刘仲华不仅醉心科研，也热衷于传道授业。20 世纪 90 年代，一家外企想以诱人的高薪聘请刘仲华担任高级研究员，但他选择了继续留在三尺讲台。他说："为中国的茶产业培养更多专业人才，比个人拿高薪更有价值。"

为了科研，刘仲华总是争分夺秒。他几乎不睡午觉，还经常熬夜。博士研究生周方透露，他对刘老师凌晨两三点回复邮件或发来微信已经习以为常。"老师的敬业精神时刻提醒我，没理由做条'咸鱼'。"

被学生称为"偶像"的刘仲华，打破了人们对农学专家的刻板印象。无论什么时候见到他，他都穿着笔挺的西装或衬衫，皮鞋擦得锃亮。无论前一天他忙到多晚，第二天上课都是精神饱满、声音洪亮。他的课件紧扣时下热点和国际前沿技术，讲解通俗风趣，因此他的课总是座无虚席。

2012 年，因长时间超负荷工作，刘仲华突发脑部疾病而紧急住院。当学生去看望他的时候，他竟然在床上做讲课的课件。后来，刘仲华还从病床上爬起来，偷偷跑到益阳市参加中国湖南·安化黑茶文化节并做主旨演讲。医生说："这个病人简直不要命了。"刘仲华自我解嘲："没办法，茶叶和学生都盼着我出院。"

2019 年，刘仲华当选中国工程院院士，但他依然保持着过去那种夜以继日工作的激情。实践出真知。他要求学生进茶园、进工厂，能品得出茶的好坏，还能做得一手好茶。

尽管刘仲华在农学界声名鹊起，但在他心里，有一位巨人——自己的导师施兆鹏教授。施老已 80 多岁，但仍然保持着每周进一趟实验室的习惯。刘仲华每次看到他，都会起立、鞠躬，道一声"老师好！"这些温暖的瞬间，也在潜移默化地影响着刘仲华的学生。"我们在刘老师身上看到了什么是一日为师终身为父！"学生们说。

刘仲华有一个"大梦想"和一个"小心愿"。大梦想是让中国从"茶叶大国"变成"茶叶强国"，让中国好茶香飘全世界，这个梦想正在不断变成现实；小心愿是能够一觉睡到自然醒。

（作者：邓正可）

詹纯新：科研院所转制先行者

人物档案

詹纯新，1955 年 4 月生，湖南常德人。中联重科创始人，享受国务院政府特殊津贴。他创办并带领中联重科，从一个院办企业成长为拥有千亿资产、综合实力位居全球工程机械行业前五的创新型装备制造企业，成为科研体制改革和国企改革的标杆，推动中国工程机械行业迈向全球高端。获得全国先进工作者、意大利莱昂纳多国际奖、全球工程机械产业贡献奖等多项荣誉。

在湖南长沙银盆岭一条树木掩映的长坡上，坐落着中联科技园。1980 年，詹纯新来到这里，从此与工程机械结缘。40 年间，他先痴迷于技术，从助理工程师一路晋升到研究员、教授级高工；再执着于实业，一手创办的中联重科，踏着时代的节奏，带动中国工程机械产业的勃兴，并出击海外，成为中国高端装备制造业的一面旗帜。

詹纯新

"科技产业化，产业科技化。"

詹纯新中学时的理想，是做一名优秀的工程师。从西北工业大学调到建设部长沙建设机械研究院（以下简称"建机院"），从一名教师成为一名工程师，便是圆了他少年时的梦想。

到建机院以后，詹纯新做了 12 年的技术工作。他醉心于技术，从手工画图到独立承担产品开发设计，再到领衔全行业产品技术统型，詹纯新乐此不疲，成为行业顶尖的技术专家。其间，詹纯新获得过"摆线针轮减速器"等多项专利，多项成果填补行业技术空白。

1992 年，詹纯新 37 岁，一心只想搞技术的他，人生轨迹发生转向。

"有一天，领导突然把我叫去。他说，组织上希望我出任主管科研和产业的副院长。"

既要管科研又要管创收，这个副院长不好当。建机院的研发成果培育了中国上百家企业。但进入 20 世纪 90 年代后，处于市场经济与计划经济夹缝中的建机院，只靠卖图纸、转让技术过活。

"我们不能捧着金饭碗要饭吃。" 1992 年，詹纯新带领 7 名技术人员，借款 50 万元创立了院办企业——中联建设机械产业公司（中联重科前身），开始探索科研院所市场化之路。

仅用一年时间，詹纯新与同事研制出了第一台自主品牌、自主知识产权的混凝土输送泵。研发的产品适销对路，企业利润实现几何级增长。至 1996 年，公司创利税已达 4200 万元。

此时，詹纯新提出"科技产业化，产业科技化"的命题，不仅为市场大潮冲击下的科研院所的科技成果转化找到一条出路，而且让科研院所有能力继续承担引领行业技术进步的国家队责任。

中联重科以建机院为技术依托，释放出强大的创新力量，彻底改变了科研与产业的割裂，形成科技促进产业、产业反哺科研的良性循环。

随着中联重科的快速成长，建机院下属机构和人员越来越多地并入中联重科。詹纯新发现，年轻的中联重科面临着被旧体制同化的危险：论资排辈、因人设岗、平均主义等几十年累积的体制弊端也逐步滋生和蔓延。

"科技体制改革绝不能是少了一个计划经济体制下传统的国有科研院所，多了一个传统的国有企业。"詹纯新在探索中持续深化体制改革。

1999 年中联重科完成股份制改造，2000 年实现 A 股上市；

2005 年建机院启动改制，2007 年实现整体上市；

2010 年登陆港交所，实现资本国际化……

随着改制"三部曲"完成，中联重科成为多元股权的混合所有制企业。科技部原部长朱丽兰多次盛赞中联重科为"科技体制改革的成功典范"。

"科技产业化"释放了巨大的能量。自 2000 年上市以来，中联重科总股本增长 86 倍，净资产增长 420 倍，国有资产比中联重科创立时最高增值 1097 倍。

"产业科技化"的责任也愈发彰显。中国工程机械产业在开放竞争的环境中直面国际巨头，越战越勇。以混凝土机械为例，以中联重科为代表的中国品牌，在短短十几年的时间里，将国内市场份额从 5% 提升到 95% 以上。

"不在中国争地位，要为中国争地位。"

2011 年 1 月 25 日，因收购意大利 CIFA 公司并实现互利双赢，时任意大利总统纳波利塔诺亲自为詹纯新颁发 2010 年莱昂纳多国际奖。这是该奖项自 1993 年设立以来第一次颁发给中国企业家。

2001 年，詹纯新第一次去 CIFA 公司，希望从这家全球第三大混凝土机械制造商手里采购一些核心零部件。那时候，他看到的是中国企业与外国企业的巨大差距。

7 年后，中联重科跨出国门将 CIFA 公司收入囊中。如今，凭借着"包容、责任、规则、共创、共享"五项共识，中联重科与并购的 6 家海外企业实现了深度协同。

在 2022 年全国两会"委员通道"接受采访时，詹纯新说，并购后对这些企业没有裁员、没有更换管理层，甚至没有派出一个管理者，但是大到企业战略，小到文具纸张成本，都纳入到了统一的管理体系之中，企业运行有序、规范。

融合、协同的背后，是詹纯新带领中联重科对"技术是根、产品是本"的极致坚守。别人不愿投入的基础性共性技术研究，中联重科视之为行业技术持续进步的生命力；别人不敢问津的高端技术，中联重科为行业树立起新标杆。

中联重科先后主持或参与制定了国家和行业标准400余项，累计申请专利近13000件，有效发明专利数量位居机械设备行业第一，综合实力位居全球工程机械企业第5位。不仅成功研制最长臂架泵车、最大吨米塔机、最大起重机等一大批世界标志性产品，更在新一轮科技革命的浪潮中，加速引领新数字、新能源、新材料的行业变革。

"过去我们代表行业制定国内标准，现在我们代表中国制定国际标准！"詹纯新说，"中联重科，不在中国争地位，要为中国争地位。"

2012年，国际标准化组织起重机技术委员会（ISO/TC96）秘书处正式落户中联重科。时至今日，中联重科已累计主导和参与发布了9项国际标准，大大提升了中国工程机械国际市场规则制定的话语权。

詹纯新说，做企业就像滚石上山，只要一松手，石头就会滚下去，因此，要以不松劲的精神去干事创业、不辱使命。

在詹纯新的规划下，中联重科正在以中联智慧产业城为核心，同步打造全球14个灯塔工厂。通过全面的智能化、数字化、绿色化升级，为中国的先进制造业打造一个世界级高地。

（作者：黄利飞）

何清华：气概壮"山河"

人物档案

何清华，1946年3月生，湖南岳阳人。山河智能装备股份有限公司名誉董事长、首席专家。国家认定企业技术中心主任，中南大学教授、博士生导师。1999年，何清华创办长沙山河工程机械有限公司，如今已发展成国内地下工程装备龙头企业，位居全球工程企业50强。获得国家科技进步奖二等奖、湖南省科学技术杰出贡献奖、湖南光召科技奖等荣誉。

何清华的人生上半场充满励志色彩：下乡当知青，进厂当工人，没机会读大学，自学考取研究生，留校任教，当教授、搞科研。但他的人生下半场更精彩：53岁创办山河智能，20年间，将其从一个默默无闻的小公司，变为全球工程机械制造商50强。

何清华（右）在挖掘机智能装配生产线与员工交流

与工程机械打交道50年，53岁创业办公司

"我是伴随着共和国的发展而成长的，山河智能的快速发展，也是借助国家快速发展的大环境。"这既是何清华内心的深情告白，也是他人生轨迹的真实写照。

1969年，何清华作为知青插队到益阳泞湖公社农机厂。正是在这里，他与机械设备结下了不解之缘。

"碾米机、打稻机、插秧机，车、钳、刨、铣、电焊，我对一切都感兴趣，机械对我有着无穷的吸引力。"爱钻研的何清华很快掌握了开拖拉机等相关技术，摸索着自制了立铣头、双端面铣床、插秧机等机具，成了厂里的技术顶梁柱、当地农民眼中"什么都会修"的贴心"小何师傅"。

1977年末，改革开放的春风开始萌动，全国恢复高考。一直坚持自学的何清华抓住了机会。1980年，只有高中学历的何清华成了中南矿冶学院机械学科第一位研究生，数学成绩是满分。

4年后，何清华留校任教，由于科研成果多，很快又破格晋升为副教授、教授。他将学校一个仅3个人、半间房的课题组，建成了专业上颇有建树的智能机械研究所，并创建了工程装备设计与控制学科。

何清华创立的液压静力压桩机准恒功率设计理论和方法，获得国家科技进步二等奖。在科技成果转化过程中，合作的企业始终不能令他满意。最终，何清华决定自己干。

"在机械教学科研领域潜心15年，最让我揪心的是很多科研成果不能转化为生产力，不能为国家服务。"何清华说，国家社会经济的发展需要新技术更需要新产品，纸上谈兵搞不得。

1999年，何清华筹资50万元，租下一处闲置厂房，购买了一些二手设备，办起了公司——长沙山河工程机械有限公司（山河智能的前身）。后来谈及公司命名的时候，何清华解释说，自己非常喜欢高山和大河，平时爱爬山、游泳，而且"山河"二字还蕴含着重视创新研发、立足长远的内涵。

中国的挖掘机市场潜力巨大，但当时美国的卡特、日本的小松等外资品牌在市场上"大行其道"。何清华认为，关键核心技术必须牢牢掌握在自己手中。由于公司厂房和设备等无法支撑大型挖掘机的研发，只好先从小型挖掘机入手。

很快，公司的第一款"SWE45型"挖掘机上市，随后智能挖掘机、油电混合动力挖掘机、液压混合动力挖掘机等各式挖掘机相继上市。

从在长沙观沙岭工业园租赁厂房，到整体搬迁至长沙县星沙园区，公司在短短几年里研制出国内最早的模具化智造的挖掘机驾驶室，成为国内首家突破挖掘机液压缸制造门槛的企业，并于 2006 年在深圳证交所上市。山河智能就这样生根发芽，逐步壮大。

"先导式创新"，带领山河智能走向快速腾飞

"创新始终是我的兴趣和擅长。"何清华在多个场合提到。

在何清华的率领下，山河智能走"先导式创新"之路，聚焦装备制造，短短 20 年间实现跨越式发展，成为国内工程机械龙头企业之一。

科技创新听起来很深奥，但其实并不神秘。关键是要专心、专注、专业，在灵感出现的一瞬间，及时捕捉住它。

公司初创不久，为解决华东市场薄壁管桩压桩施工出现的容易碎桩、破桩难题，何清华无时无刻不在思考。在一次去杭州出差的火车上，何清华突然想到，人们手握鸡蛋时，受力面越大、越均匀，鸡蛋越不容易破裂，那么何不将夹桩设备与桩壁的接触点从 4 个增加到 8 个、16 个呢？再加上运用锲块增压原理，何清华创造发明了多点均压装置，从根本上解决了碎桩、破桩技术难题，并获得了 2001 年专利优秀奖。

因为工作需要，何清华很多时间都在火车、飞机上度过。但这并不影响他思考问题，旅途其实也是一种放松。在这种放松的氛围中，他常常能顿悟出很多技术创新的灵感。

如今，何清华仍然是山河智能的首席专家，办公室至今仍然设在研发中心。只要不出差，他必定要到公司的生产车间转一转。他把握公司产品研发的战略方向，亲自对公司研发人员提出的新技术、新概

念进行把关。在出差的飞机上，何清华会忍不住拿起笔来画设计图。到目前为止，他亲自动手绘图上万张，获得授权专利超过300项。令何清华欣慰的是，公司一批80后、90后研发力量正在成长起来，成为山河智能"先导式创新"的力量源泉。

现在，山河智能进入全球工程机械制造商50强、全球支线飞机租赁企业3强，产品出口全球100多个国家，为中国工程机械行业的创新发展贡献了不可低估的力量。

2020年9月17日，习近平总书记在湖南考察时，冒雨来到山河智能，察看生产线和产品展示，了解技术研发、生产制造、销售经营情况。听说企业成功研发200多种具有自主知识产权和核心竞争力的装备产品，总书记高兴地对企业员工说："创新是企业经营最重要的品质，也是今后我们爬坡过坎必须要做到的。关键核心技术必须牢牢掌握在我们自己手中，制造业也一定要抓在我们自己手里。"

"总书记来公司考察调研，极大鼓舞了山河智能全体员工的士气。"何清华说，"未来的山河智能将成为国内外更具影响力的工程机械企业，在中国工程机械版图扮演更重要的角色。"

（作者：杨佳俊）

周群飞：从打工妹到"全球手机玻璃大王"

人物档案

周群飞，1970年7月生，湖南湘乡人。蓝思科技创始人，现任蓝思科技董事长。从事玻璃制造30余年，自主创新特种玻璃加工生产工艺，从加工手表玻璃起家，成为"全球手机玻璃大王"。曾入选全球最具影响力女性榜、改革开放40年百名杰出民营企业家名单。

一块小小的玻璃，凝结了她多少心血汗水；一次次成功背后，饱含了她多少辛酸委屈。艰难困苦、厚积薄发，一步一步累积出一个强大的"手机玻璃王国"，跻身行业"顶流"。从打工妹到中国内地女首富，她令人刮目相看。

周群飞

"打工妹"毛遂自荐，闯出一片新天地

1970 年，周群飞出生在湖南湘乡的一个小山村。20 世纪 80 年代末期，周群飞随打工大军南下深圳，在一家手表玻璃加工厂打工。

1990 年，一个发展机会出现在 20 岁的周群飞面前。当时，她所在的加工厂扩建，但厂房建到一半停工了，老板准备撤资。

周群飞找到老板，毛遂自荐："继续做，成了，工资随你定；失败了，我给你打一辈子工。"

看着眼前这个瘦弱的女子，老板有些怀疑其能力；但看到她坚毅的眼神，老板想，与其让工厂半途而废，不如交给她试一下。

工厂投产后，主要业务是为手表玻璃印字和图案。周群飞将平时自学掌握的丝网印刷技术，创造性地应用到生产中，效果非常好。很快，这个工厂在周群飞手上做起来了，成为公司效益最好的厂。

但烦恼也接踵而至。"老板安排很多亲戚到厂里，我不好管也管不了；公司其他两个厂效益远不如我负责的厂，他们联合起来排挤、打压我。"看不到前途的周群飞选择独立创业。

1993 年 3 月 18 日，周群飞至今清晰地记得这个日子。这一天，周群飞和姐姐、姐夫、哥哥、嫂子、三个堂姐妹，在深圳宝安区租了套三室一厅的民房，靠两万元启动资金，开始了创业之路，"搞的还是丝网印刷"。

创业是艰辛的。一套三居室，主卧室睡女的，小卧室睡男的，客厅就是印刷、成品检验及包装车间。吃住、工作，都在这个套间里。"哥哥帮忙做工装夹具，姐夫负责镀膜，姐姐负责包装和成品检验，堂妹负责丝印和质量检验。大家每天忙到凌晨两三点。"

1997 年，亚洲金融危机席卷而来。恰恰是这场危机，给了周群飞机遇。

"港台的一些客户付不起加工费，便将他们的旧设备抵债给我。这些设备，正是手表玻璃加工产业链上的重要设备。"周群飞抓住机会，再出资购买了几台研磨机、仿形机，在宝安区另找了一个小厂房，将玻璃切割、修边、抛光、丝印、镀膜等工艺打通，形成手表玻璃加工完整的生产线。周群飞也从单纯为手表玻璃进行丝网印刷，升级为手表玻璃供应商。

谁也没想到，一次偶然的聚餐，给周群飞的事业拓展出一片全新天地，并由此开启了一场影响深远的产业变革——全球视窗玻璃产业到来。

2001 年的一天，雷地公司老板接到了 TCL 公司一批翻盖手机面板的订单。兴奋之余，雷地公司老板叫来周群飞等几个朋友聚餐。餐桌上，周群飞获得手机面板商机。

周群飞尝试将其掌握的手表玻璃工艺运用到手机面板生产上，也就是用玻璃屏取代当时流行的有机玻璃屏，并一举成功。"最先使用我们玻璃屏的手机是TCL3188。"周群飞记忆犹新。

国内的中兴、熊猫、康佳等品牌紧跟其后，纷纷采用玻璃屏。国际品牌中的少量高端手机也开始导入玻璃屏。自此，手机屏幕开始全面向玻璃屏升级换代，并延伸到其他电子产品的视窗屏幕。

在绝境中崛起，成就"手机玻璃大王"

2003年，周群飞以技术和设备入股与人合伙，在深圳成立蓝思科技公司，专注手机防护视窗玻璃的研发、生产和销售。

然而，视窗玻璃这条路起步并不顺。

第一年，一切在摸索中，市场前景并不明朗，效益也不理想，合伙人全部撤资。恰在此时，摩托罗拉主动找到蓝思科技，欲采购其玻璃屏。但要求玻璃屏在一定高度跌落后不会破碎；手机在使用中，如果玻璃破碎也不会伤人。

"改善玻璃性能，无外乎合理调配配方，精准掌握溶剂浓度、离子交换温度和时间。"周群飞凭借在玻璃加工行业积累的经验，与技术人员经过三天三夜的反复试验，终于做出了样品，获得摩托罗拉认可。

岂料，订单刚接下，麻烦也来了。生产手机屏的玻璃原料，是当时一家日本企业提供的。而这家日本企业与蓝思科技的竞争对手私交甚好，两家联手打压蓝思科技。

当时摩托罗拉要货很急，合作伙伴又撤资了，日本客商还要求先打款再发货。无奈之下，周群飞只得将自家房子贱卖，用来交货款、发工资。

"最可恼的是，日本客商收了钱仍然不发货。"眼看着交货期临近，而原料还没着落，周群飞急了，追到香港找日本客商救急，但无结果。

"房子贱卖后，家没有了；原材料断供，工厂也办不下去了。可客户正坐在工厂等货，员工也盼着我带回好消息。当时在香港红磡火车站，有那么一瞬间我真想跳轨算了。"就在周群飞极度无助时，接到了女儿的电话："妈妈，你什么时候回家吃饭？"

"猛然间，我醒悟过来。我是一个孩子的母亲、是丈夫的妻子、是上千名员工的老板，我必须回去！"二话不说，周群飞毅然踏上回深圳的火车。

如何弄到玻璃原料，得赶紧想招。情急之下，蓝思科技从瑞士厂商弄到了另外一种玻璃原材料，替代后获得客户认可。

很快，众多国际知名手机品牌纷纷找上门来，选择与蓝思科技合作。

2006 年，蓝思科技顺应产业转移的趋势，回到湖南发展，在浏阳建厂。随后，周群飞在浏阳注册成立蓝思科技股份有限公司，并将蓝思科技总部放在浏阳。

这些年，蓝思科技的事业在湖南得到飞速发展，产品从手机玻璃面板向平板电脑、手提电脑、台式电脑等系列消费类电子产品延伸。近年来，公司又进军新能源汽车功能结构件、光伏产品领域。如今，蓝思科技已成为全球触控功能玻璃面板最大的供应商。周群飞也成了当之无愧的"全球手机玻璃大王"。

（作者：李伟锋）

胡子敬：商海"弄潮儿"

人物档案

胡子敬，1950年6月生，湖南汨罗人。湖南友谊阿波罗商业股份有限公司董事长、总裁、党委书记。他主动参与国企改革，让商业企业走向市场。获得国家级企业管理现代化创新成果一等奖，享受国务院政府特殊津贴。荣获全国劳动模范、中国商业十大科技创新人物等称号。

友谊商店，是不少湖南人望向城市繁华的第一扇窗口。人们津津乐道这个有40多年历史的商场，但述说最多的，是胡子敬接手后力挽狂澜，一改颓势的精彩故事。

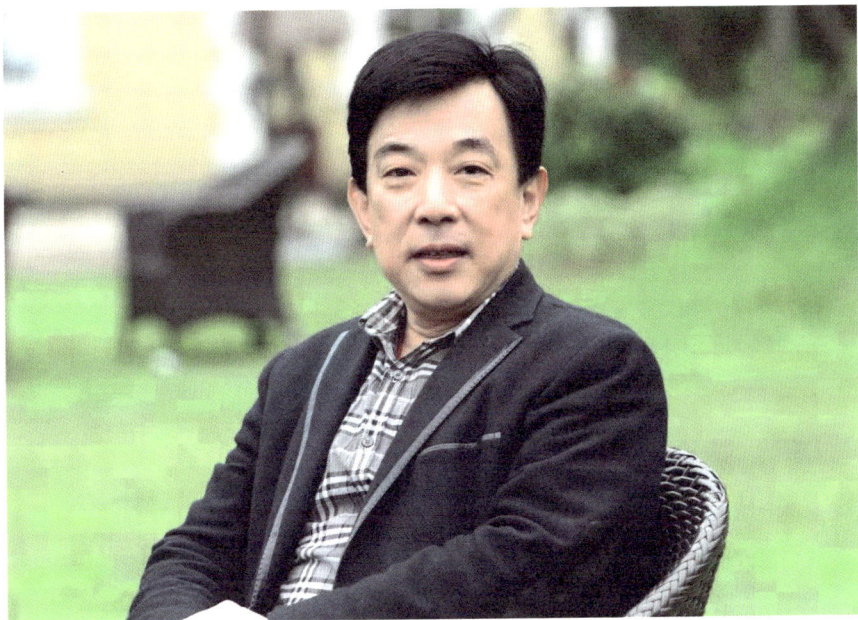

胡子敬

板车工挤进长沙"五虎"

胡子敬的母亲是营业员。小胡子敬不明白，为什么母亲白天对顾客笑脸相迎，回家对他却"横眉冷对"，这让他暗下决心：绝不碰商业。

长大一些后，他看到母亲在工作中的细心：为让售卖的拉链更顺畅，上班前她细心用蜡烛擦拭；当时的鞋子楦头由钉子固定，为避免顾客试鞋扎脚，每到一批鞋，她先用手探入鞋内确认……

"当时国家统一发工资，做多做少都一样，但母亲总能为顾客多想一点、多做一点。顾客从母亲的柜台买完东西离开，总是笑意盈盈。"胡子敬回忆，"我的'商业基因'，应该就来自我母亲。"

母亲退休后，在沅江当了 6 年知青的胡子敬接替母亲，上班工作了。"多想一点、多做一点"，是他从母亲那里学到的商业法则。

在长沙市人民鞋店，胡子敬是一名负责搬运货物的板车工。别人拖两车，胡子敬"多做一点"，拖 6 车，还让货票员把出货单都开好，节省大量时间。

低头拖货时，"多想一点"。胡子敬发现，穿圆口布鞋的人多，于是向经理建议多调货。结果圆口布鞋卖到脱销，门店当年因此多赚了 1 万多元。

闲暇时间，年轻的板车工闲不住，兼职店里的美工，给店里做布置装潢。后来，他每天还站两个小时柜台。

肯干肯想的胡子敬，很快被调去做采购员，独当一面跑业务。

1989 年 12 月 27 日，39 岁的胡子敬被推向更大的商业舞台——出任长沙友谊商店总经理。

胡子敬接手的友谊商店是个烂摊子，当时有媒体这样报道：胡子敬接手友谊商店，发现局面一塌糊涂，账户几乎没有一分钱，却要养600 多人。

到商店转了一圈，货架空空如也，一问，回答"没得货"。胡子敬想：逢年过节，货涨三分，营业额上不上得去，在此一举！

员工们等着新负责人来训话，胡子敬却不敢耽误一天。上任第二天，他揣着从银行借来的 200 万元，带着一帮业务员，踏上了前往深圳的列车。

寻货、看样、砍价、签合同、打包托运……这位新上任的总经理迅速为商店备足了年货。

首战告捷，春节过后，友谊商店账上有了 47 万元利润，一改颓势，最终在 1992 年跻身长沙"五虎"。

"当时讲商业'五虎'，我们是最小的'虎'，还是勉强挤进去的。"胡子敬说，当年的"五虎"，评判标准是商店年销售额过亿元。

为了错位竞争，胡子敬想出这么一句广告词：友谊购精品，精品在友谊。

定位高端、精品、优质，友谊商店重新开业，上架当时的进口奢侈品，还第一次在湖南商场里装上了自动扶梯，这让顾客们感觉很是新潮。以前一天不过 20 多万元销售额，开业当天 1 小时卖了 150 多万元。

最小的"老虎"开始发力：1992 年，销售额 1.4 亿元；1993 年，销售额 3.7 亿元，仅 1 年时间，友谊商店便成为当时最大的"老虎"，也是当年"五虎"中体量最大、兴旺时间最长的。

50 多年商海蹚出新路

"从长沙市人民鞋店到友谊商店，我在长沙零售史上开创了几十个先例。"胡子敬得意地说。

胡子敬所言非虚。创新求变，让他在湖南乃至中国零售业中蹚出一条新路。

1999 年，中共中央出台《关于国有企业改革和发展若干重大问题的决定》，胡子敬从政策文件中"嗅"到了先机。

胡子敬"抢来"一个名额，主动参与国企改革。2000 年，友谊和阿波罗联姻，组建湖南友谊阿波罗股份有限公司。一个新的商业航母正式成型，友阿成为全国成功实现国企改革的第一家商业企业。

他首创的"经营管理一体化"模式，被清华大学管理学院搬进课堂。"进销分离、统一管理"管理模式被评为第十届国家级企业管理现代化创新成果一等奖。胡子敬在湖南商圈的地位就此确立，但他并未停下改革创新的步伐，持续扩张商业版图。

2000 年，胡子敬创建了 21000 平方米的大超市家润多。从此，湖南人有了第一家大型生活超市。

2010 年，胡子敬在长沙首次引进奥特莱斯业态。

"中国的发展太不容易了，过去买米要粮票、吃肉要肉票，买盒火柴都需要火柴票……是改革开放激活了中国人的动力。"胡子敬不由感叹。

近 10 年来，面对电商巨头的围攻，商业综合体遇到了前所未有的冲击。胡子敬心里明镜似的，正面迎战，开始布局自己的电商平台。

2014 年，友阿云商横空出世——新零售平台"友阿购"、跨境电商平台"友阿海外购"、大众创业社交平台"友阿微店"……友阿步步紧跟"互联网+"风头。

2020 年，古稀之年的胡子敬，依然对新事物敞开胸襟。

"各位直播间粉丝大家好，我是友阿股份董事长胡子敬。"2020 年 7 月 18 日，面对镜头，胡子敬满脸笑意，跟网友们热情地打招呼。

面对疫情，胡子敬化身"胡老板"，打造《胡老板的会客厅》，请来各路商业大咖，加入如火如荼的直播带货中。首场直播，带货 1100 万元。

他告诉记者，不断创新和超强的适应能力，是企业管理者的必备素质。

"疫情之下，跨境电商是新风头，再加上湖南自贸试验区获批，正是探索新业态的好时机。"2021 年底，友阿"跨境荟"跨境电商新零售项目在长沙自贸临空区进出口商品展示交易中心签约。胡子敬向记者介绍友阿集团的这一新项目时，信心满满。

商海弄潮 50 多年，胡子敬从未停下脚步。

（作者：黄婷婷）

王填：零售业"先行者"

人物档案

王填，1968 年 2 月生，湖南湘乡人。步步高集团创始人、董事长，全国人大代表，全国工商联第十二届执委会常委。他创立了湖南步步高连锁超市，数次开创零售新业态。入选中国改革开放 40 年百名杰出民营企业家名单，获得全国劳动模范等荣誉称号。

从湘潭一隅的超市门店，快速发展为湖南零售业的领跑者，步步高的崛起跟企业掌门人王填息息相关。王填商业嗅觉敏锐，数次开创零售新业态。在争当零售业"先行者"的同时，他也将企业家的社会责任感牢牢扛在肩上。

王填

放牛娃的生意经

王填出生在湘乡市仁厚乡三迁村，本名王立希，寓意"树立希望"。父母希望他通过念书改变命运，走出农村。

小时候的王立希是个放牛娃。读小学时，清晨听到广播放《东方红》便起床放牛，听到广播放出另一首轻快乐曲，就回家吃饭、上学。

多年后，王立希终于回想起来，那首"喊他回家吃饭"的乐曲，是广东民间乐曲《步步高》。

后来，王立希改名王填，1995 年在湘潭市解放南路开了一家超市，名字就叫步步高。这个放牛娃，凭着自己敏锐的商业头脑，事业步步登高。开放货架、自选商品的同时，步步高商品售价比国有商店足足便宜 10% 以上，很快接连开了 4 家连锁店。

效仿商家多了，1998 年，王填再当“先行者”。从广州、深圳考察回来，他将原计划做仓库的场地，开了家 2000 多平方米的量贩店，更快、更准确地处理货物进销信息，再次创造湘潭商业奇迹。

“开业当天关了三次门，顾客要分批进。我站在人字梯上面做疏导员，忙得一天没吃饭。”提到第一家量贩店开业的火热场景，王填妻子张海霞记忆犹新。

在此之前，湖南没有量贩超市，不少人还会将“量贩”错念成“量板”。王填瞅准湘潭几处好“码头”，量贩店一个接一个开，生意都出奇地好。消费者逐步接受了这个新业态，也记住了“步步高”这个名字。这一年，“羽翼渐丰”的步步高走出湘潭，开始实行“农村包围城市”的发展战略。王填将商业触角伸向株洲、常德、岳阳等周边城市。

随着 2000 年的到来，王填注意到，消费者在购买服装、化妆品、日用品等商品时，不仅关注价格，还开始关注品牌。王填产生了大胆的想法，将当时日渐式微的国有百货商店模式和大卖场相结合，开一家 28000 平方米的综合购物广场。

公司董事会成员一致反对：“项目投资巨大，一旦失败，多年心血将付诸东流。”性格温和的王填这次却异常坚持，商机转瞬即逝，必须抓住不可。2001 年，王填的坚持，将步步高推上发展快车道。次年，步步高门店达到 27 家，销售额突破 10 亿元，一跃成为湖南最大的连锁企业,跻身全国连锁百强企业,排名第 56 位。

王填和步步高这支“零售湘军”，开始显山露水。

抢滩省会长沙、上市成为中国“民营超市第一股”、进军电商、收购家润多、开启数字化转型之路……王填用 27 年的时间，带领步步高，从一家超市门店，成长为拥有超市、便利店、购物中心、商业综合体、物流运输等多业态的商业集团。

目前，步步高拥有近 700 家多业态实体门店，遍布湘、赣、桂、川等省份；近年来，步步高转型为线上线下融合的智慧零售企业，目前拥有数字化会员超 3500 万。

"人大代表"的责任心

21 世纪初，本土零售业一步一个脚印，家乐福、沃尔玛等外资超市巨头，也相继落子湖南。

世界零售业外资巨头凭借规模、资金、实力等优势，采取各种手段挤压本土企业。实力弱小的本土企业却因缺少资金与政策支持，生存举步维艰。王填看在眼里，急在心里：这样下去，国际商业大鳄必然迅速占领流通业主渠道，本土流通业企业将无路可走！

2003 年，35 岁的王填当选为全国人大代表，他决定为当时有着 6000 万从业人员的本土零售业做点什么。

他组织 15 位专家，耗时 1 年，编写《商业大店法（草案）》，建议国家"规范商业网点设施建设的立法"，在社会上引起极大反响。王填成了"大店法名人"，荣登 2004 年中国连锁业年度人物榜首。

"我当全国人大代表，不是为了个人荣誉，而是为了立足本行，为国内商业秩序的不断规范和商业环境的不断改善出一把力。"王填说。

电商崛起后，王填提交的议案，开始与电商有关。

"电商公平纳税，到了必须实际解决的阶段，以便营造实体和电商公平竞争的环境。"2017 年，王填呼吁。在他看来，电商增速快，但严重冲击、挤压了实体零售，其中有技术进步的推动作用，但更多的与不正当竞争有关，特别是与逃避税收、低价倾销等有关联。

在王填的持续参与和中国连锁经营协会的共同推动下，2018年，《中华人民共和国电子商务法》正式颁布，对线上线下零售环境的健康发展具有关键意义。

2022年全国两会，王填又准备了多份建议。这次，他将目光投向乡村振兴，提出村企合作壮大集体经济、助推农村共同富裕。

除了不断为中国经济和民生发声，为企业争取更公平的生存环境，王填更带领步步高，直接参与到经济和民生建设中。

2008年冰灾，王填向社会承诺，步步高"坚决保证敞开供应，不断货、不缺货"，并呼吁湖南全省商界"保证物资供应、平抑市场物价"。

2016年，步步高成立扶贫管理部，启动"点石计划"。次年，在十八洞村投资3000余万元，建设十八洞村山泉水厂，每年给村民保底分红50万元。

新冠肺炎疫情之下，王填紧急调度，不惜成本，保供应、平物价、保民生、稳就业……20多年来，步步高累计为社会捐款超过1.75亿元，被评为"湖南省爱心企业"。

（作者：黄婷婷）

陈代富：冷钢"不冷"的传奇

人物档案

陈代富，1952年2月生，湖南新化人。湖南博长控股集团有限公司、冷水江钢铁有限责任公司党委书记、董事长。陈代富带领作为国有老钢铁企业的冷钢，以改革的阵痛换来企业的重生，走上了高质量跨越式发展之路，成就了冷钢"不冷"的传奇。被授予全国优秀共产党员称号。

陈代富大胆推进企业改制，用3年的时间让工厂扭亏为盈。2003年到2008年，冷水江钢铁有限责任公司（以下简称"冷钢"）产量实现了30万吨向300万吨的飞跃。2008年，陈代富成立了湖南博长控股集团有限公司，没有引进战略投资者，没有大股东加持，工厂员工以工龄折算成股本，员工有了"企业员工"和"企业股东"双重身份，鼓足了干劲，奔向共同富裕的大道。

陈代富在车间检查产品质量

国有老钢铁厂绝地重生

冷钢始建立于1958年，这个国有老钢铁厂度过了改革的阵痛期，走上今天的"共创共享共有共富"发展大道。人们说，这离不开陈代富这位爱厂如命的带头人。

1971年，19岁的陈代富成为冷钢一名工人，凭着其优异的表现，1992年成长为副厂长。1999年，连续多年的负债让工厂濒临破产倒闭。这年8月，陈代富离开工作28年的冷钢，另谋出路。当年11月，离开仅两个多月的他又被"请"了回来，接任冷钢厂长一职。让这个国有老厂"活"下去，让一起拼搏奋斗的员工们"有饭吃"，成了当时陈代富最大的愿望。

没有焦炭，炉子冒不了烟，何来生产？陈代富依旧记得当年找焦炭四处碰壁的艰难。好在功夫不负有心人，武汉焦炭厂的一位负责人说，有 120 吨焦炭第二天就可起运，叫他马上来办理手续。

当时冷水江到武汉，没有高速公路，更没有高铁。货不等人！陈代富带着司机当天下午 5 点就火速出发，两人在黑夜里马不停蹄、一路奔驰，终于在第二天上午 9 点赶到武汉。

120 吨焦炭运回来了，高炉里冒出青烟，钢花四溅，生产恢复了。各个生产组成立了突击队，日夜奋战，冷钢被"舍命"的陈代富救了回来。这段记忆让陈代富终生难忘，也鞭策他永不言败。

大胆改革让企业跻身"中国 500 强"

在党和政府支持下，陈代富大胆推进企业改制，尝试投资主体多元化，吸纳职工入股融资，用 3 年的时间让工厂扭亏为盈。2003 年到 2008 年，冷钢年钢铁产量实现了 30 万吨向 300 万吨的飞跃。

2008 年，在陈代富带领下，冷钢大力改制，对旗下所有公司进行重组，成立了湖南博长控股集团有限公司。没有引进战略投资者，没有大股东加持，工厂员工以工龄折算成股本，员工有了"企业员工"和"企业股东"双重身份，这让员工们一下鼓足了干劲，为企业发展注入了强劲动力。

改制成功后，冷钢沿着钢铁产业链，向两端延伸，由此发展，冷钢形成了炼铁、炼钢、热轧等一整套及配套现代化生产工艺流程的产业链条。到 2020 年，公司全年销售收入 606 亿元，上缴税金 6.5 亿元，实现利润 4.5 亿元，员工年人均工资加股份分红超过 10 万元。一个老牌钢铁厂置之死地而后生，重新焕发出勃勃生机。

冷钢成功之后，却依然坚持勤俭兴厂。

"办公室不直接产生效益，花钱不能大手大脚。"冷钢没有办公楼，办公就沿用工厂建于 20 世纪 80 年代的招待所，如今已斑驳陈旧。陈代富的办公室，陈设简单甚至有些破旧。陈代富说："忆苦才能思甜。"精简管理人员，在生产中提倡节约，陈代富带头勤俭节约，换来了企业的丰产盈收。

如今，冷钢已连续 14 年跻身"中国企业 500 强"，22 年累计纳税近 90 亿元，一跃成为行业排头兵。

"共有共富"让职工幸福感倍增

在博长控股，员工有两种身份——员工和股东。大家有两个收入来源——工资和股利。

冷钢年产 50 万吨的轧材工程就是一个在全厂内公开筹集股份建成的职工共有的工程，职工自愿入股人数 5000 多人，股金 4180 万元。当时，尝试投资主体多元化的企业家在省内尚不多见。

2008 年，世界金融危机不期而至。当危机初露端倪时，博长控股果断实行了"降价、提质、空库、减耗、限产"等一系列应对策略。当年实现"不裁员工，不少薪酬，不欠税收"，让职工看到了企业的顽强生命力。

陈代富让 2 万多冷钢人切身体会到，生活在冷钢是幸福的，身为冷钢人是自豪的。

绿色嬗变，建最清洁的钢铁厂，保护好碧水蓝天，营造良好的生产生活环境。近年来，冷钢先后投入 12 亿元，改造、兴建了环保项目 60 余项，建成了环保设施 82 台（套）。

在陈代富的积极倡导下，如今企业内纸张双面打印、步行上下班、少用空调等新理念已深入人心。

冷钢还投入 6000 多万元专用于厂区绿化，工厂绿化覆盖率为 48.98%。如今步入冷钢，抬头见绿，移步换景，四季如春，一个美丽如画、宜居宜业的新冷钢展现在人们的眼前。

（作者：沙兆华）

吴飞驰：致力于振兴民族医药

人物档案

吴飞驰，1962年11月生，湖南邵阳人。湖南正清制药集团股份有限公司董事长兼总裁、中国中药协会副会长、全国医药行业优秀企业家、享受国务院政府特殊津贴。他扎根中医药产业40余年，为振兴中医药产业作出了重要贡献。获得第九届发明创业奖·人物奖、全国五一劳动奖章、全国中医药系统先进个人等荣誉。

潜心学术，醉心科研，他是第九届"发明创业奖·人物奖"获得者。沉浮商海，骁勇善"战"，他将一家资不抵债的小作坊，发展成为一家中医药细分领域的龙头企业。他怀揣产业报国理想，与业界同人一起扛起中医药复兴大旗，始终致力于让中医药"屹立东方，迈向全球"。他扎根湘西怀化30年，致力于振兴民族医药，成功研发世界级单体中药正清风痛宁，闯出了一条中医药高质量发展之路。

吴飞驰（右）在湖南中医药大学刘良院士专家工作站·青风藤研究院（长沙）

立志振兴民族医药

一张药方、几味中药、熬上两碗，药到病除。打小，吴飞驰就见识了中医药的厉害。

为何这么神奇？没有人能给他满意的答案。

带着疑问，他高考后成为广东医药学院第一批医学生。五年潜心学习不够，他本科毕业后继续赴广州医学院深造。

对中医药的数年钻研，更让他觉得，这些深埋于民间、世代相传的验方单方，蕴含着独特的光芒，是中华民族生活智慧沉淀的宝藏。然而，现实却刺痛他的心：中医药因技术、产品等各种原因，在全球医药市场上仅占不到 5% 的份额；中国作为中医药的发源地，却成为日本、韩国等邻国的中药材初加工厂！

"振兴民族中医药！"26岁刚从学校毕业的吴飞驰想做的，不仅仅是将中医药的宝藏挖掘出来，使其发挥更大的效用，更想将这一国粹发扬光大，闪耀世界。

振兴中医药事业，路在何方？当时在广州白云山制药集团主攻新药研发的吴飞驰，困惑不已。同学笑他"想得太多"，同事劝他"先把手头的事做好"。

机遇不期而至。1992年12月，白云山制药集团北上，与原怀化地区制药二厂"联姻"，成立广州白云山制药总厂怀化分厂。

怀化位于湖南大湘西地区，山高水远，交通不便。

环境的陌生、充满未知的未来，没有挡住吴飞驰。因为他已经找到答案：只有实现中医药现代化，才能让中医药重回现代医药市场。而创办企业是中医药产业化、现代化重要的一环！

他毅然前往怀化创业，接过濒临倒闭的小作坊企业。也正是此次选择，吴飞驰作为企业家的故事，翻开了篇章。

做科研时，吴飞驰觉得，中药中含有成千上万个化合物，一个个具有活性的先导化合物的分离鉴定，充满着科学探索的乐趣。管理企业时，他强调科技兴企，始终坚持把自主创新作为提高企业核心竞争力的原动力。

类风湿关节炎难治愈、易反复。由于发病机制未明，千百年来全球都没有找到诊断和治疗的好方法。

来怀化之初，吴飞驰就迫切希望找到一种像从青蒿中提取青蒿素治疗疟疾一样的植物单体，用于治疗风湿性疾病。他将目光锁定从青风藤中提炼出来的青藤碱，并对其反复试验研究、不断开发改进，最终开发出正清风痛宁系列产品。长期临床试验结果表明，该产品治疗类风湿关节炎疗效确切，类风湿关节炎这个世界性顽疾，有了真正的对手！

经过近 30 年的研究与开发，正清风痛宁已从最初的片剂，发展出肠溶片、注射剂、缓释剂。其中正清风痛宁缓释片填补了国内中药缓释剂的空白。

依靠自主创新，吴飞驰带领团队还开发出灵芝口服液、博士草等10 余个对相关疾病有良效的中药品牌。

2016 年 5 月，吴飞驰荣获第九届"发明创业奖·人物奖"，他是湖南中医药行业唯一一位获得该奖项的人。

让中医药"屹立东方，迈向全球"

2022 年，正清集团已经连续五年主要经济指标增长 17% 以上，建成了全国唯一的具有完整知识产权的青风藤中医药全产业链，布局了一系列高科技医药新产品。

新药研发有成绩，企业发展有业绩，个人荣誉满满当当……在很多人眼中，吴飞驰已经是一名不折不扣的成功人士。

但他依旧很拼，劲头甚至比刚创业的时候还足。

2022 年 1 月 18 日，在湖南省十三届人大五次会议第二场"代表通道"上，作为省人大代表的吴飞驰建议，解放思想，放手发动群众，大胆吸纳社会智慧，率先突破药、医、险不能有效联动这一症结，闯出有湖南特色的中医药高质量发展之路。

有人看不懂，认为他野心太大。

懂他的人，常能透过他的眼镜，读到他的精明睿智、苦干巧干以及变通务实。

直到现在，他产业报国的火热之心依旧：让中医药"屹立东方，迈向全球"。

此前以往，只是序曲。在他的规划下，正清集团"一体两翼"发展规划加速推进：以药品为主体，往下游延伸为医疗，向上游延伸为种植、大健康产业，打造中医药全产业链。

院士专家工作站是稀缺专家资源，研究中医药的院士更为稀缺。2020 年，在吴飞驰的努力下，刘良院士专家工作站落户湖南。依托正清集团建立的这一中医药院士专家工作站，吴飞驰正计划集聚更多的省内外中医药精英，发力推动设立湖南中医药发展院士论坛，"用最权威的科学解释中医药"。

传承精华，中医药发展才能源远流长；守正创新，中医药发展才会清流激荡。

扎根中医药产业 40 余年，从激扬青春到两鬓渐白，振兴中医药产业，前路依旧充满挑战，管他几多困难波折，吴飞驰仍意气风发，在打造世界级青藤碱全产业链的发展道路上奔跑。

（作者：黄利飞）

陈黎明：老马识"归"上雪峰

人物档案

陈黎明，1962 年 2 月生，湖南溆浦人。湖南雪峰山生态文化旅游有限责任公司创始人。他创造的旅游扶贫"雪峰山模式"，让雪峰山一跃成为网红打卡地，带动 10 万贫困人口脱贫致富。"雪峰山模式"得到了省委、省政府充分肯定，并入列《世界旅游联盟旅游减贫案例》。被评为全省带领农民致富奔小康领军人物、湖南省最美扶贫人物。

很多年前，陈黎明说，年纪大了要回山里去。当时大家认为这只是玩笑而已。当过兵、下过岗的他，后来真的归隐山林了！下岗创业办猪场，后一直做到上市公司，陈黎明的创业可谓传奇。可正当人生事业顺风顺水之时，他却辞去上市公司董事长职位，回到家乡雪峰山开始二次创业。

陈黎明

"我就是个山里人。"

在淑浦县一个叫统溪河乡的地方，有一座鬼斧神工的穿岩山。陈黎明住的穿岩山上的木屋已有些年头。

陈黎明朴素的穿着与古铜色的肤色，与当地人没有什么不同，他能走几十里山路不歇气。到村寨，老百姓都认得他，他也能叫出一些人的名字，人们跟他打招呼说话很随便，没有什么顾忌。他与穿岩山"祥婆"、花瑶古寨"瑶王"，称兄道弟，大碗喝酒，好得不得了。四季农事，犁田打禾，他也都会几下。当地人说，陈黎明和他们一样，"合得来！"

"我就是个山里人。"尽管两度登上胡润全球华人富豪榜，陈黎明最喜欢的还是住小木屋，吃红薯饭，睡木板床。

在怀化，陈黎明就是一个传奇。

当过伐木工，做过小工，当过兵，下过岗。他没想到，与3个战友筹了3万元钱养猪，却成了气候。几年后成立大康牧业公司，并一举在深交所上市。当时，流传他的一句名言："把猪当人养。"

与员工一起挖鱼塘，睡运猪的火车皮，创业之初，陈黎明吃得苦，"抠"也出了名。

正当事业如日中天之时，他却选择辞去上市公司董事长一职，归隐山林，成立了雪峰山生态文化旅游公司（以下简称"雪峰山公司"），开始第二次创业。

"儿时，我曾在父亲下放的穿岩山生活过近10年。这里的贫穷落后在我心里烙下了印记，这里奇特秀美的自然风光让我难以忘怀。"陈黎明是个念旧的人。

在湖南，雪峰山有奇绝的风光，更有瑰丽的文化。这些年，陈黎明在大山里淘了不少好"宝贝"：濒临绝迹的龙灯，岌岌可危的宗祠文化，国家级非遗花瑶挑花……这些传统民族文化又复活重现。

陈黎明说服花瑶姑娘走出家门，成立花瑶文化艺术团。艺术团从家乡演到了北京，演到了首届世界旅游发展大会。联合国世界旅游组织秘书长塔利布·里法伊先生说："花瑶姑娘太美丽了，花瑶文化太神奇了。我要马上飞到雪峰山，去花瑶古寨做客！"

眼光要比别人远看30年

陈黎明"无中生有"打造的枫香瑶寨一举成为网红打卡地，游客越来越多，他们是奔着龙灯、鼓舞等民俗文化表演来的。宽大的院落里里外外站满了人，楼上也是密密麻麻的人，公司为安全起见，只好请执勤的工作人员把住几个楼梯口不准再上人。

文化的魅力对于旅游的推动之大，人们没有想到，可能陈黎明自己当初也没有想到。

可光有一个枫香瑶寨是不够的。

在离枫香瑶寨不远的地方有一个高铁溆浦南站，在离高铁溆浦南站不远的地方有一个山背花瑶古寨。高铁站与花瑶古寨，本来是两不搭界，陈黎明却把它们想到了一块。

"望到屋，行得哭。"瑶山千百年来行路最难。雪峰山公司投资，把 30 公里的水泥路修进了瑶山。

"这个机遇抓对了。"陈黎明说。他非常看好高铁带来的文化旅游商机。沪昆高铁开通之际，他组织了花瑶演出队，随"沪昆高铁的穿越之旅"沿途表演花瑶节目，在上海引起轰动。

山背这边客人多人气旺，山那边的虎形山却冷冷清清。

面对溆浦山背花瑶文化旅游的火旺景象，邻县隆回虎形山的花瑶同胞坐不住了。"山还是雪峰山，人还是花瑶人，为什么山背旅游风生水起，虎形山就没个响动？"

顺应花瑶同胞关切、雪峰山文旅融合的大势，时任隆回县委书记王永红带队来到雪峰山公司，请陈黎明团队出山，共同开发虎形山旅游。雪峰山跨区域联动发展迈出铿锵的第一步。短短几年时间，大花瑶虎形山景区被打造成了国家 4A 级景区。

投资 2.5 亿多元，正在建设的全国首条高铁观光索道，可从溆浦南高铁站上行 7600 米，直达大花瑶景区。

堪称新一代乡贤

以绚烂文化为魂，以奇绝山水为景，雪峰山旅游板块，迅速从湖南旅游版图中横空出世，成为湖南文旅融合的新地标。

"瑶池仙境的山泉，沐浴出清爽的身姿；奇松岭的云海日出，开阔了久闭的视野。美在哪里？美就在这神韵雪峰山！"雪峰山旅游视频经常在新媒体平台霸屏。

"文化先行、农民受益、区域联动、后发赶超"，雪峰山旅游公司先后投入 12 亿元，成功建设了 2 个 4A 级、4 个 3A 级旅游景区。陈黎明把同属雪峰山的溆浦、隆回两县景区联动开发，而今又北向进军邻县沅陵，决心把沈从文笔下"美得令人心痛"的沅陵打造成"北依张家界，南连雪峰山"的山地休闲度假胜地。

回归雪峰山二次创业，陈黎明将民族文化进行挖掘与传承，促进了旅游企业的发展。他把当地的公益慈善也做起来了，老百姓非常支持他，他也当选为湖南省慈善总会副会长。在做企业的同时，他希望通过道德的影响感化人，凭借文化的力量感染人。从这个意义上讲，陈黎明堪称新一代乡贤。

（作者：金中基）

陈克明："面痴"的追求

人物档案

陈克明，1952 年 2 月生，湖南南县人。湖南克明食品集团有限公司董事长。1984 年开始从事挂面生产和技术研究，参与的高效节能小麦加工新技术，获得了国家科技进步奖二等奖。获得中国食品科学技术学会科技创新奖——突出贡献奖、湖南省优秀民营企业家等荣誉。

陈克明在业内有"面痴"之称，从不产小麦的南县出发，打造出中国最大的以挂面为主的"王国"。2020 年度生产的米面食品有70 多万吨。对陈克明而言，如果养家糊口是当年创业最大的原动力，那么认真是他竞争力形成的注脚。做面的技术似乎很简单，但简单里面含着许多不简单。陈克明在大家不经意的地方，解决了简单中的不简单。

陈克明

诚信之道:一"面"之交，终生难忘

20世纪80年代初，一手木匠活在十里八乡很吃得开的陈克明，在一次偶然事故中致残，不得不放弃心爱的锤子、锯子，一家人的生活因此陷入困境。

往后的日子怎么办呢？一次，陈克明在县城一个面馆吃早餐，队伍排得长长的，生意很火。他忽然冒出个想法，为什么不试一下做面条？

陈克明是个急性子，说干就干。不过，费了九牛二虎之力，做出的第一锅面煮成了糊糊。他明白了，做面似乎很简单，做"好面"一点也不简单。

在小作坊里苦练功夫和手艺后，他摆出了自己的面摊子。来买面的人越来越多，有时甚至要排队，他便开起了自己的面厂。

"我的面好吃点，也许是我认真些，但更在于我把质量和信誉看得比命还重。"

20世纪90年代后期，益阳面粉厂改制，陈克明从该厂购进了面粉。有人告诉他，可以趁机向工厂提出面粉有质量问题，这样就能赖掉货款，因为工厂马上要垮掉了，再按实付货款就是愚蠢。

益阳面粉厂改制清产核资时，发现所有购货企业中，只有陈克明的货款是按合同全部结清的。正是这样一件陈克明觉得应该做的事，让他得到了意料不到的回报。

1998年，岳阳城陵矶面粉厂有一批用加拿大红麦加工的面粉，质量相当不错，陈克明看了心动不已。当时正是全国性"三角债"风波蔓延时期，要拿货，得先付款。

陈克明很想买这批面粉，可一时又没那么多现金。厂长听说是陈克明要面粉，毫不犹豫地说，你破例，可以先拿货。厂长说："我们这里有一些益阳面粉厂的老职工，他们说工厂改制时，只有你讲信誉。"

一"面"之交，终生难忘。就这样，陈克明带着一车10吨高质量的面粉回来了。4天后，陈克明如约把货款汇到城陵矶面粉厂的账户上。

这就是比金子更珍贵闪亮的诚信。陈克明把它视为企业发展的价值观，并一直刻在企业的发展历程上。

竞争之力：简单中的不简单

挂面行业竞争异常激烈，利润很低，综合运输、原料、销售等各方面的因素看，要在洞庭湖深处的南县，做大做强这个产业，仿佛天方夜谭。

提高挂面的竞争力，从哪里入手？

有销售商反映，陈克明的面条经过运输、碰撞后，容易断裂。从原料到配方，从包装到装卸，陈克明一个个环节做试验找原因。他又买来一些大品牌商的面条，一试验发现也有同样的问题。陈克明的脑子一天到晚被这个"全国性的难题"占据着。一天，他在切面机上观察，发现切头与面条接触的一瞬间，有强烈的颤动，从而形成波纹传递，造成面条表面不均匀，在运输、搬动等环节，就容易折断。

问题找到了，但搞机械改进，对只有小学文化的陈克明来说，难度好比去摘天上的星星。陈克明"蛮干"了，有时端着饭碗要愣上半天，睡觉了突然想到什么，会马上翻身下床，找来纸笔将灵感画下来。半年多的时间，通过对刀片的一次次改进，面条制作时的波纹现象消失了。国内著名的制面机专家评价说，许多大厂包括许多专家，都认为面条波纹问题是正常现象，只有陈克明"大惊小怪"，他发展得快也就不怪了。

解决这个问题后，陈克明生产的挂面的损耗立刻下降了5%，成本比别人下降了一截。这更让他领悟到：做面的技术似乎很简单，但简单里面含着许多不简单。

改进拌料机，使水分快速分散及分布均匀，让面条的口感更好，同时减少烘干时的坠条现象，突破这一技术，陈克明一钻进去就是几个月；试验整整100天，创造二次熟化工艺，直接在运动着的面带上进行静止熟化，生产效率提高四倍以上。

在创业中，仅在面业机械方面陈克明就获得了 4 项国家专利，各种小发明小改进有 20 多个。他参与的"高效节能小麦加工新技术"，获得了国家科技进步奖二等奖，使我国的小麦深加工技术，达到国际先进水平。

精益求精：奉献健康食品

陈克明以创新的精神将传统单一的挂面引入健康、营养、科学、时尚的元素，创造独具特色的品种。

"华夏一面"独特的干蒸工艺，是在多年不懈的探索中偶然发现的，可谓众里寻"它"千百度。其达到了顶级挂面要求的柔顺、爽口、筋道的标准。这一产品从试制到批量投产，长达 4 年时间。上市后大受欢迎，成为公司的一个超级单品。

高添加杂粮挂面，杂粮的比例达到 70%，这在挂面行业是从未有人做到过的。为找到苦荞等优质原材料产地，研究团队踏遍万水千山，最终为消费者打造出一款营养均衡的面食。

"奉献健康食品，共享幸福生活"，是陈克明一贯的追求。为丰富挂面健康、营养的新内涵，陈克明不断推进面制品的精深加工，不断开发中高档系列新产品。目前，"陈克明"品牌已形成如意、高筋、强力、营养、礼品、儿童等 6 大系列，共 300 多个规格品种挂面产品。

任何产品只有更好没有最好，陈克明便把眼光投向更高处。"面痴"陈克明，他的追求似乎永无止境。

（作者：李志林）

陶一山：让老百姓吃上好猪肉

人物档案

陶一山，1955 年 5 月生，湖南宁乡人。中国肉类行业领军人物。唐人神集团董事长，中国饲料工业协会常务副会长，中国肉类协会副会长，享受国务院政府特殊津贴。他以工业化思维发展农牧业，坚持 30 余年创业创新，让中国人吃上好猪肉。获得全国五一劳动奖章、全国优秀经营管理者、中国优秀民营企业家、湖南省十大杰出经济人物等荣誉。

年近古稀的陶一山，每天仍奔波在饲料厂、养猪场。经过几十年艰苦创业，他创办的唐人神集团已在全国建立 80 余家饲料厂、40 余家规模养猪场、100 余家生鲜社区连锁店，2021 年营收突破 200 亿元。中国人饭碗里的好猪肉，其中有他的辛劳付出。

陶一山深入郴州农村向养殖户传授养殖技术

打造"饲料一枝花"

1987 年，株洲市饲料厂建成投产，30 多岁的陶一山担任厂长。为寻求先进技术，他坐火车进京求援。实在太累，火车到站后他还在呼呼大睡，是列车员把他叫醒，还把他赶下了车。在中国农科院畜牧研究所，陶一山敲开了教授、博士生导师王和民的家门。

"我到宁乡老家探望祖辈，看到农民把吃剩的馊饭、馊菜和一些发霉的谷物打碎来喂猪，这些猪肉是不安全的。只有饲料的安全，才有猪肉的安全。"才开口说几句话，王和民就认定眼前这个年轻人不简单。

彻夜长谈，王和民将自己研发的两个饲料配方交给了陶一山。

回到株洲，陶一山立即带领员工反复进行试验，制定工艺标准和检测标准。大胆引进当时世界上最先进的全自动饲料生产线。

"饲料一枝花，骆驼富万家。"在这条朗朗上口的广告语影响下，"骆驼"牌饲料走进千村万户。

技术不断革新，"骆驼"迭代升级，成为高品质饲料。如今，在陶一山领导下，其公司开发的获得国家发明专利的乳猪酸奶——口口乳，让仔猪断奶后喝上液体饲料，有效改善小猪肠道健康，为生产好猪肉奠定基础。

打造湖南第一肉品品牌

饲料科技推动养殖繁荣，卖猪难问题开始显现。湖南虽是生猪生产大省，但直到20世纪90年代，都没有自己的肉品品牌。陶一山毅然决定，挺进肉类加工产业。

1994年，得知株洲肉联厂因经营不善濒临倒闭，陶一山敏感地意识到，机会来了。"可以利用肉联厂，快速形成饲料、养殖、屠宰、加工'一条龙'经营发展格局。如果这步棋走得好，企业就能在兼并中得到多元化发展。"陶一山说。

第二年，"骆驼"兼并株洲肉联厂的消息传开，一个名为"唐人神"的肉品品牌迅速在三湘大地崛起，湖南无肉品品牌的历史宣告结束。

"中华美食走天下，肉食佳品唐人神。"陶一山逢人就推销唐人神。"取名'唐人神'，是希望肉品像盛唐文化一样传遍世界，让中华美食像盛唐文化一样走遍天下。"陶一山说。

秉承"自养好环境，自然好猪肉""好猪肉是养出来的"的理念，陶一山选定罗霄山下的茶陵县严塘乡东冲湖里湿地，投资30余亿元，建立年出栏生猪超 100 万头的楼房养猪项目。他与陈焕春、沈建忠、印遇龙三名院士合作，深入推进智能养猪项目，以工业化思维发展养猪业，打造"住楼房、坐电梯、喝酸奶、吹空调、听音乐"的高品质香乡猪。

2011 年 3 月 25 日，唐人神在深交所上市，成为中国生猪全产业链经营第一股。

坚持"只用好肉做好肠"

陶一山年轻时，曾在株洲铁路货场亲眼目睹，利欲熏心者将病死猪肉运往广州，做成香肠赚黑心钱。

"让中国人吃上放心香肠。"陶一山立志。

1995 年并购株洲肉联厂后，陶一山领导的企业有了做香肠的机会。株洲肉联厂一名老工人语重心长地对他说："我们做香肠 18 元一公斤要亏本，人家 10 元一公斤还赚钱，他们用的是病死猪肉，我们使不得！"

坚持"只用好肉做好肠"，"唐人神"品牌香肠以安全美味赢得消费者信任，即便卖 28 元一公斤，也供不应求。

经过 10 多年技术攻关，唐人神集团成功将冷鲜肉加工成乳酸菌发酵的香肠和腊肉，既保留传统加工的风味，又去除传统加工工艺中的有害物质，营养又美味，可放心消费。2020 年 1 月，唐人神参与完成的传统特色肉制品现代化加工关键技术及产业化项目，获得 2019 年度国家科技进步二等奖。

为生产更优质的产品，陶一山广邀院士、专家，成立唐人神院士工作站，引进美国和丹麦种猪，深入开展合作研究，提升自主创新能力，增强唐人神在饲料营养、生猪饲养、肉品加工等方面的技术优势和核心竞争力，推动我国生猪生态养殖和肉品安全事业发展。

30多年阔步前行，唐人神集团已打造集生猪育种、饲料生产、健康养殖、生猪屠宰、肉品加工、品牌连锁、餐饮于一体的农牧全产业链，培育出"骆驼""唐人神""美神"等多个知名品牌，连续多年跻身中国制造业500强和中国最具品牌价值500强，居中国饲料、肉类行业前十强。

"我们的目标是力争到2031年实现'313追梦工程'，即实现集团年营收过1000亿元，饲料年销售过1000万吨，年出栏生猪过1000万头，年利润过30亿元，让世界人民共享中国好猪肉。"陶一山信心满满。

一辈子专心做好肉，陶一山带领唐人神成为中国农牧全产业链经营领跑者，并向着新高地攀登。

（作者：李永亮　于红青）

阳国秀：小柑橘"闯"大世界

人物档案

阳国秀，1954 年 9 月生，湖南永州人。湖南果秀食品有限公司董事长，第十一届、十二届全国人大代表。她将小柑橘推向大世界，党的十八大以来，每年为社会提供就业岗位超过 8000 个，直接带动 1.2 万多户农户脱贫致富。获得全国三八红旗手、全国乡镇企业家等荣誉。

古城永州，人杰地灵。在这片神奇的土地上，有一位用智慧和汗水书写商业传奇的奇女子，她叫阳国秀。湖南果秀食品有限公司（以下简称"湖南果秀"）初创时，只是一个小作坊。经 20 多年打拼，企业已成为农业产业化龙头企业，产品销往日本、欧洲、美洲、澳洲等国家和地区。近 5 年来，企业年产量、产值和出口创汇均名列全国食品罐头行业前茅。

阳国秀代表（右一）发言呼吁重视民营企业发展

守出来的第一个客户

在中学同学柳社然看来，阳国秀从小就有"女强人"的潜质：诚恳、热情、爱学习、能吃苦。

1996 年底，湘南罐头厂破产，当时 42 岁的阳国秀从一名会计变成下岗职工。在旁人看来，阳国秀当时家境殷实，原本可以在家安心带孩子过日子，然而，她"不想做一个幸福无为的家庭妇女"。

不顾家人反对，阳国秀筹措 150 万元，准备再建一个罐头厂。"当时国内罐头市场很不景气，投身其中确实需要胆识。"柳社然说。小钱办工厂，还借了很多人的钱。创业之初，阳国秀日子过得非常艰难，常为几千元钱发愁。但她格外用心，将每一分钱用在刀刃上。当时正好有一家罐头企业倒闭了，好的设备她买不起，人家不要的设备她以极低的价格买回来，跟员工们一起，硬是拼出来一套罐头加工流水线。

几个月后，果秀罐头厂正式投产。阳国秀把市场定位在海外。第一个客户，是她守出来的。

1997 年，一个美国客户来长沙参加湘交会，阳国秀在宾馆守了他 3 天。"我们不要他们一分钱，按照他们的要求做两个柜的产品，发运到美国，承诺若有问题就在美国当地销毁，一切费用由我们承担。"

美国客户被阳国秀的真诚感动，不仅给了技术标准，还派出专家指导。3 个月后，美方的检验结果是：橘瓣整瓣率达 96%，比柑橘罐头生产王国西班牙的整瓣率还要高 9 个百分点。

虽然只是两个柜的产品，却意味着阳国秀成功敲开了海外市场的大门。

"中国杯"里的创新

"罐头好吃口难开。"传统玻璃罐头，开个瓶不是一件易事。

从 2002 年开始，湖南果秀与湖南农科院、湖南农大、中国农科院、中国农大进行全方位产学研合作，开发出国内首个 EVOH（乙烯 - 乙烯醇共聚物）阻氧层复合塑杯。这种果杯保质期长达 18 个月，比传统的马口铁和玻璃瓶包装保质期长 6 个月和 12 个月，被欧美国家赞誉为"中国杯"。最重要的是，这种果杯可以轻松打开，材质环保，能够自然降解。

随着中国柑橘罐头在国际市场展现出价格及其他优势，一些国家和地区便设置"绿色壁垒"。

传统橘子罐头生产，柑橘经人工剥皮后，使用酸碱脱囊衣（即橘瓣上的白膜），既影响产品质量，也导致废水排放污染环境。

阳国秀思索着，能否改进橘瓣罐头加工工艺，实现清洁生产？

经过湖南果秀与科研单位数千次试配，终于找到一种复合酶，不仅可以轻松脱囊衣、不产生任何化学污染，而且橘瓣口感脆嫩、色泽亮丽。经专家鉴定，这一技术为"国内首创，领先世界"。

此外，阳国秀还带领湖南果秀攻克传统生产产品酸碱废水和金属残留等问题。随着技术不断创新，湖南果秀赢得行业话语权和定价权，在全国柑橘罐头行业中排第一位。

每瓶罐头都可溯源

"食品安全是企业最大的底线，如同诚信是做人的底线一样。"阳国秀说。

2004年，湖南果秀有4个运往美国的集装箱，在上海口岸抽检发现农残超标。阳国秀第一时间把4个柜拖回工厂，把果农请到现场，当场用压路机将4个柜里的产品和仓库同批次产品全部碾压销毁。

阳国秀像珍惜眼睛一样珍惜来之不易的品牌，她希望能打造"百年果秀"，让湖南果秀真正成为中国的大品牌。

她从源头抓起，把果园当作第一车间管理，每片果园、每个农户、每项生产过程都建卡详细记录，并建立日常巡查监测机制，实行全程数字化管理，确保生产每项流程都按无公害标准进行。湖南果秀产品先后获得FDA（美国食品和药物管理局）和AIB（美国烘烤技术研究所），BRC（英国零售商协会）和BSI（英国标准学会），中国ISO9000和HACCP（危害分析与关键控制点）认证，原料基地获

GAP（良好农业规范）认证。

2014 年，湖南果秀获得湖南省省长质量奖。

对质量的追求，湖南果秀从不止步：自建 3 万亩无公害产品基地，率先在国内食品行业中建立 2 小时质量安全追溯体系。如今，湖南果秀生产的每一瓶罐头都可以溯源到果园某一棵树上。

2018 年开始，美国对华发起贸易战，大规模对中国商品加征关税，水果罐头产品就在关税名录中。这意味着湖南果秀的产品在价格上已毫无竞争力可言。

短暂的迷茫后，阳国秀将目光更多转向国内。2019 年 10 月 8 日，湖南果秀第一次进入粤港澳大湾区菜篮子平台交易；2020 年 9 月 7 日，农业农村部组织的"中国农民丰收节金秋消费季"启动仪式上，湖南果秀连续进行 3 场直播……靠着精益求精的理念和追求卓越的精神，湖南果秀挺过了那段艰难时光。

湖南果秀如今实现国内国际营销两旺。有人问阳国秀考虑何时退休，她笑道："我觉得我还年轻啊，我更喜欢工作的状态。"

（作者：周月桂　严万达）

戴立忠：体外诊断领军人物

人物档案

戴立忠，1968 年 7 月生，湖南宁乡人。中国体外诊断领军人物，享受国务院政府特殊津贴，圣湘生物科技股份有限公司董事长。新冠肺炎疫情暴发后，他领衔的公司应急技术攻关小组，第一时间研制出新冠病毒核酸检测试剂及一系列科技抗疫产品，为控制疫情发挥了重要作用。获得湖南省劳动模范荣誉称号。

新冠肺炎疫情暴发后，他带领团队以最快速度研发出新冠病毒核酸检测试剂，并为让全球各国了解到中国的"抗疫方案""抗疫经验"贡献心力。把人生理想融入国家和民族的事业中，在民族复兴的"中国梦"中，戴立忠找到了实现人生出彩的舞台，也让我国在全球高科技领域异军突起。

戴立忠（左）在第十三届全国人大五次会议湖南代表团分组会议上发言

"不为自己国家做点事，读那么多书有什么用？"

宁乡一中是戴立忠的母校，他从宁乡偏远小镇考入这所高中后，又从这里考上了北京大学，再考入普林斯顿大学、麻省理工学院。

戴立忠说，这四所学校给予他学业、事业和人生的启示：勤奋、自律、坚守和创造。这些品质，在其创业和人生经历中，有着极其厚重的印记。

学成毕业后，戴立忠被美国一家核酸检测领军企业聘用。在那里，他攻克了一项又一项核心技术，也获得了美国绿卡。

所有人都以为他会在美国发展下去时，他却决定放弃百万年薪，回国创业。

2006 年前后，中南大学湘雅医院接到了一个涉及分子诊断技术平台的国家重大课题，他们的研究人员曾向戴立忠请教遇到的难题。其间，戴立忠得知，中国分子诊断的临床应用不多，国内缺乏用得起、用得好的产品，这一情况在他专门回国调研后得到了验证。

在调研中，他发现，中国每年因慢性乙肝病毒（HBV）感染而导致的肝硬化和肝癌死亡率较高，原因之一就在于国内还主要通过免疫学检测抗体、抗原是否呈阳性，来判断是否感染病毒，其窗口期通常需要 2 至 4 月时间。这样，病情容易延误。

而在美国，发达的核酸试剂技术，能将检测窗口期提前到两周内，病变因较早发现而被消灭在萌芽状态，患肝病的人以及死亡率都较低。戴立忠就是这项技术的核心研发人员之一。

2008 年，戴立忠婉拒了公司的挽留，回到了祖国，在长沙麓谷创办湖南圣湘生物科技有限公司（现圣湘生物科技股份有限公司，以下简称"圣湘生物"），结束了近 20 年的海外生活。

对戴立忠而言，决定回国，并非一次两次的机缘巧合促成，而是盘算已久的事情。他说："母亲对我的影响很大。"

戴立忠的母亲是山区乡镇医院一名药剂师，从医近 40 年，心里装着每一个病人，有时还会给一些看不起病的人免费送药。

当他在美国学有所成后，母亲电话里对他说得最多的是："不为自己国家做点事，读那么多书有什么用？"母亲的医者仁心和家国情怀，深深影响着戴立忠。

"我所从事的基因科技，与百姓健康息息相关。如果在祖国能够提供更多人人用得起、用得好的基因诊断产品，将可以有效地做到重大疾病的早诊断、早治疗、早预防。"

创业之路是艰难的。缺少资金，他千方百计说服人家来投资；没有办公、研发场地，就租别的企业的房子；还要不断适应国内环境和人际关系等。

凭借坚定的决心、过硬的技术，经反复试验，2009年10月，圣湘生物的高敏乙肝核酸定量检测试剂盒获批上市。

这是我国第一个国产高敏肝炎核酸检测试剂，不仅诊断检测效率大大提升，而且经过数次技术迭代后，其灵敏度比此前国内同类产品的平均灵敏度高了近百倍，价格仅为同类进口产品的六分之一左右。

戴立忠改变了一项前沿技术领域的格局。

3天研发出新冠病毒核酸检测试剂服务全球

2020年初，新冠肺炎疫情暴发。

如今，一提到"抗疫""核酸检测"这样的关键词，不少人就会想到戴立忠。

2020年1月11日，新冠病毒基因组序列公布。戴立忠立即带着公司研发人员，夜以继日投入到对新冠病毒的研究中。

1月14日，圣湘生物研制出新型冠状病毒核酸检测试剂。

1月28日，圣湘生物新冠病毒2019-nCoV核酸检测试剂盒通过国家药品监督管理局应急审批，获得医疗器械注册证书，成为国内新冠病毒检测产品最早获批上市的企业之一。

如今，圣湘生物的新冠病毒核酸检测产品和设备，已服务全球160多个国家和地区，支持了全球数千家实验室的核酸检测能力。

鲜为人知的是，新冠病毒核酸检测试剂并不是圣湘生物第一次成功研发出来的应急检测产品。此前，中东呼吸综合征、埃博拉、寨卡、登革热、禽流感等急性传染病突发后，圣湘也曾快速响应。

圣湘生物强劲的产品研发能力，与企业有一个重量级的领头人密不可分。

2016 年前后，某团队来圣湘生物考察，准备战略入股支持公司发展。其负责人称，戴立忠给他留下的最大印象就是"厚重"："厚，是指他的知识结构和对产品技术的理解深厚。重，是指他心态稳定，还有远大的目标和梦想，不飘。"

2018 年，圣湘生物完成战略投资融资，总计获得融资 5 亿元人民币。2020 年，圣湘生物成功登陆科创板。

作为一名博士后，戴立忠拥有良好的学习习惯，到现在每个星期都要读 2 至 3 本书。他还向公司中高管荐书、赠书，布置读书"作业"。在他看来，一个人能达到的事业高度，很大程度上取决于他的认知边界和能力边界。"认知和能力边界之外的事，你是很难做好的。"

腹有诗书气自华，手握自主技术方自信。如今，疫情防控战仍在持续，戴立忠自信地说，在新冠病毒核酸检测试剂方面，中国的技术和产品领跑全球。

现在，戴立忠正带领公司全面开启"二次创业"新征程，研发更加方便、快捷、利民的检测技术和手段，致力提升健康服务可及性。

戴立忠认为，近年来，中国在生命科学领域奋起直追，部分细分领域已经实现从跟跑到并跑甚至领跑，"此次新冠肺炎疫情防控阻击战中，我国强大的核酸检测能力的实战经历，就是最好的证明"。

（作者：黄利飞　王茜）

邹彬："小砌匠"遇上大时代

人物档案

邹彬，1995年8月生，湖南新化人。中建五局总承包公司项目质量总监、"邹彬劳模和工匠人才创新工作室"组长。从一名跟着父母在工地打拼的砌筑工，成长为第十三届全国人大代表，亮相全国两会"代表通道"。获得全国技术能手、全国劳动模范、中国青年五四奖章等荣誉，受聘为新湖南形象大使。

走出大山，砌墙走上国际舞台，成为全国人大代表，这是95后湖南新化小伙邹彬的故事。凭着对事业的执着以及勤奋好学、始终精益求精的匠心，这位初中肄业的新生代农民工实现了人生逆袭。"奋斗就能出彩，每个人都了不起！"如同邹彬在2021年全国两会"代表通道"上所表达的："我们正处于一个非常伟大的时代，这个时代让我们年轻人和农民工都有了展示和提升自己的机会，也有了追求自己精彩人生的舞台。"

邹彬在工作岗位上

"哪堵墙是邹彬砌的，看一眼就知道。"

多年前的一个夏天，一辆大巴车载着邹彬，从湘中的新化县驶往省会长沙。此次离开家乡，邹彬前往父母在中建五局务工的建筑工地搬砖。瘦瘦小小的他，要把一块块红砖递给正在砌墙的大师傅。

这是个粗活，实则颇有讲究。原来，砖块难免会有断裂，而砌墙又恰好需要长短不一的砖块。搬砖小工给力，不仅能让断砖变废为宝、物尽其用，还能帮砌砖师傅减少切砖的时间。

搬砖头、和灰浆、挑泥沙……工地上的脏活、累活，邹彬都干，他还总跑到老师傅旁边帮忙。说是帮忙，其实是偷师学艺，看到别人砌得好的墙，邹彬会仔细观察，拍下来回去慢慢琢磨。

从搬砖到砌墙，邹彬展现出与同龄人不一样的气场。别人只图快些砌完，邹彬偏偏要讲究"这面墙好不好看"。因此他经常选择推倒重来，速度比别人慢了不少。在邹彬看来，做事还是要追求完美，横平竖直才好看，灰缝饱满才坚固。

邹彬与自己的较劲、对待工作的认真，旁人看在眼里。

"哪堵墙是邹彬砌的，看一眼就知道。"在当时的项目施工员心里，邹彬砌的墙接近于"免检"。

"邹彬砌的墙，横纵两向的缝隙都能控制在 1 厘米的标准以内，砖面清清澈澈不沾水泥，不抹粉也很漂亮。"曾教导过邹彬的中建五局教授级高级工程师周果林说。

三百六十行，行行出状元

2014 年 4 月，邹彬参加中建五局组织的"超英杯"砌筑技能比赛获得冠军。在随后的世界技能大赛中国区砌筑项目选拔赛中，邹彬脱颖而出，成功进入第 43 届世界技能大赛（中国）砌筑项目的集训队伍，开始了每天的魔鬼式训练。

集训的第一天，邹彬就被难倒了。花样繁复、线条多变，出现在国际赛场的墙，邹彬可是见都没有见过。而砌出这样的墙，要熟练运用水平尺、角度尺、勾缝器、砖刀、圆规等花样繁多的工具。

学习识图技巧、练习精准放样，邹彬学得很努力。夜晚的教室里，通常有邹彬一个人学习的身影。从五进二，到二进一，邹彬拿到了唯一一张代表中国参加世界技能大赛砌筑项目的入场券。

2015 年 8 月 8 日，巴西圣保罗，第 43 届世界技能大赛砌筑项目赛场。三套砌筑图案中，"球王贝利的 10 号球衣"墙体图案与组委会早先公布的图纸有所差异。而最难的地方，是球王贝利英文字母"PELE"的制作。

邹彬沉着应对，放样、切割、砌砖、抹灰，每一道工序都有条不紊，"PELE"作品与图纸几乎分毫不差。邹彬由此获得砌筑项目优胜奖，实现了中国在这一奖项上零的突破。

2020 年 9 月 17 日，习近平总书记来到湖南考察，并主持召开基层代表座谈会。邹彬就坐在总书记的正对面。总书记听完他的发言后说："三百六十行，行行出状元，你也是状元啊。"这令邹彬格外感动。

大时代里，绽放出人生最美的芳华

从巴西载誉回来后，邹彬被中建五局总承包公司破格录取为项目质量管理员。他还牵头成立了创新工作室，与工友们一起从事砌筑技术的创新与推广，回报企业的"知遇之恩"。

2018 年，邹彬作为全国人大代表，3 月随团赴京履职，为新生代农民工发声。不到 23 岁的他，是湖南代表团年纪最小的代表。

每年全国两会，邹彬提出的建议都与农民工群体有关。每次媒体采访他，他都会抓住机会介绍：像他一样年纪的产业技术工人还有很多，希望社会能更多地关注这个群体，把他们聚集到一起，相互学习，帮助提高他们的技术水平。

2021 年 3 月 8 日下午，正值全国两会，邹彬亮相"代表通道"，讲述 95 后湖南青年的奋斗故事，在社会各界引发强烈反响，彰显出新生代青年的风采与担当。

"我的学历不高，跟着我爸学砌墙，他也教得不多。我就看老师傅们砌墙，不断地钻研实践。在我的理解里，多看、多学、多想，坚持标准，敢于较真，'打工人'要有精益求精的'打工魂'。"

邹彬受聘为新湖南形象大使，回答许多年轻的"打工人"如何成长的提问时，一如既往，朴实、有力。

（作者：陈淦璋）

肖定："种粮姐姐"的无人农场

人物档案

肖定，1987 年 6 月生，湖南望城人。长沙市望城区广源种植专业合作社负责人，创建全国首个双季稻无人农场示范园，是智慧农业的引领者、探索者。2020 年 9 月 17 日，肖定作为全省种粮基层代表参加习近平总书记在长沙主持召开的基层代表座谈会。被评为全国优秀农民工、湖南省十佳农民。

不闻人语响，唯见机械忙。轻轻一按手机上的启动键，200 多米开外，一辆拖拉机沿着机耕道稳步下田，尾部的旋耕机随即开始耕地，作业时自主转向、作业后自主回机库，各项工作一气呵成。这一幕出现在长沙市望城区高塘岭街道新阳村。2021 年，全省首个无人农场在这里正式运行，肖定兑现了她的承诺——种地不下田。她彻底颠覆了"面朝黄土背朝天"的农民形象，在现代农业的道路上一往无前。

肖定

让农民当上"甩手掌柜"

"我是农家的女儿，扎根在泥土里才安心。"肖定说。

最深刻的童年记忆，是在稻田里的光景。父亲当年是村里种粮大户，家里租了上百亩水稻田，每到"双抢"时节，肖定和父母、姊妹一起下地，每天忙得两头不见天。

一蔸一蔸地割稻子，一脚一脚地踩打稻机，一担一担地运送稻谷……新阳村的村民都知道，肖定是个会种地的能干姑娘。可肖定知道，种地光能干不行，还要祈求风调雨顺，尤其收获季节要有好天气。

肖定回忆道，稻谷丰收本是好事。可有一年，全家人刚把稻谷晒到大大小小十几个分散的晒谷坪，还没来得及收就下起了雨，"那时真是绝望"。

成年后，肖定南下打工，原本打定主意不再回家务农，后来因结婚成家重新回到家乡。此时，父亲身体状况欠佳，依旧在操劳着农田，但种了大半辈子田，也没存下几个钱。留在村里的年轻人寥寥无几，肥沃的良田抛荒了一大半。

"很心疼，心疼我父亲，也心疼家乡的土地。"肖定不愿父亲再如此操劳，决定接管他的农田。

"吃苦吃怕了"的肖定首先想到的就是提高机械化水平。

2009 年，她购买了村里第一台收割机。在当时，一台价值几十万元的设备对农民来说就是天价，但肖定觉得自己买得很值。

2012 年，广源种植专业合作社成立。开始，她四处借钱，主要用于购置农机。随后几年，收割机、烘干机、旋耕机、抛秧机、植保机等一部部购齐，实现机械化一条龙作业。

自此，肖定开始集中"托管"土地，让农户当上了"甩手掌柜"，一步步消灭了周边抛荒农田。

无人农场实现"机器代人"

建设无人农场，是肖定的农业梦想里最绚丽的一个。

为此，她多次找到中国工程院院士、华南农业大学教授罗锡文取经。"一个姑娘家，能把田种好吗？"面对"玩笑"似的质疑，肖定只说了一句："用实际行动说话。"

说干就干。新阳村地处湘江边的大众垸，此处田块平整，视野开阔，湖南省首家无人农场就选址在这。2020 年底，无人农场正式开工，仅用不到五个月，200 亩无人农场示范园建设完成。2021 年春耕时节，插秧机、抛秧机、直播机等机械井然有序地忙活着，所有机具无一例外都是无人驾驶。

办公室里，肖定向大家展示着无人农场的作业场景：手机 APP 上设计线路，无人驾驶旋耕机按照设定好的深度自动耕地；农情遥感监测系统实时监测苗情、病虫害情、墒情和灾情，发现问题后无人机自动飞到农田打药；地下的智能灌溉系统能够按时、按量、分批次为作物提供水分……

肖定自信地说，据测算，无人农场可减少田间用工 70%，节水 30%，节约肥料投入 30%，减少农药投入 30%，实现核心示范区增产 10% 以上，整体效益提高 20% 以上。

秋天的风如约而至，丰收的颜色渲染着三湘大地。金灿灿的稻田中看不到一个人，一台无人驾驶的联合收割机正有条不紊地快速收割着稻子，谷粒一颗颗落入存储仓，而秸秆则被切碎回田。

无人驾驶收割机旁还有一位"搭档"——无人驾驶运粮车。收割机存储仓装满稻谷后，自动通知无人驾驶运粮车来接粮食，运粮车装满后，自己把粮食卸到指定运粮卡车上。两个好搭档默契配合，一天下来能收割 60 多亩稻田。

200 亩的无人农场度过了第一个春秋，肖定坚定地说，5 年内要将无人农场服务到 1 万亩，辐射带动 5 万亩。

带领农民兄弟走上致富路

"那天凌晨两三点才睡着，太兴奋了！"回忆起 2020 年 9 月 17 日，肖定的声音里依然有着掩饰不住的激动。

当天，她要参加习近平总书记在长沙主持召开的基层代表座谈会，早晨五六点钟便起床梳洗。白衬衣配运动鞋，很难看出，这个打扮时髦的长沙妹子，是一位地地道道的种粮大户。

肖定第三个发言，她根据种植业的实际情况，从重视和扶持农业适度规模发展、加快培养投身粮食生产的新一代职业农民、重视粮食生产加工浪费问题三方面提出了自己的建议。

"我一定会牢记嘱托，发展好农业，加强基础工作，加大科技创新投入力度，推动农业现代化，培养更多的新型职业农民，并带动更多的农民就业、致富。承担起种粮大户的担子，种放心粮、让老百姓吃好粮，为国家粮食安全贡献自己的力量。"展望未来，肖定干劲十足、信心满满。

如今，肖定带领合作社种植了 1600 余亩水稻，拥有农机具 50 多台，社会化服务面积 1 万多亩。农机下田、专家种地、农民致富，肖定的"种粮经"念得越来越好。

田野上的年轻人，乡土的新生代，在不断带给人们惊喜和希望。

（作者：刘奕楠）

朱有志："厅官"做了村干部

人物档案

朱有志，1953 年 2 月生，湖南新邵人。长沙县开慧镇开慧村党支部第一书记，享受国务院政府特殊津贴。曾任湘潭工学院（现湖南科技大学）副院长、常德师范学院（现湖南文理学院）院长、湖南省社会科学院院长、湖南省政协常委等职。被评为中国好人、湖南省道德模范。

　　一位农民的孩子，当过大学校长，曾在湖南省社会科学院院长的岗位上工作 13 个年头。如今，这位专家型厅官，在长沙县开慧村党支部第一书记的岗位上一干又是 10 多年了。每当有人叫他院长的时候，他总是这样说："我是开慧村村民。"

朱有志（左一）与直升机飞行员交流

"三个不要"和"一个不会"

谈起到开慧村任职的事，朱有志说，在湖南省社科院当院长时，他牵头负责的国家课题"农村新型集体经济"需要经常到基层进行调研，后来他给长沙县委写信，要求到开慧村任职。

2009年12月16日，时任湖南省社会科学院院长、党组书记的朱有志正式兼任长沙县开慧镇开慧村党支部第一书记。任职会上，朱有志说："我是一名农村工作研究者、一个农民的孩子，兼任村党支部第一书记，能更直接、具体、深入地观察农村、服务乡亲。"

2013年12月，朱有志从湖南省社科院院长的岗位上退下来后，更是专心扎根开慧村。他给自己提出了"三个不要"和"一个不会"，即不要薪酬、不要一亩地、不要解决一个农村户口，不会在开慧村谋取任何个人收入。为了一心一意当好这个村干部，朱有志在2012年推掉了两所民办高校年薪100万元的聘请，2014年又辞谢某公司年薪200万元的聘请……

到底是什么信念让他扎根农村呢？他说："我们这代人长在红旗下，有个时代情结，就是想为党、为人民群众多做点实事。我来开慧村任职，不是为了树一个典型，而是把它作为农村工作的观察站，通过亲身经历来发现当前农村基层工作的难题，发现农民的困难，思考更好地解决'三农'问题。"

担任开慧村党支部第一书记后，朱有志立下多项新规：如每天都要有村干部在村委会上班，让群众办事找得到人；村支两委成员每周都要写工作总结和下周工作计划。新规实施后，村民感觉到村委会办事比以前方便多了。

"知识改变命运，农民一定要多读书。"

出身农民家庭，在农村长大的朱有志，深感文化的重要性。

在开慧村任村党支部第一书记的朱有志，深感农村基层工作有很多难题。在他看来，对农民关心不够、教育不够是当前农村工作最主要的问题。

关心农民，首先要关心农民孩子的读书问题。为了提高学校的教育质量，在朱有志的努力下，湖南第一师范学院与开慧小学"结对子"，每年派老师和学生到小学讲课，小学的老师可以随时到湖南第一师范学院学习。村里还决定给考上二本以上的大学生奖励。

朱有志对村部的农家书屋也很重视，这里也是他经常光顾的地方。他常说："知识改变命运，农民一定要多读书。"朱有志把自己写的书也赠送了一些给村里的农家书屋。2014 年，他还联系了中国社会科学文献出版社给开慧村农家书屋赠送了 200 多册书籍。

这个农家书屋，房间三面墙都是书架，整整齐齐摆满了各种书籍，文史、生活、实用科技等方面的都有。4 张桌子上都摆了电脑。正在借书的村民李小洁说："有了新的借书卡，这个农家书屋就像城里的图书馆一样了。"全面升级后的农家书屋，采用了数字化管理，3000 多本图书，只需用鼠标轻轻一点，所有图书信息便一目了然，极大地方便了村民借阅。目前，全村已有 1000 多名村民免费办理了借书卡。

为了提高村民的农业技术，在朱有志的帮助下，开慧村与湖南农业大学"联姻"，教授上门为村民进行技术指导。朱有志还先后联系了湖南大学、湖南师大、湖南科技大学、长沙理工大学等 10 所高等院校，组织师生到开慧村建立研学基地，与村民进行面对面交流，让村民学到了知识，增长了见识。

"作为村干部，就要挨得起骂，受得了气。"

在朱有志看来，农村工作就是"凝聚人心"的工作，做好农村工作要多关心农民，敢于教育农民，要宣传和坚持集体主义。

朱有志十分注重团结村里的老干部和老人，村里的大事小情都要听听他们的意见，过年过节还要到户慰问。他坦诚地说："到开慧村任职以来，也受过不少气。有些是自己的工作方法有问题，有些是村民不理解。"

比如修建开慧大道，这是连接杨开慧故居和任弼时故居的"红色旅游大道"。从立项到开工，两年多来朱有志遇到了很多困难，最让他意想不到的是，开工时会有村民阻工，甚至有个别村民扬言要他滚出开慧村。后来通过发动村里的老党员出面做工作，阻工的村民最后变成了修路的积极分子。

通过这件事，朱有志觉得，村民还是最听党的话，同时更坚信要加强对村民的教育。

朱书记经常在开会时对大家说："作为村干部，就要挨得起骂，受得了气。"

在党员管理上，朱有志提出"党员就在手机边，党员就在微信里"的思路，建立了流动党员群，随时掌握流动党员动态。

朱有志说："开弓没有回头箭。开慧村就是我的家，我会一直干下去。"

（作者：李传新）

阳岳球：种粮状元

人物档案

阳岳球，1970年10月生，湖南岳阳人。岳阳市屈原管理区惠众粮油专业合作社理事长、湖南惠众生态农业科技有限责任公司董事长兼总经理。获得全国种粮售粮大户、全国十佳农民、湖南省最美扶贫人物等荣誉称号。

"太阳之下，地球之上，在岳阳洞庭湖'修地球'（种地）。"阳岳球，将名字赋予的使命，化在脚尖，扎进泥土。其半道转行学种田，不断提高水稻产量和效益，在粮食生产方面走出康庄大道，成为鼎鼎有名的全国种粮售粮大户，为保障国家粮食安全作出重要贡献。

阳岳球在育秧棚

只要有人吃饭，就要有人种田

春分时节。天一擦亮，阳岳球像往常一样，径直奔向育秧棚。占地 6 亩的现代化育秧大棚内，一片片嫩绿色的秧苗齐刷刷地挺拔生长。屈原管理区广阔的平原上，一辆辆旋耕机向着千亩良田开去。

阳岳球带领惠众粮油专业合作社员工，种植双季稻 6000 亩，为周边村民提供社会化服务 12000 亩。他把周边的土地全部利用起来，集中投入到粮食生产中。

早在二十多年前，当时从事生资销售工作的阳岳球发现，农资销量逐年下降。经调查，原来是因为以家庭为单位的小规模粮食种植很难赚到钱，农民大量进城打工，不少农田抛荒。

"只要有人吃饭，就要有人种田。种粮是为国家作大贡献！"阳岳球发现，独家种田只能糊口，规模经营才能出效益。于是，辞掉铁饭碗，捧起"土饭盆"。

2008年，阳岳球联合5位种粮大户，集中连片流转土地2300亩，赚了80万元。

2009年，阳岳球带着6名农民"合伙人"创建惠众粮油专业合作社，在当地率先实现机械化种田。

一年后，阳岳球抢抓屈原管理区获批国家现代农业示范区的重大机遇，扩大生产规模，粮食生产面积达2.3万亩，占全区水田的1/6，居湖南省种粮大户之首，成为"种粮状元"。

2011年，入社农民仅水稻一项，人均年收入便超8万元。

这一年，阳岳球当选全国种粮售粮大户。在全国粮食生产表彰奖励大会上，阳岳球获得"金钥匙"奖。

2014年，惠众粮油专业合作社被评为国家农民专业合作社示范社，阳岳球被评为"全国十佳农民"。

我就不信邪！种田要讲究科学

荣誉背后，是曲折的探索与艰辛的付出。

因缺乏经验，不懂技术，又遭遇寒露风天气，阳岳球头两年种植的200亩水稻和100多万元投资，全部打水漂。面对沉重的债务和巨大的家庭阻力，阳岳球没有放弃。他意识到，种田要懂技术、讲科学。

"那3年，我是全校学得最辛苦最认真的一个。"2001年，阳岳球自费到岳阳农校学习。周末，别人休息，他得回家打理农田，遇到难题就向老师请教。理论与实践密切结合，让他进步很快。

阳岳球先后赴浙、赣、苏等省份学习，最远到过日本，行程超 2 万公里。他与科研单位、上市公司"联姻"，聘请省农科院专家当技术顾问。

"我就不信邪！"屈原管理区农业园原有一块沙质农田，种什么不长什么。2012 年，阳岳球三顾茅庐，把隆平高科 68 岁的栽培专家郭守斌请到田边传艺，将 400 多亩低产沙质田变成单季亩产 580 公斤的高产田，让人刮目相看。

"袁爹来看我们的超级稻啦！"阳岳球与隆平高科合作创造了洞庭湖低海拔地区超级稻亩产 900 公斤以上的高产历史纪录。2012 年 8 月 7 日，袁隆平院士赴阳岳球实验生产基地组织验收。

2013 年，阳岳球经营的合作社早稻平均亩产 475 公斤，晚稻平均亩产 530 公斤，实现了双季稻吨粮田的标准。

"机械化高产又高效，购买农机还有补贴。"阳岳球大力购进农机。在他的示范带动下，全区 28 万亩双季稻全面实现机械化，居全国领先水平。屈原管理区获评第一批国家农业可持续发展试验示范区，国家农业科技园区，全国首批、全省唯一基本实现主要农作物生产全程机械化示范区。

让乡村离城市不再那么远

这些年，阳岳球虽头顶"种粮大户"光环，心里却敞亮得很：一花独放不是春。

"惠众合作社，就是要惠及众人。"创业伊始，阳岳球就把带领村民共同致富作为目标。

"谁侵占农民的利益，我就跟谁过不去！"阳岳球深知，只有确保农民利益，才能激发大家的种粮积极性。

在合作社，凡以土地作股流转入社的农户，年底享受利润二八分红，即农户得八，合作社拿二。入社农户平均每年可分到红利3万余元。如果家中有1人在合作社上班，每户在合作社可获得近6万元收入。

"不但要自己会，其他人也要会。"2015年，阳岳球在当地率先成立惠众现代农业创业孵化基地，大批量地培训职业农民；为返乡就业创业人员提供政策、技术、市场等服务，帮助346人创业，孵化企业42家，带动就业1586人。

看着合作社日益壮大，阳岳球意识到，单一的水稻生产经营已不能适应未来发展需要，必须走产业化与生态化的农旅结合之路。

2015年，投资4000多万元、占地500亩的惠众生态农庄华丽亮相。农庄集餐饮住宿、品茶垂钓、休闲观光、亲子互动、农耕体验于一体，是迄今岳阳最大的生态休闲农庄。超百万名游客来此休闲，为省内近30万人次新型职业农民实训及中小学生研学提供实践基地。

农庄吸纳超300人就业，带动周边餐饮住宿等产业发展，促进当地农民增收、新农村建设。

带领农民种田致富，吸引年轻人返乡创业，让城里人流连忘返……从第一产业到第三产业，阳岳球延长的是产业链，升华的是价值，留住的是人心。

"我们要继续在粮食生产和乡村振兴上加油干！"望着洞庭湖平原上的千亩良田，年过半百的阳岳球，依旧雄心勃勃。

（作者：胡盼盼）

印遇龙："养猪"自有大学问

人物档案

印遇龙，1956 年 1 月生，湖南桃源人。湖南农业大学畜牧学学科带头人，动物营养学家。中国工程院院士，中国科学院亚热带农业生态研究所首席研究员。长期从事畜禽健康养殖与环境控制研究，以第一完成人排名的成果获国家科技进步奖二等奖 2 项、国家自然科学二等奖 1 项。获得全国五一劳动奖章、湖南最美科技工作者等荣誉。

为了让老百姓的餐桌上有更多的好肉吃，40 多年来，印遇龙潜心研究畜牧学。如果用 3 句话概括他的研究，那就是：如何让猪长得快，如何让"放心肉"上餐桌，如何实现生态养殖。这是一个科学家不断破译猪的营养密码的艰难过程。依靠来之不易的研究成果，外资企业垄断我国饲料高端市场的格局被打破。

印遇龙（前左二）进行带货直播

为猪精制营养餐

20 世纪 80 年代，中国市场上猪肉产品紧缺，亟需研制出高质量的饲料，缩短肉猪的出栏时间。对科研人员而言，恨不得"让猪吃下去的东西全部变成肉"。

众所周知，猪并不是吃进多少就能吸收多少，猪饲料回肠消化率是判断猪饲料营养吸收状况的关键指标。印遇龙和课题组成员一起，提出研究"猪饲料营养物质与代谢产物回肠末端消化率测定新技术"。

蛋白质、氨基酸、微量元素等营养物质的消化率，是指导猪饲料配方的重要参数。如果仅仅用粪分析方法，因大肠特殊环境的影响，数据会受到干扰；只有同时测量回肠食糜，才能得到真实数据。

测量回肠食糜，传统方式是屠宰实验用猪，一个样品要用掉一头猪。印遇龙从国外引进瘘管手术新方式，在猪的回肠末端装上瘘管，在不影响猪的生命周期的情况下实现连续性取样。为此，印遇龙还动手制作当时国内较先进的猪代谢笼。

做瘘管猪消化代谢试验可不容易。他们用三轮车、平板车搬运和人工配制试验饲料 2.5 万多公斤，收集猪粪 1 万多公斤、猪尿 5000 公斤，分析样品达 4 万多次。特别是猪回肠食糜的收集，按实验要求，每隔7 天就要连续收集 2 天，2 天中每隔半小时就要在猪回肠中掏一次，并及时称重、烘干、磨碎，接着进行 10 多种营养成分的分析。

就这样，印遇龙团队率先对中国 40 多种单一猪饲料原料和 18种混合日粮中回肠末端表观消化率进行了系统测定，在此基础上制定了生长猪有效氨基酸的需要量。这些研究成果被收入中国饲料库，在行业内广泛应用。

多长"放心肉"，管好猪屁股

配制的营养饲料让猪长得快了，印遇龙又瞄准了新目标继续攻关。瘦肉精、抗生素、重金属残留的存在，让老百姓一度对吃猪肉不放心。印遇龙带领团队迎难而上，经过 10 多年努力，终以世界首创的成果圆梦。

仔猪断奶会引起一系列的应激反应，堪称"最难养的猪"。印遇龙团队从分子水平上揭示了功能性氨基酸促进仔猪生长的机制，并研制了具有抗生素和激素功能的药用植物营养调控剂，临床抗生素的用量明显下降。

半胱胺、亮氨酸和牛磺酸等功能性氨基酸可调控氮代谢技术，则能在低蛋白水平上使猪的体形和肉质得到改善，避免了瘦肉精的使用；氨基酸金属螯合物技术，能在猪营养和生长效果无显著差异情况下，使微量元素得到安全利用。

价格昂贵的 L- 精氨酸具有重要的生理、代谢、营养作用，若用于饲料添加，可确保人畜安全。但如何得到便宜的精氨酸呢？印遇龙团队历经多次实验，终于以便宜的味精为原料合成出了价格仅为精氨酸十分之一的精氨酸生素，添加到饲料中与猪体内的精氨酸分解酶结合，便生成了让猪能快长腹泻少的精氨酸，并且没有抗生素和兴奋剂残留。

为什么饲料的蛋白质转化率低呢？印遇龙团队穷追不舍，发现了"捣乱者"。原来，饲料中水溶性非淀粉多糖是造成内源氮分泌增加的主要因素，而猪粪中 75% ~ 95% 的氮来源于内源氮尤其是微生物氮。在很大程度上，这些氮造成了饲料蛋白质转化率低，蓄积在粪便中污染环境。

如此一来，非淀粉多糖水解酶可充当"克星"。印遇龙团队在此基础上开发了畜禽低氮低磷排放环境安全型日粮技术，被国内外企业广泛应用。美国营养学会会刊称赞，这项技术解决了国际猪营养学和饲料科学研究与应用中的许多重大技术难题。

"养猪和民生结合紧啊，重新选择还是研究猪。"

时间倒转到 40 多年前，印遇龙大学毕业刚工作时，并没有想过研究猪。

当时，国内饲料产业还没起步。于是，研究所领导把期望放在了吃得苦的印遇龙身上。

为了节省科研经费，印遇龙拉着板车去买猪。在一个冬天的傍晚，买猪回所里的路上，人车猪一齐掉进了冰冷的水塘。

研究中要给猪做手术，兽医请不到，医生又不乐意干。印遇龙只好从桃源老家请来行医的亲戚，趁着周末坐车到长沙操刀。

饲料的种类来源越多，研究结果越有说服力。那时买杂粮还要票据，老家的亲戚、同事有些票据没花出去，印遇龙的贤内助陶立华打听到就收集过来，买杂粮给他做实验，"也不晓得家里贴了多少钱"。

猪粪臭味难闻，食糜臭味更呛人，肥皂也难得洗净。有一年夏天，因做实验造成办公大楼充满了臭味，研究所领导准备找印遇龙谈一谈。但走到实验室，看见门窗紧闭，印遇龙团队顶着炎热和腥臭在工作，领导不忍心说了。

几十年光阴过去，说到人生的选择，面对记者的提问，印遇龙毫不迟疑地回答："养猪和民生结合紧啊，重新选择还是研究猪。"

农业农村部的规划是 2025 年我国生猪养殖业年产值要在 1.5 万亿元以上。作为国家生猪产业技术创新战略联盟的发起人和"盟主"，印遇龙挑起了更重的担子："要探索一条创新引领我省生猪生态养殖技术的发展之路，为畜牧业升级提供动力。"

（作者：周阳乐）

罗安：引领中国电气制造

人物档案

罗安，1957 年 7 月生，湖南长沙人。湖南大学电气与信息工程学院教授，中国工程院院士，大功率电能变换与控制领域专家。他带领团队突破了高密度电磁能量变换、高精度大电流控制及电能同步变换等关键技术。以第一完成人获得国家科技进步创新团队奖、国家技术发明奖二等奖 1 项、国家科学技术进步奖二等奖 2 项、中国专利金奖 1 项，并获得全国先进工作者、湖南省杰出贡献奖等荣誉。

罗安院士是国家恢复高考后的第一届大学生，考入湖南大学工业电气自动化专业后，开始与"电气智造"结缘，长期从事大功率电能变换与控制研究。因为博士生导师路甬祥院士"我的事业在中国"这句话，他数十年致力于祖国的科研和教育事业，带领他的科研团队，发明了一个又一个电气"神器"，为中国制造提供了有力的科学支撑。

罗安

国家需要，就是科研目标

"工科不能'纸上谈兵'，要结合国家的战略需求做科研。"这是罗安信奉的科研准则，也是他一直践行的科研方向。

长期以来，我国高品质特殊钢大量依赖进口。究其原因，是特殊的关键设备——电磁搅拌系统技术及其装备长期被国外公司垄断。

2003年，罗安带领自己的团队打响了攻坚战。

"尊重前人工作，但不盲从前人结论。"他带领团队多次深入现场考察，反复实验测试。2013年，罗安团队研制出世界首套2.8m宽、320mm厚辊式板坯电磁搅拌系统，并在沙钢成功投运；2018年，团队研制出世界首套3.6m宽、350mm厚辊式板坯电磁搅拌系统，并在南京钢铁成功投运。这意味着我国成为了该领域的世界"排头兵"。

这套电磁搅拌系统，搅动的不仅仅是钢水，更是钢材的国际市场风云。现如今，"中国智造"的电磁搅拌系统已出口到欧洲、中东、南美等地，成功演绎了弯道超车式的跨越发展。

电解铜箔，是我国集成电路、航空航天、通信器材、锂电池、屏蔽电缆等所需的关键材料。生产高效高质的超薄铜箔，大电流电解电源是关键装备，而我国在这一领域长期受制于国外。

为改变这种状况，罗安再次把团队科研和国家需求捆绑在了一起。

无数个深夜在实验室与机器为伴，罗安发明了 PWM 全控高频整流电解电源技术，从本质上突破了大电流、低纹波和低功耗电解电源的技术难题。他率领团队研制出了我国首台高精度 50kA（10 台 5kA 模块并联）大电流铜箔电解电源。与国际领先产品相比，其电源电耗降低了 12%。

目前，该电源装备已应用于我国企业多条高档超薄铜箔生产线，成品率提高了 15%，改变了我国高档超薄铜箔主要依赖进口的格局。

近年来，罗安又把眼光瞄准了水声通信等国家战略重大需求，开展大功率宽频带高保真数字功率放大器研发。

项目初期，研发费用紧张，研发人员少。同时，湖试和海试条件很恶劣，也给团队带来巨大挑战。但没有什么能阻挡罗安科研报国的决心。在无数个日夜奋战后，他带领团队研发了模块化组合数字功率放大的新技术，并于 2017 年研制出国内首台 5kV/50kW 的数字功放装备，技术指标达到国际先进水平。

以此为契机，他带领团队在水下声波应用领域深耕，初步构成了"水下声波雷达"成套系统。2021 年上半年，团队在东江湖对系统进行了湖试试验，作用距离突破 10km。接下来，团队将进行海试试验。"水下 50km，是我们下一个距离目标！"罗安对此充满信心。

看准方向，愈挫愈勇直至成功

1989 年，罗安在贵溪冶炼厂调研时，企业负责人向他抱怨，变压器电能损耗严重，"夏天需要好几个大鼓风机吹着来散热。"

罗安上了心，监测后发现是谐波惹的祸。

由电力电子装置等引起的谐波，就好比受污染的水中的杂质，直接影响了传输于电力网中的电能纯净度，是导致电力系统发生危机的主要原因。因谐波超标而引发的电力系统的灾难性大停电事故和大型设备重大事故，损失都要以千万元为单位来计算。

然而，当时国内常用的无源滤波装置成本虽低，但滤波效果一般。而国外引进的高压大容量有源滤波装置效果虽好，但存在结构复杂、功率器件多、损耗大、成本高等缺点。

"必须啃掉这块硬骨头！"罗安当即组建精干团队投身谐波治理。记不清有多少个不眠之夜，他们给一个又一个设备调试；记不清有多少个假日，他们陪伴在数据和仪器的旁边。从实验室的大胆设想，到试验现场的忙碌身影，一次次计算，一个个修改……1998 年，他们终于把研发设备安装上了企业的生产线。

然而，这个倾注了大家无数心血的装备却失败了。"设备损失高达 200 万元。"罗安回忆起当时的场景还很心痛。

团队士气低落，罗安却愈挫愈勇。"科研攻关的路上从来就没有坦途。"他带领团队研究分析失败原因，积极改进技术和工艺。

又是激昂奋战的 5 年。2003 年 7 月，贵溪冶炼厂车间，罗安亲自上阵，带着自己的 8 个硕士、博士研究生，打着赤膊，挥汗如雨，紧张又细致地安装研发的设备。

在设备启动的一刹那，绿灯亮了，设备正常运转。"我们成功了！"学生们跳了起来，罗安也跟着跳了起来。

这台设备是我国首台 10MVar/10kV、60MVar/35kV 系列混合型有源滤波器（HAPF）装备，功耗降低了 30%，价格仅为进口设备的三分之一。贵溪冶炼厂应用后，谐波电流畸变率由 19% 降低到 5% 以下。

目前，这种设备已成功推广应用于冶金、化工、铁路、电力等多家企业，为企业的谐波治理提供了一条大面积推广的新道路。

（作者：余蓉　周阳乐）

邹学校："辣椒院士"的为农情怀

人物档案

邹学校，1963年6月生，湖南衡阳人。中国工程院院士，湖南农业大学党委副书记、校长。在辣椒优异种质资源创制、育种技术创新、新品种培育等方面取得系列创新性成果。获得国家科技进步奖二等奖、全国五一劳动奖章、全国最美科技工作者、湖南省教书育人楷模等荣誉。

作为土生土长的湖南人，邹学校爱吃辣、能吃辣，也擅长研究"辣"。他农家出身、心系农民，专注研究辣椒40多年。从湖南农业科学研究院到湖南农业大学，他说："我这一辈子都没离开过农业。我的研究集中在一棵小小的辣椒上，不停地选育新品种，满足农民的需求，让更多的人吃上优质辣椒。"

邹学校

出差第一件事就是逛菜市场

邹学校出生在湖南衡阳一个农民家庭。虽然后来读了博士，成了院士，但他在科研的道路上始终和农民、农业保持着密切联系。

逛菜市场，寻找辣椒种子，这是邹学校多年来形成的习惯。每次到外地出差，他要做的第一件事就是到当地的菜市场转转，看看有没有新的辣椒品种。邹学校说："不断收集优异的辣椒种质资源，扩大杂交的遗传背景，这样才能培育出好的品种。"

有一次，邹学校团队前往秘鲁考察当地辣椒的生长情况。他们在一条河边上发现了一个苗圃，苗圃里种了不少辣椒，品质、外观俱佳。而这种辣椒，是邹学校以前没有见过的。无意间的发现，引起了邹学校的强烈兴趣。不懂西班牙语的他随即用手势与当地居民沟通。借着手势语，当地居民虽然知道邹学校对他们的辣椒感兴趣，但根本不懂他到底想要什么。就在邹学校一筹莫展之际，苗圃里来了一个工人，说这里的辣椒还没有成熟，不过另外一个地方可能会有这种辣椒的种子，他愿意带邹学校去找。

但是，邹学校在秘鲁的时间有限，无法亲自去寻找这个辣椒的种子，只好与这个工人沟通，请他帮忙寻找，找到后送到他的住处，并事先支付了费用。这次出差，偶然收集到的一个辣椒新品种，给他的科研工作带来了非常大的帮助。

小小辣椒成了"扶贫先锋"

注重科研成果的转化和产业化，是邹学校搞科研的一大特征。他在研究辣椒的同时，于 1996 年起，对口帮扶国家级贫困县泸溪县。

泸溪种植辣椒历史悠久。这里独特的地理条件和宜人的气候优势有利于辣椒生长，孕育了种类多样的特色辣椒。邹学校首次来到泸溪时，感慨道："这样的自然资源，种植辣椒最合适！"但当邹学校第一次把博辣红牛等辣椒新品种带到泸溪时，不少村民直摇头："产量增加两三倍？不相信！"这其中就包括村民李建成。以他的经验，村里种了那么多辣椒，碰上年景好，亩产两三千斤已顶天了，增产两三倍，怎么可能？

但邹学校还是带着自己的研究团队以及科研成果加入了"扶贫大军"。20 年间，他在当地推广了兴蔬 301、兴蔬皱皮辣、博辣红丽、博辣红牛等辣椒品种 10 余种。在政府相关部门的支持下，邹学校发起了博辣红牛示范种植项目。村民李建成用土地入股种植博辣红牛，成了这个示范项目的参与者。他通过邹学校的帮助，确实是将辣椒产量做到了"增产两三倍"——亩产从 1000 公斤增长到 3000 公斤！

农民增收了，邹学校的名声也传开了。丰厚的回报，带来了种植热潮。泸溪县委、县政府瞄准小小的辣椒，发展辣椒种植特色产业，大力推进"产业富民"战略，带领农民脱贫致富。这些年来，泸溪辣椒美名远扬，远销多个国家和地区。

一年四季都能吃上鲜辣椒

为什么喜欢吃辣椒的人越来越多？

邹学校说："湖南的辣文化在全国蔓延，与一项研究成果——微辣型辣椒有着莫大的关系。"

20 世纪 80 年代末，邹学校发现甜椒与尖辣椒（猛辣型辣椒）杂交可以产生一个新的辣椒类型——微辣型辣椒，而且产量极高。随着这一成果快速地推广到全国乃至全球许多地方，很多原先不吃辣椒的人，开始接受微辣型辣椒。

但对"怕不辣"的湖南人而言，不辣不过瘾。于是，邹学校又将西北的螺丝辣椒品种优化，推出了油闪闪、皱巴巴、脆生生、辣度高的螺丝辣椒。湖南人最喜欢吃的辣椒炒肉，如果不用这个辣椒品种，就会浪费那一碗肉。"我和团队还有一个重要的科研工作，就是不断研发新的品种，让大家一年四季、在不同的地方，都能吃上当地产的鲜辣椒。像在非洲的乌干达等国家，都大面积地种上了我们研发的辣椒品种。"邹学校介绍。

邹学校说，他和他的团队当前和未来研究的重点主要在三个方面：一是加快提升辣椒的分子育种研究水平；二是积极研究辣椒的机械化收割；三是进一步提高辣椒的品质，在风味、口感上要不断满足不同人群的多元化需求。

目前，邹学校还主持打造了“湘研辣椒”驰名品牌，加快了我国蔬菜种子杂种化、规模化、产业化进程；成立了国家特色蔬菜产业技术研发中心、国家大宗蔬菜产业技术体系长沙综合实验站、农业部华中地区蔬菜科学观测实验站、湖南省蔬菜工程技术研究中心，为世界一流的辣椒育种与资源创新研发平台、为辣椒产业发展提供有力的技术支撑。

（作者：李传新　庹小炼）

王维：异种移植的先驱

人物档案

王维，1960 年 7 月生，湖南长沙人。中南大学湘雅三医院首席专家、湖南省异种移植工程技术研究中心主任，联合国世界卫生组织异种移植临床研究规范制定专家组成员，享受国务院政府特殊津贴。在猪胰岛移植治疗糖尿病的临床治疗病例数和研究水平均为国际领先水平，肿瘤影像学诊断和介入治疗方面具备国内领先水平。获得中国医师奖、全国卫生系统先进工作者等荣誉。

为了让糖尿病患者活得"轻松"，王维教授和他的团队探索了 20 多年，在猪胰岛移植上获得了一系列重大突破。王维建立了从生物安全供体猪、胰岛提取制备到临床治疗全产业链原始创新技术，将猪胰岛移植到 I 型糖尿病患者身上，并在临床研究和应用阶段取得了世界领先的地位，极大提升了中国在全球异种移植领域的影响力和话语权。

王维

10万元起家搞科研

"轻松地活着多好。你知道患者的这句话对我有多大的触动吗？"问及研究猪胰岛移植的初衷，王维这样回答。

王维是家中第三代湘雅人，对患者有着强烈的悲悯之心。在临床中，他经常看到糖尿病患者求医无门，而当时的医学也对糖尿病束手无策。这让原本是一名放射科医生的他，开始关注糖尿病。

糖尿病被WHO列为世界三大难症之一，其中Ⅰ型糖尿病最为棘手。这类患者多为儿童和青壮年，身体却已丧失胰岛功能，只能靠注射胰岛素和控制饮食来降低血糖。由于血糖不稳定损伤血管，导致各种危及生命的并发症。

多年来，科学家们致力于研究用胰岛移植治疗，挽救 I 型糖尿病人生命。然而，人源供体不足 1%，这成了一个无法解开的"死结"。

随着放射介入治疗研究和实践的积累，王维在大量文献的阅读中受到启发：能否采用介入的方法，用人以外的动物胰岛细胞移植治疗糖尿病？ 1996 年，王维开始了研究，当时一片质疑声。

"开始非常艰难，医院挤出 10 万元科研经费给我们。"提起医院"雪中送炭"，王维很感动。白天需要完成医疗工作，实验只能在晚上和休息日进行。实验需要大批量的老鼠、狗，他们自己养。冒着被咬的危险，王维给患有糖尿病的老鼠、狗注射胰岛素，通宵达旦做实验。

1998 年，王维拿到了国家自然科学基金课题"经肝动脉肝内移植异种生物人工胰腺的实验研究"。这是湖南放射专业拿到的第一个国字号课题。

天南海北寻找"救命猪"

之所以选定猪胰岛细胞，王维解释说，猪和人类一起生活了几千年，没有严重的、不可避免的共患疾病。猪胰岛素和人胰岛素结构极相似，仅差一个氨基酸，而且猪的繁殖期短，胰岛细胞容易获得。

然而，要找到一头真正的"救命猪"并不容易。异种移植最大的危险来自猪内源性逆转录病毒 C。这是一种在猪体内正常存在的病毒，但移植后可能会发生猪病毒感染人的风险。

王维必须找到一种缺失内源性逆转录病毒 C 的猪。

为寻找最适合的供体猪种源，王维带着学生上青藏高原，下海南岛，到十几个省区的偏远乡村筛查了几十类猪源。历时 3 年，他们行程数万公里，终于筛选出最适合移植用的猪源，再通过近交培育留下一个遗传表现稳定的猪种。

在异种胰岛移植这样一个新兴研究领域，王维走得大胆而创新。

当时，国际上胰岛移植普遍采用的是经皮肤穿刺肝脏置管于门静脉植入胰岛，但这种方法伤肝，甚至造成肝脏坏死，还可能引发大出血。王维创新性将经颈静脉—肝静脉—门静脉途径的介入放射技术应用到移植胰岛手术，不损伤肝脏，大大增加手术安全性。

移植后的免疫排斥反应，是困扰全世界研究者的难题。王维探索了一种细胞调控技术，即"调教"人体内的免疫细胞，让其认识移植的猪胰岛细胞是"友"非"敌"，能大大减少抗排斥药物的使用，改善移植效果。

"没条件创造条件做，不等不靠，不怨天尤人，多动脑筋想办法。"这是王维常挂在嘴边的一句话。他称之为湖南人执着、霸蛮的"性格优势"。

国际异种移植临床研究规范烙上"中国印"

取得初步的开创性成就后，王维教授团队又历时 10 年在原有研究基础上取得了系列新突破，并在国际上首次建立了移植供体培养—猪胰岛提取—临床应用的完整技术体系。

2013 到 2017 年，王维、莫朝晖教授团队对 10 名 I 型糖尿病患者进行猪胰岛移植临床研究。跟术前比较，患者总体胰岛素使用减少60% 以上，最好效果减量 90%。根据国际公认的胰岛移植综合评分，平均达到 0.62 分，最高达到 0.88 分（完全治愈糖尿病为 1 分）。

2017年9月，行业国内顶级专家对"新生猪胰岛移植治疗 I 型糖尿病小样本临床研究"进行了终期专家评审。评价认为，王维团队的临床研究取得了目前国际上异种胰岛移植的最佳疗效，达到国际领先水平，可以应用于 I 型糖尿病的治疗。

中国在异种胰岛移植研究和应用方面的技术优势和领军地位，同样获得了世界卫生组织的认可。

2008年11月，世界卫生组织联合国际异种移植协会、原中国卫生部在长沙市召开全球异种移植临床研究规范研讨会，会议通过了《国际异种移植临床研究规范》，该规范被命名"长沙宣言"，以纪念这个制定了异种移植领域里程碑文件的城市。"长沙宣言"规定了联合国所有成员国开展异种移植临床研究必须遵循的基本原则和必须具备的生物安全基本条件。

时隔十年，2018年12月，由世界卫生组织主办的第三届全球异种移植临床研究规范研讨会又在长沙召开，进一步完善异种移植临床研究国际标准（2018"长沙宣言"），支持联合国各成员国安全有效地开展器官、组织、细胞等各种异种移植临床研究。

世界卫生组织两次选择在中国长沙召开全球异种移植临床研究规范研讨会，说明了中国政府对异种移植临床研究的规范化管理得到了国际社会的认可，也证明了中国在移植医学研究领域承担了一个在国际上有影响力的大国的责任。

（作者：段涵敏）

万步炎：“钻”向大洋最深处

人物档案

万步炎，1964年1月生，湖南华容人。湖南科技大学教授、“海牛”项目组首席科学家、我国第一台深海钻机发明人。领衔研制的“海牛Ⅱ号”，刷新世界深海海底钻机钻探深度。获得全国先进工作者、全国最美教师、湖南光召科技奖等荣誉。

2021年4月7日23时左右，我国首台“海牛Ⅱ号”海底大孔深保压取芯钻机系统，在南海超2000米深水成功下钻231米，刷新世界深海海底钻机钻探深度！高7.6米，腰围10米，体重12吨的“海牛Ⅱ号”，由湖南科技大学教授万步炎领衔研发。“国家受制于人的地方就是我努力的方向，海洋梦就是我的中国梦！”万步炎誓言铮铮，掷地有声。

万步炎在指挥操作"海牛Ⅱ号"海试

国家的需要就是我的研究方向

1964 年，万步炎出生于华容县三封寺镇，父母都是孤儿，门楣上高悬"光荣烈属"的牌匾。外公彭明早年参加红军，担任过湘鄂西苏维埃政府七县巡视员，1932 年在洪湖作战中牺牲，年仅 31 岁。万步炎记得，幼时因外公是烈士，家里每年有 300 公斤谷子的救济；长大了，万步炎才明白，外公干革命不是为了自己，而是为了国家民族，为了理想信念。很多年以后，他终于与从未谋面的外公心灵相通：一腔热血报效祖国。

1978 年，14 岁正读高一的万步炎被老师拉去提前体验高考，没想到一举考中。他填的志愿都是名校的航空航天和天文学专业，却被调剂到了中南矿冶学院地质系探矿工程专业，一下从"天上"掉到了"地下"。但少年的好奇心让他马上就转移了"阵地"，在中国"矿冶黄埔"静心"钻地"7年。1985年，国内第一个海洋采矿研究室在长沙矿山研究院成立，亟需引进相关专业人才。"国家的需要就是我的选择！"硕士研究生毕业的万步炎毫不犹豫，第一个报名，并如愿以偿。

在海底打下第一个"中国孔"

当卫星一颗颗上天，人类对海洋的探测却仅为5%。

1968年，美国提出实施深海钻探计划；1985年，由深海钻探计划发展成国际大洋钻探计划。当发达国家在四大洋"跑马圈地"时，受海洋技术所限，中国人只能望洋兴叹。

1992年3月，正是樱花盛开的时节，有着扎实外语功底的万步炎获邀去日本当客座研究员，研究海洋采矿扬矿技术。一年后，因其超强的自学和动手能力，日方用百倍于国内的高薪挽留他："你是中国人中的佼佼者，中国的条件比日本差远了，留下来吧！"

是的，当时中国海洋采矿技术几乎一片空白。但日方的技术封锁和对中国人无处不在的歧视深深刺痛了万步炎，他谢绝了日方的挽留，并暗暗发誓："中国落后于人的地方就是我努力的方向。"

1998年，万步炎第一次登上远洋科考船，协助开展深海土工力学测试设备海试。整整一周，他因晕船吐得昏天黑地。然而比晕船更难受的，是他看到船上小到塑料取样管，大到绞车，都是清一色的"洋品牌"。更令人沮丧的是，国家花重金从俄罗斯租的一台海底钻机，钻探了整整一个航次，颗粒无收。

西方不卖海底钻机，租的又不中用，怎么办？有关部门被逼无奈，1999 年面向全国招标，做自己的海底钻机。见过海底钻机、学过陆地钻探、做过海洋采矿系统研究的万步炎和他的团队如愿中标。

一切从零开始。万步炎心里憋着一口气，自学机械设计、电子技术和自动控制。自己画图自己生产，图纸画了几千张，五六人的团队经常熬到凌晨一二点，从整机到部件完全自主创新，终于在 2001 年制造出了中国人自己的海底钻机。2003 年夏天，我国首台深海浅层岩芯取样钻机终于海试成功，在海底下钻 0.7 米，打下第一个"中国孔"，取回了矿石样本。

莫小看这 0.7 米，这是中国海底钻机挺进深海的第一步。第二年，这台钻机即投入大规模大洋资源勘探，每年要在大洋底部钻上 100 多个"中国孔"。

惊心动魄的 48 小时

自主研制的第一台海底钻机海试的成功，让万步炎信心大增。2007 年 5 米，2010 年 20 米，2015 年 60 米。万步炎和他团队研制的钻机一步步钻向更深的海底。

但变幻莫测的大海，一次次向他们发出挑战。万众瞩目的"海牛Ⅱ号"差点就葬身海底。

2021 年 3 月，"海牛Ⅱ号"赶在科技部验收前进行海试。300 米水深成功，1000 米水深顺利完成作业，钻机回收。突然一声巨响，7 年前从丹麦进口的配套收放绞车坏了。绞车负责排缆的丝杠从轴承座中脱落，减速箱箱体破裂，盖子成了碎片。此时钻机悬吊在 1000 米水下，离海底约 6 米，收不回，放不下。更糟糕的是，根据天气预报，48 小时后，强台风就要席卷这片海域，船必须离开躲避。

只有 48 小时！如果不能回收钻机，就只能砍断脐带缆，把价值几千万元的钻机丢弃在海底。

中方紧急向外方厂家求助，答复是已经过了保修期，没遇到过这种情况，爱莫能助；联系国内代理商，也称无能为力。

时间已过去了 9 小时，全船人都认为钻机没救了。

"求人不如求己！"万步炎处变不惊，甚至有一种迎接挑战的兴奋。他决定临时构建一个液压系统替代原有电动系统。说干就干，他马上进行设计，整个团队奋战近 30 个小时，终于搭建安装好了临时系统。万步炎又亲自指挥操作，将悬在深海中 46 小时的钻机救上了船。此时，离台风来袭剩下仅仅两小时。

万步炎和他的团队迄今已取得 125 项国家专利，4 项国际发明专利。他们的海底钻机在太平洋、印度洋钻了 2000 多个"中国孔"，完成了多座国际海底矿山的普查勘探。

奋斗者的脚步永不停歇。2022 年，万步炎又立下了下一个目标——让中国人在地球最深处、深度超万米的马里亚纳海沟打下"世界第一钻"！

（作者：易禹琳）

龙兵："移动"思政课成网红

人物档案

龙兵，1972年10月生，湖南攸县人。湖南大学马克思主义学院教授。从教多年，他善于打破传统，将课堂教学和实践教学有机结合，打造深受学子喜爱的"移动"思政课，让思政教育真正入脑入心。被评为全国模范教师。

在千年学府湖南大学校园里，有一位老师的思政课，自带流量。曾有学生调侃，上龙兵老师的课不仅要"拼人品"，还要"拼手速"。任教思政课27年，龙兵致力于打造"移动"思政课，在行走中、创新中，将情怀与信仰，根植于莘莘学子心间。

开学第一课，龙兵在岳麓书院给湖南大学研一新生上思政课

上"移动"思政课，他是"网红"老师

时光倒回 2020 年。当年 9 月 17 日，习近平总书记在岳麓书院考察调研，指出"要把课堂教学和实践教学有机结合起来"。

同样，在不少湖大学子心中，龙兵的思政课是充满"魔力"的。打造"移动"思政课，是他在思政课教学上的"密钥"，更是他把思政课讲活讲火、入脑入心的"密码"。

"如何让学生爱上思政课？"这是从 1995 年走上思政课讲台的第一天起，龙兵一直在思考的问题。"学生的困惑点就是我教学的着力点，思政课不应局限于教室小课堂，思政教材也不应该只拘泥于书本，要带领学生走出去、见世面、多实践，让他们在社会生活中切身感受到思想政治理论也是可以触摸、具体可感的。"龙兵说。

他的思政课，总是冒着"泥土气"——历史与现实的交融，孩子们在行走中，坚定理想、根植信仰；他的思政课，总是冒着"热气"——让课堂教学紧跟时事热点，孩子们在聆听中，了解时代、认知自我。

在中共湘区委员会旧址，他给学生讲授习近平总书记关于"不忘初心、牢记使命"的重要论述；置身抗美援朝老兵家里，他的讲述带领学生重温那段筚路蓝缕的峥嵘岁月……27年来，他把课堂贴上了"一景一主题"的标签，学校内外人文历史景点、红色教育基地等都成了他的讲台。

不仅如此，他还将目光瞄向基层。这些年来，他曾多次带领学生奔赴田间地头开展调研实践活动，与农民同吃住，边干农活边聊天；也曾和学生一道走进工厂车间一线，鼓励学生了解乡村振兴战略，坚定为国为民奋斗的情怀。

上课前先用10分钟与学生一起浏览新华网等主流门户网站，再解读时政热点，他让课堂多了许多书本之外的新知识，也让在一些人眼中较为乏味的思政课变得新鲜，深受学生喜爱。

这些年，有学生在课后毅然提笔书写入党申请书，有学生在实践活动结束后坚定自身毕业后回到基层工作的信念……在一堂堂别开生面的思政课感召下，信仰的种子在每一个学生的心中悄然萌芽。

做思政"践行者"，他是"知心"大哥

在龙兵心里，要提升思政课的"亲和力"，还得走进学生的心里，既要给他们讲知识，也要多和他们说说心里话。

他把每个孩子都看成了自己的孩子。于细节处，探寻孩子们的内心；于实践中，做孩子们的好老师、好朋友、好大哥。

"要是没有老师的帮助，我就不会如此顺利地毕业。这些年，我回到家乡，为新疆的发展奉献青春，更将龙老师的爱心传递下去。"毕业后回到家乡工作的沙尔合提·索勒坦哈者，每每提到恩师当年的善举，都十分动情。

她和龙兵之间的故事，源于当年思政课一次题为"我的学费"的作业。彼时，沙尔合提·索勒坦哈者在作业中"准备辍学一年，打工去赚学费"的想法，令龙兵的心隐隐作痛。他当即决定每个月拿500元来资助她直至她大学毕业。

这是龙兵资助的第一位学生。这些年，龙兵共自掏腰包资助了10名贫困学生。

可他觉得"这没什么"。"我是一个农家孩子，母亲早逝，和身有残疾的父亲相依为命。当年受人资助才得以完成大学学业。现在条件好了，我就想着尽自己的能力来帮助困难学生，传递爱心，回报社会。"他的话语，总是那么朴实。

龙兵的思政课，也可以在宿舍里进行。历届学子喜欢把这堂特殊的课，称为"家访"。

围坐在一起，唠唠家常，也听听"牢骚"，及时捕捉孩子的所思所想，这是龙兵从前辈那里"取的经"——龙兵得知老一辈政治课教师经常会到学生宿舍交流思想，与学生同吃同住，有的放矢地进行思想政治教育。受前辈启发，他立即将这一"家访"理论用于实践。

没有"看得见"的教学工具，却能收获"最走心"的教学效果。他曾聆听他们的青春迷茫，帮助其重新树立前进的航向；他曾亲眼见到学生生活捉襟见肘，更深入了解其家中贫寒窘相，第二天就再次回到宿舍，把一笔不薄的资助金送到学子手上；他曾热情鼓励学生勇敢面对即将进入的职场，更是亲手为学生挑选皮鞋、西装……他为孩子解燃眉之急，以实际行动树立一位思政教育者应有的形象。

时代向前，使命在肩。2021年8月印发的《湖南省"十四五"教育事业发展规划》明确强调，要"总结推广习近平总书记点赞的'移动'思政课教学经验"。

春风化雨，行胜于言。20多年来，龙兵就像上足了发条的时钟，不停运转，不知不觉头上的青丝已变成白发。"一辈子只做一件事情。我呢，一辈子只想把思政课老师做好，一心一意上好思政课。"龙兵说。

（作者：周倜）

徐宏勇：桃李满园"种树人"

人物档案

徐宏勇，1976 年 3 月生，湖南望城人。长沙市雅礼中学教师。从教 24 年，他始终致力于拔尖创新人才培养，将大批学生送入国内外名校深造。被评为全国模范教师、湖南省特级教师、湖南省教书育人楷模。

教书育人，他是当仁不让的"大先生"；与人相处，他又化身温暖有爱的"大暖男"。春风化雨 24 载，他用爱守护孩子前行，点亮一盏盏梦想的明灯。长沙市雅礼中学教师徐宏勇，深耕教育一线，培养出一大批优秀学子，尤其是生物学科后备人才。桃李虽已满天下，仍做辛劳种树人。如今，他依然在路上，培育更多学子，在菁菁校园里茁壮成长。

徐宏勇（左一）在给学生上生物课

教书是一份"让人手心冒汗的工作"

琐碎的生活，重复的工作，改不完的作业，讲不完的课……这是徐宏勇从教以来，生活的日常。

1998年，22岁的徐宏勇从湖南师范大学一毕业，便来到雅礼中学初中部当生物老师兼班主任。由于教学成绩突出，3年后，他被调往高中部任教。

学为人师，行为世范。从站上三尺讲台的第一刻起，对教师职业的敬畏之情，根植其心；对教书育人的使命感，与日俱增。"温文尔雅""博学多识"，是身边人对他的评价。"上徐老师的课，总觉得时间过得很快，不知不觉中下课铃就响了。"学生们这样赞扬他们的徐老师。

教书是一份"让人手心冒汗的工作"——这是刻在徐宏勇心底的信念。"无论教了多少年，要是哪天上台讲课发现台下学生脸上的表情不对，我就手心冒汗背脊冒汗，课后还会不停懊悔，是不是自己讲得不好。"徐宏勇说，为了上好每一节生物课，24年来他自学了生物学科很多新知识、新技术，了解生命科学的发展动态，掌握科学研究的基本方法，从不敢停止学习的步伐。

2002年起，徐宏勇成为学校生物奥林匹克竞赛教练，这位在校内有着"生物大神"之称的名师，希望能挖掘、培育更多生物学科的优秀"后浪"。

"老师对学科的热爱、对工作的严谨，深深吸引了我。是他的生动课堂，带我认识生物世界；是他的个人魅力，带我走上探索之路。"谈起这位"亦父亦友"的恩师，2019年进入清华大学深造的黄奕远，内心是满满的佩服与感激。

2019年，是黄奕远成长过程中最难忘的一年，也是所有"雅礼生物人"心中最荣耀的时光——当年的国际中学生生物奥林匹克竞赛上，黄奕远和其他三名中国队队友一起夺得了四枚个人金牌，写就了中国队参加国际生物奥赛的历史最好成绩。

20年来，徐宏勇共指导近60名学生获生物联赛省一等奖，9人获得全国决赛金牌并入选国家集训队，2人代表中国参加国际竞赛并获得金牌。

在徐宏勇看来，拿奖牌并不是最终目的，把一批批学子送到更高处去才是。"能够培养一些拔尖人才，为国家为人类作出一些贡献，这大概是当老师最大的成就感。"他说。

"学生也是生命体，爱的教育不可或缺。"

"生物是门很有灵性的学科，研究对象都是一个个生命体，学生也是生命体，爱的教育不可或缺。"徐宏勇觉得，做一名好老师，爱的教育是不可或缺的。而包容、理解学生的多样性，就是给他们最好的爱。

带领孩子们在生物奥赛的世界驰骋，他深知竞赛压力之大，于是，他打造了一套自己的独门秘籍，那就是用"理想情怀教育"，为学生赋能。

"为自己奋斗，很容易畏难，为国家奋斗，才有源源不断的动力！"每一次竞赛班开课，他总是先从钱学森等老一辈科学家的故事讲起，再讲到当前国际形势，以及国家对科学人才的渴望……他的课堂，没有太多空洞的说辞，一番番语重心长的话语，逐渐点亮了学生们眼里的光、心中的梦。

2013年起，徐宏勇在学校多了个人尽皆知的外号——"号码百事通"。那一年，他还担任起了学校教科室主任，比以前更忙了。

"我微信里有数不清的家长，他们习惯有事就找我，住宿、学习、心理问题……有时候着急了半夜打电话过来，所以我的手机都是待命状态。这是家长对学校的信任，对我的信赖。"徐宏勇说，再忙，也决不能改变24小时手机开机这个雷打不动的习惯。

徐宏勇还有一个习惯，那就是面谈。这些年来，每次招收高一新生，徐宏勇都会守在现场，和家长、学生面对面交谈。相比一味询问学习成绩，他更喜欢和孩子们唠家常，兴趣爱好、崇拜的偶像、最喜欢的书籍等话题都是谈资。这在无形中迅速拉近了他与新生的距离，获得了孩子的信任。

"今天，我们每一位同学唯有磨砺坚韧的品格和积极的态度，以及知晓你来这里的目的，方能学有所成，请保持你的专注，潜心学习、积极锻炼，耐心实现自己的目标，只有不懈地自我完善、自我觉醒，才能有机会丰富广阔的世界。"2021年9月5日，雅礼中学秋季开学典礼上，徐宏勇作为教师代表发言，说出了对孩子们的期许。

桃李虽已满天下，仍做辛劳种树人。

历史总是惊人的相似，但又不会简单地重复。"教书20多年，我的学生从80后，到90后，再到00后，每个时代的学生都有不同的特点。老师要不断学习，与时俱进，才能跟得上学生的步伐。"谈及未来，他说自己将一直在路上。

（作者：周倜）

张京华：沉于湖湘文化之野

人物档案

张京华，1962 年 2 月生，北京人。湖南科技学院教授、国学研究院前院长。湖南省濂溪学研究会会长，湖南省濂溪学研究基地首席专家，享受国务院政府特殊津贴。他致力于研究湖湘文化，躬耕教育，打造地方学术殿堂。出版学术著作 10 余部，整理古籍 20 余部，发表学术论文 200 余篇。

湘江碧透，沿永州市零陵古城蜿蜒北上，两岸绿叶新裁，红花似火，生机盎然。从北京大学到湖南科技学院，从大都市到江南小城，张京华只为深入研究、传承国学，弘扬湘楚文化。在湖南科技学院 19 年，他出版相关著述 41 部，发表文章 200 余篇。如今，60 岁的他仍在这片土地上忘我耕耘。

张京华和学生在开展研究

痴心研究，挖掘"湘楚文明"

湖南科技学院国学院，书声琅琅，已退休的张京华教授仍在悉心指导学生。

张京华于1979年考入北京大学历史系，后在北大从教16年，被破格评为当时北大最年轻的副教授。2003年，他带着2吨书籍来到湖南科技学院。

对湘楚文化，张京华如醉如痴。

10多个寒假，妻子回河南老家陪父母过年，张京华留在永州，买些鸡蛋、白菜、面条煮着充饥。除了每晚回家睡几个小时，他都在研究室看书、写作、整理书稿。

张京华出版了50万字的《湘楚文明史研究》，在学术界首次提出"湘楚文明"概念。他研究楚国始祖、楚国第一位国君鬻子，将不到2000字的《鬻子》做了10万字的《鬻子笺证》，用大量史实考证鬻子其人、其文的真实性。

他还在湖南率先开展对湖南和越南文化交流研究。他购买《越南汉文燕行文献集成》25册，与学生一起撰写发表《三夷相会》等论文10多篇。在他影响、指导下，他的同事、学生也对湖南与越南文化交流课题开展深入研究。

明末清初大学者、思想家顾炎武的《日知录》，很多学者做过注解。张京华一字一句阅读《日知录》原著和历代名家500多万字的批注，用了整整5年时间，撰写《日知录校释》《抄本日知录校注》，公开出版后在学术界产生很大影响。全国古典文献专家栾保群专门给他写信，认为在现有校注本中，张京华"做得最好"。

爬洞攀岩，唤醒千年石刻

2006年，张京华陪同汉代思想研究专家金春峰到永州朝阳岩参观，无意中发现宋代政治家邢恕的石刻，引发他对石刻文化研究的兴趣。

因为特有的地质条件，永州唐宋石刻在全国数量最多、种类最全。然而，永州石刻研究却少见。

从这次起，每逢节假日，张京华或独行或结伴，到九嶷山、浯溪、朝阳岩、淡岩、拙岩等地，整理、发掘永州摩崖石刻。

在江华阳华岩洞考察石刻，时值寒冬，张京华穿着防水服，在洞中及腰深的冰冷溪水里，一待就是一整天。道县月岩绝壁上摩崖石刻太极岩，高 10 余米，张京华带领大家搭建脚手架，攀上去细细端详。

永州城郊石山脚湘江边的拙岩，创自明代文人沈良臣、沈良佐。这里荒草丛生，荆棘密布，无路可访。张京华及其团队 10 多次前往探寻、勘察，先后发现石刻 32 块，其中诗词 26 块，都是绝世珍品。勘察结果公布后，文物部门闻讯，立即申报拙岩为市级文物保护单位，现已升级为省级文物保护单位。

2015 年寒假，张京华组织月岩田野考察。10 余人历时 7 天，爬洞攀岩，勘得宋元明清民国时期石刻 63 块。

经过艰辛考察、研究，张京华得出永州摩崖石刻总量近 2000 块的推论，并首次提出"摩崖文学""摩崖书法"新概念，引发学术界广泛关注。

2021 年，永州摩崖石刻成功出圈，"摩崖上的中兴颂——永州摩崖石刻拓片展"在中国国家博物馆举办，并在《中国国家博物馆展览系列丛书》中出版大型图册，在中国历史研究院举办学术研讨会。

创新教学，育得桃李芬芳

偏居永州，张京华以旁人眼中近乎"愚痴"的方式，诠释何为"老师"。

"什么样的人称得上老师？"张京华自问自答，"士希贤，贤希圣，圣希天。老师要有超越功利的价值追求，不能以学历'投资'混饭吃。"

在湖南科技学院师生眼中，张京华是一位好老师，也是一位好兄长。在课堂上，张京华自编教材，因材施教。走出教室，张京华与学生在校园的桂花树、大樟树下一起吟读、交流；带领学生走进西山，读柳宗元的《始得西山宴游记》；走进柳子街，读柳宗元的游记、小品和《愚溪诗序》，探讨柳宗元的文学成就；走到潇湘河边，诵读古往今来歌咏潇湘的诗文……

张京华把自己的藏书搬到一间空屋，中间拼两张乒乓球桌，谁有兴趣都可以来看书。他鼓励学生只要静下心坐得住，人人可以做学问。彭二珂是预科生，在张京华指导下出版了20多万字的作品，后来考上天津师范大学研究生。彭二珂回忆："暑假里，张老师帮我校书稿，一个标点符号都不放过。我每天搬个小板凳坐在一旁跟着学，实打实改了一周。"

2009年，张京华带领中文系49名学生到朝阳岩，上古代汉语选修课。朝阳岩精湛的石刻、优美的诗句，让学生沉迷其中。一门课下来，10多名学生爱上了摩崖石刻研究。学生欧阳衡明、刘瑞、侯永慧、汤军等先后出版《零陵朝阳岩诗辑注》等著述4部、发表论文20多篇。张京华与学生一起发现最早的朝阳岩石刻，系唐代大历年间安南都护张舟真迹，填补国内对朝阳岩摩崖石刻研究的空白。

从2004年起，张京华在学校组织成立国学读书会，不分年级、系别，面对面、手把手带领学生一起读书、研究。几所大学出高薪聘请张京华，被他婉言谢绝。2015年，他创办湖南科技学院国学研究院，"培养读书种子"。国学院教学采取小班制、导师制，学经典原著与田野考察并重，文史哲融合，还开了古琴、汉服等课程。

在张京华悉心指导下，他的学生共发表论文80多篇，出版专著7部，30多人考上硕士、博士研究生。

（作者：刘跃兵）

许菊云：湘菜大师

人物档案

许菊云，1948 年 9 月生，湖南长沙人。16 岁到火宫殿学厨，从事餐饮业 58 个春秋，被誉为全国厨师的杰出代表。第十一届、第十二届全国人大代表。其嫡传弟子 260 多人，遍布海内外。全国五一劳动奖章获得者，被评为全国劳动模范、国家高级烹饪技师、中国湘菜大师、中国烹饪大师。

从第一次获奖到名扬九州，许菊云将手中的食材伴着油盐酱醋，经过一次次炒、爆、熘、炸、烹、煎、溻、贴、瓤、烧、焖、煨、焗、扒、烩、烤、熏……变成一盘盘湘派美味。从 16 岁进入餐饮行业，到 74 岁时仍在不断翻炒，大师就是这样练就的。

许菊云烹饪经典湘菜——剁椒鱼头

"炒"出来的大师

16岁时进入百年老店火宫殿酒家，看着普通的食材被师傅们像变魔术一样烹制成一盘盘精美菜肴，许菊云被深深地吸引，对烹饪产生了浓厚的兴趣。

许菊云拜湘菜名厨毛寿松为师，从最基础的洗、切学起。他每天都是第一个到店，做好和煤、生火、打杂等准备工作。他勤奋好学，师傅们很喜欢他，他也成了当时众多学徒中唯一能观看师傅现场操作的人。

白天看完师傅们的操作，晚上许菊云就自己购买原材料回家练习，一遍又一遍地反复琢磨、试制，做完后端着菜上门请师傅指点。功夫不负有心人，许菊云的勤奋好学终于使他在烹饪界崭露头角。

1977 年，许菊云被调入百年名店玉楼东。有"湘菜黄埔军校"之称的玉楼东，名厨云集。他十分珍惜这个难得的机会，虚心向师傅们讨教，很快熟练掌握了传统湘菜的制作技艺。

1988 年，许菊云参加第二届全国烹饪大赛，凭借双味太极里脊、金鱼戏莲、柴把鳜鱼、鸡汁透味参鲍四道菜，一举夺得 2 金 1 银 1 铜 4 枚奖牌，为湖南代表团实现全国烹饪比赛金牌零的突破。

从此，各种荣誉接踵而至。

虽然集各种荣誉于一身，许菊云仍然兢兢业业。他希望厨师从业人员能够坚持自己最初的梦想，踏入这一行，就要钻进去，一钻到底。

2004 年，许菊云带领弟子参加第五届全国烹饪比赛，取得 6 金 4 银 2 铜的骄人成绩。在他率领下，弟子们频频在全国大赛摘金夺银，为全国八大菜系之一的湘菜找回了自己的位置。

让湘菜回归本味

怎么做好一道菜，许菊云有秘籍。

要有快刀。许菊云有两把刀，一把比较轻，用来切片切丝，另一把则相对较重，用来处理比较硬的食材。

学徒出师后，许菊云在坡子街老字号铁铺打制了两把菜刀，其中一把出自当时最有名的铁匠师傅徐万兴之手。

1978 年长沙市烹饪技术大赛上，许菊云携这把"老伙计"上阵，以 2 分 55 秒的速度烹饪出美味麻辣子鸡，一举夺魁。

"刀用到它寿命的一半，是最好用的时候。"许菊云说，经过多年磨合，他和这套刀具达到最默契的状态。他非常珍视这套刀具，"宝刀"从不轻易"出山"，只会在参加大型比赛、表演时才会带上。

有了刀工，烹调则是最重要的一环。

许菊云认为，湘菜秉承几千年的荆楚湖湘文化，"油重色浓全辣"是其传统特点。但与川菜等菜系相比，湘菜的辣却显不出自己的特色，"油重色浓"已不能满足当今社会追求健康饮食的需要，因此湘菜的发展要在传统特点基础上，吸取其他菜系的精华，取长补短，不断开拓创新。

近年来，许菊云一直致力于湘菜的改进，让湘菜回归本味。出自他手的湘菜有四点最重要：营养合理搭配、质量卫生安全、拥有绿色保健功能、追求良好口味。"前三者是前提和基础，只有广泛选取四面八方的新鲜健康绿色原料，辅以湖南特色的调味料，加上湘菜精细的刀工、讲究的烹饪技术等，湘菜才能占领市场尤其是中高档市场，才能深受广大食客喜爱。"

推陈出新发展湘菜

已过古稀之年的许菊云，最关注的是湘菜的传承。

"湘菜的传承发展，只有不断推陈出新，走出国门，才能成为世界了解湖南的一张特色名片。"许菊云说。

虽然中华饮食文化已成为连接世界华人华侨的重要纽带和基础，却难登大雅之堂。这主要因为海外中餐馆多为家庭式小规模经营，专业人才缺乏、菜品单一、风味质量参差不齐，不仅无法表现中国饮食文化的丰富内涵，更不能真实展示中餐营养健康的一面。

许菊云身体力行，带着湘菜"走出去，请进来"。每次去国外做烹饪表演，都会带上浏阳的豆豉、醴陵的辣椒、茶陵的大蒜，他相信原汁原味的湘菜在国外也可以做出新口味，让老外们觉得与西餐相比别有一番滋味。2002年，许菊云应邀去澳大利亚进行餐饮文化交流，用当地最好的鲍鱼和湘菜调料烹制的湘味海鲜，让现场外国朋友一饱口福，并大为称赞。

许菊云担任过两届全国人大代表，在全国两会上，他为传承中华饮食文化大声疾呼："中国烹饪有几千年的历史，不能停留在手工和口头传承方式上，我们可以成立专门组织，通过中餐申请世界非物质文化遗产、举办全球巡展等有影响力的交流活动，全面宣传中国餐饮文化。"许菊云认为，还可以通过设立专项资金，制作表现中餐与时俱进、注重文明、讲究科学、营养美味的形象广告，适时在欧美主流媒体刊登传播，展示中餐的全新形象；委托相关组织在国外开展中餐认证，促使一批在国外的中餐馆达到国内优秀中餐企业的水准，进一步提升中餐业在海外的质量、品位和档次。

头顶中国湘菜大师、劳动模范等光环，许菊云希望借助这些名誉的力量，将湘菜厨艺推至千家万户，让更多人了解、喜欢湘菜，真正实现湘味四溢。

（作者：熊远帆）

夏昭炎："赤脚教授"回乡躬耕"文化田"

人物档案

夏昭炎，1935 年 10 月生，湖南攸县人。湖南科技大学文艺学教授，从事文艺学、文艺美学研究。年近七旬退休返乡的夏昭炎，拿出积蓄在家乡"种文化"，成为家乡新农村建设的热心人和新乡贤的代言人。被评为全国道德模范、湖南省最美新乡贤。

从湖南科技大学退休后，夏昭炎回到故乡——株洲市攸县石羊塘镇谭家垅村居住。18 年来，他与老伴杨莲金甘当"种子"、扎根乡土，崇文兴教、涵育乡风，反哺桑梓、造福乡亲，成为家乡新农村建设的热心人、新观念的倡导人、新乡贤的代言人。其德昭昭，其心炎炎。人如其名，夏昭炎如一团精神之火，点亮了乡村的希望，也照亮了自己的人生。

夏昭炎和老伴在农家书屋指导孩子读书

"种"文化：做繁荣乡村文化的种子

2004 年，夏昭炎罹患胃癌，切除了四分之三的胃。他和老伴回到村里养病，"余生为村里做点什么"的想法萦绕他的心头。

第一件事便是修路。"路不通，大家都没出路。"尽管当时经济状况不好，他还是集全家之力筹措了一笔钱，带领乡亲们一起修成了一条通村水泥路。

路好走了，乡亲们的物质生活也越来越好，但精神生活仍相当贫乏。农闲时节，村民们吃完早饭，便四处招呼人打牌。有人打牌时还把孩子带在身边，一些小孩就是在牌桌边长大的。

夏昭炎看到这种情况很是痛心，他也劝说乡亲们少打点牌，但村民一句"不打牌，我们干什么"让他无言以对。作为一名大半辈子从事文学研究的教授，夏昭炎想发挥自己的特长，做一些建设乡村文化的事。

他决定先从创办书屋开始，让乡亲们从牌桌前回到书桌前。当时，刚好村里祠堂边有一处闲置多年的旧房子。夏昭炎掏钱将房子买下来，修缮一新，同时搬来一些桌子板凳和家里的书籍、报纸。2009年4月，书屋"开张"了。老伴杨莲金挨家挨户邀请："明天都到书屋来看书吧。"第二天，陆陆续续来了十多位村民。大家挤在一起，读书看报。看到这一幕，夏昭炎夫妇心里乐开了花。

慢慢地，来看书的村民越来越多，场地容纳不下了，夏昭炎又修葺老屋，搭建风雨棚，设立阅览室、学习室和村民文化活动中心，并发动学生亲友为书屋捐书。目前，书屋的藏书量达万余册。书屋里一摞摞厚厚的借阅记录本写得密密麻麻。

村民读书的问题解决了，夏昭炎又操心留守儿童的事。攸县是有名的劳务输出大县，村里的留守儿童多，一到寒暑假大多无人管教。2010年暑假，夫妇俩在村里办起少儿假期学校，开设了古典文学、音乐、美术、益智游戏等课程。

假期学校特别受欢迎，名气也越来越大，不仅吸引了附近中小学教师来义务上课，还有多所高校的大学生志愿者前来支教。周边乡镇，甚至邻近县区的一些家长也把小孩送过来。

办书屋、开办假期学校、创办村民文化活动中心……夏昭炎说，乡亲们种稻田，自己就种"文化田"。

"种"健康：做引领健康生活方式的种子

回乡后，夏昭炎还发现，乡亲们缺乏医疗保健知识，特别是一些老年人有病不看医生，常常求神拜佛。

他和老伴商量："我们可以带领大家健身，开设老年保健课，教大家穴位按摩和保健操。"杨莲金是湘潭市卫生局的退休职工，懂得不少专业的医疗保健知识。

2011年5月18日，杨莲金主讲的保健讲"做"课程开课。杨莲金边"讲"边"做"，示范如何做保健按摩。老人们边学边做。

村民周东元曾患静脉曲张，痛得迈不开腿，用杨莲金介绍的方法坚持按摩，并用她配制的药材泡脚，一个多月后就能下田干活了。村民谢运运患有心脑血管疾病，每天和大家做心脑血管保健操，如今好几年都没发过病。

为讲好养生保健课，夏昭炎夫妇俩每天捧着大量书报资料，抄抄写写，自编教材，内容涉及如何预防心脑血管疾病、如何吃得健康等多个方面。除正月外，每个月的农历初三和十六，都是雷打不动的教学日。

与此同时，夏昭炎夫妇大力向村民推广回春医疗保健操、保健舞、太极拳等健身活动，在村里成立了文体队、军鼓队。如今，不管刮风下雨，每天早晚乡亲们都会相互吆喝着一起跳舞、健身。村民们说："病痛少了，打牌的少了，邻里关系也更好了。"

"种"道德：做涵养乡风文明的种子

"在外任教几十年，回到乡村做乡贤。和风细语搞说教，播种文化胜种田。"村民夏正凯的一首打油诗,赞的就是夏昭炎夫妇。

村里有什么事,谁家有个家长里短,都愿来找夏昭炎,都愿听他的。一方面夏昭炎德望高,村里修路、种树、捐钱他都做在前头;另一方面他学问深,讲道理生动、透彻,大家信服。

夏昭炎以书屋为依托开办了"小讲堂",经常给大家讲孝道、讲传统美德、讲时事政治等内容。他把一些做人处世道理与字形字义结合起来,用生动的方式讲给大家听。比如讲"仁"字,他说:"两个人在一起就叫仁,两个人心不好的话,就搞不到一起,就会不仁不义。"讲"信"字,他说:"'信'字是人旁言,言而有信方为人……"

在夏昭炎这位乡贤的精神感染下,当地乡风文明、家风良好、民风淳朴,一股向上、向善的力量在邻里升腾。村民见贤思齐,在当地掀起了一股学乡贤、敬乡贤、当乡贤的热潮。两年来当地已评选出59名身边的"新乡贤"。

夏欠秀、陈小兵,母子俩都是村民选出的"新乡贤"。夏欠秀老人主动腾出一间临街的门面房作图书借阅点,还亲自管理。夏龙,村里的年轻人,在外打拼,事业有成,受夏昭炎影响,他热心组织敬老孝亲联谊会、捐资助学……

德不孤,必有邻。夏昭炎夫妇在耄耋之年,扎根乡村,躬耕文化,用18年的奉献和坚守,书写了共产党人的初心和使命。

（作者：易禹琳）

粟田梅：侗寨"织女"

人物档案

粟田梅，1964 年 8 月生，湖南通道人。国家级非物质文化遗产侗锦织造技艺代表性传承人，党的十九大代表。曾任通道侗族自治县牙屯堡镇枫香村、文坡村党支部书记。粟田梅携侗锦多次参加国内外大型博览会，引发世界对侗族织锦的关注。被评为中国优秀织锦工艺传承人、中国织锦工艺大师、湖南省劳动模范。

"唧唧复唧唧"，在湘桂黔交界的通道侗寨，时常会听到侗家织女们飞纱走线奏响的千古乐音。这美妙的机杼声再次响起，与一位侗女的努力颇有关系。她就是粟田梅。她织出的侗锦如霞似画，美不胜收，连天上的织女见了都会"点赞"。"她是'织女下凡'！"人们这样感叹。

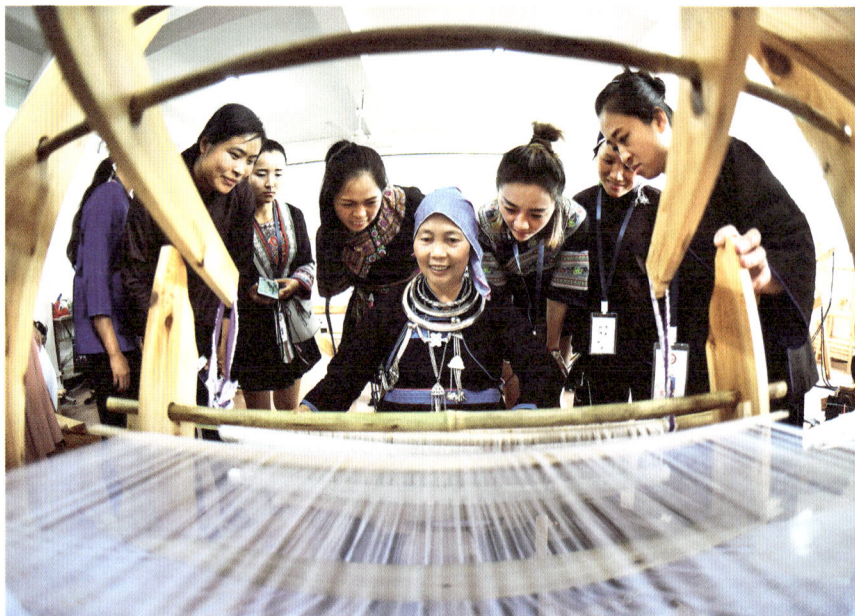

粟田梅（中）在向学员传授侗锦技艺

一举打破吉尼斯世界纪录

侗寨的天，蓝得像翡翠。粟田梅时常穿着一件纯净的蓝布衫。

12 岁开始随母研习侗锦，15 岁已能独立完成整经、穿扣等系列编织技艺，16 岁掌握复杂的"八十八纱"纺织技术，粟田梅是远近闻名的"巧织娘"。

侗寨风物、风情民俗，经粟田梅的巧手编织，就会变得栩栩如生。有人说，粟田梅织的侗锦上，侗家的芦笙似乎吹起来了，侗家的鼓楼更神圣了，侗家的风雨桥也更灵秀了。

一件作品，更让粟田梅名声大振。

这件名叫《中国梦·侗锦情》的作品，长 82.17 米，宽 0.47 米，历时 5 个月编织而成，2014 年 12 月在纪念通道转兵 80 周年主题晚会上亮相，一举打破吉尼斯世界纪录，成为目前世界上最大的侗锦作品。

在古老的斜架式织机前，粟田梅一坐就是一整天。纺织时，腰上、腿上要绑着各色丝线和带子。侗锦的织造工艺复杂，一般要经过整经、穿扣、穿纵、埋色、补色、勾挑、纬纱等 10 多道工序，最难的环节是数纱。这细如发丝的纱必须一根根数好、排好，一般的图案都是 1000 多根纱，要是把哪根纱数错了，那个图案就会全错。粟田梅的双手在各色线丝中熟练灵巧地舞动，织出栩栩如生的图案。

侗锦古称"纶织"，系侗族女性世代相传的纯手工织物，至今有逾 2000 年历史，是中国著名织锦之一。2008 年，通道侗锦织造技艺被列入国家级非物质文化遗产名录。其由于工艺复杂，全靠人工编织。年轻人多外出打工，不愿潜心学习织艺，侗锦面临传承困难的问题。"侗锦是侗族文化的一个重要载体。我十分担忧这门技艺就此失传。"粟田梅说。

粟田梅在牙屯堡镇创办了雄关侗锦坊，组织侗锦能手和爱好者统一作业、切磋技艺。她还办起侗锦织造讲习所，对参加侗锦开发的妇女进行培训。有时，村民遇到技术难题，粟田梅会走一两个小时山路赶到对方家里，手把手地进行指导。她举办的培训班培训了 1300 多位村民，许多人学会了织侗锦。参与织锦工作的妇女平均年增收 5000 多元，最高的一年收入超过 3 万元。

粟田梅为弘扬侗锦织艺而奔波，几度上北京、赴上海、到韩国首尔等地参加国际性大展，向世界展现侗锦的魅力。2012 年、2013 年，她先后两次远赴台湾，参加海峡两岸少数民族文化传承与创新研讨会，她与台湾学者合作的《侗锦文化传承的式微与反思》一文，引发世界对侗族织锦的关注。

"织女"原来是"乡贤"

从古至今，人们没有听说过女乡贤。可粟田梅这位国家级非遗传承人，不仅办了侗锦织造讲习所带领侗胞织锦致富，而且还非常热衷公益事业，积极倡导新风尚，在当地口碑很好，可以说是当地女乡贤。

粟田梅在牙屯堡镇开了个店铺。色彩亮丽的侗锦，挂满了小店。她穿着蓝色的侗布衣裳，身上还挎着一个吊着许多丝带的小包，一看就是典型的侗族妇女。她手艺好，徒弟满侗寨。乡邻在织锦上有什么问题，她有问必答，一点不藏私，还经常上门传授技艺。许多人织锦富了家。侗族同胞夸赞她无私地传授技艺，是当之无愧的乡贤。

"日子半忙半闲，生活半丰半俭，喝酒半醉半醒，心境半佛半仙。"这是侗寨不紧不忙的生活写照。侗锦为媒，引来无数游客。一脚踏进侗寨，犹如到了世外桃源，人们无不被秀丽的风光、独具特色的文化和五彩斑斓的侗锦所陶醉，也为"织女下凡"的女乡贤而喝彩。

把侗锦织艺这种侗族文化传扬开来，只是粟田梅"贤"的其中一面。她的"贤"还表现在兴办公益事业中，表现在兴教化、尚文明的行为举止里。

当地人最钦佩的是粟田梅的无私。她住在镇上，离枫香村还有相当一段距离。村里修路也好，建休闲广场也好，她从来都是把这些事当作自己的事认真做好。许多时候，要耽搁自己的生意，她也毫不顾忌，将很多的精力和时间投入到了村里的事上。

当乡贤不易，当女乡贤就更难。粟田梅的丈夫是做生意的，儿女在外工作，家里全靠她一人打理。刚开始打锣召集大家出公益工、别人将她当"要猴的"之时，她也彷徨过；在拆迁牛圈、猪圈建广场，有人反对咒骂她之时，她也伤心流泪过。可是，粟田梅用她的肩膀毅然挑起了建美丽乡村、树文明新风的重担。当出公益工的人名写满了寨楼的壁板，捐赠公益石碑一排排竖起，寨子里没了打牌声只闻织机声时，她知足了，她笑了。

通道侗寨于外界而言是神秘的。这里是湖南民族文化、风俗风情保存最完整的地方之一。鼓楼、吊脚楼、风雨桥是历史的见证，灿若云霞的侗锦亦是历史的见证。飞禽走兽、树木花草入画来，粟田梅织出了侗寨新风貌，更把美好图景织进了侗胞的心田。

（作者：金中基）

沈克泉、沈昌健父子：油菜花田里的"科研梦"

人物档案

沈克泉（1939—2009），常德市临澧县原柏枝乡杨桥村村民。**沈昌健**，1967年11月生，第十三届全国人大代表，临澧县油菜研究协会会长。2020年，经过父子两代人的努力，研发的"沈杂油1号"通过农业农村部品种审定，获得非主要农作物品种登记证书。这也是我国首个由农民培育的杂交油菜新品种证书。沈克泉、沈昌健父子当选为感动中国2013年度人物。

"我们农民就不能搞科研？"自1978年在贵州山区发现3株奇特的野生油菜以来，沈克泉、沈昌健父子用40余年接续追逐"油菜科研梦"，用两代人的义无反顾致力研发超级杂交油菜，推广良种，让老百姓的"钱袋子"鼓起来，让农民的"科研梦"在油菜花田里灿烂绽放。

沈昌健在油菜花试验田

"泥腿子"也能当科学家

沈昌健的书柜里收藏着 23 个笔记本，是一家人进行杂交油菜试验的原始记录。

"克泉立言：手中有个宝，开动脑筋搞。"这是沈昌健父亲沈克泉 1978 年写在第一本油菜试验日记上开头的一句话。扉页上还用粗黑的笔触写了"一棵油菜的研究"7 个大字。

"我的父亲是当之无愧的'油菜大王'。"沈昌健十分骄傲。

1978 年的一个夏天，养蜂人沈克泉在贵州山区发现了花期长、生长结构好的野生油菜。想起常德的油菜 5 月份就已成熟收割，沈克泉仿佛捡到了宝贝，兴致勃勃地把野生油菜带回家乡播种。他梦想，野生油菜能在临澧生长、培育，成片成片地开花，为家乡解决吃油难的问题。

但一介农民搞科研，没钱、没技术、没设备，这不亚于一次"长征"。质疑和嘲讽也接踵而来："泥腿子也想当科学家？""黑腿杆就是种田的！"

沈克泉不服输，蓄起胡须，立下誓言：不成功不剃须。怎么保存野生油菜的优质特性，并在后代植株中延续？怎么让杂交油菜高产又优质？沈克泉四处托人买书，白天搞生产，晚上挑灯读。沈昌健回忆，不知多少个夜晚，年幼的他一觉醒来，总能看见父亲房里还亮着灯。

遇上难懂的技术问题，沈克泉一次次跑去农技站咨询，一有时间就奔向长沙、武汉、成都、北京等地，向五湖四海的油菜专家教授拜师请教。没有专业分析仪器，就用肉眼观察，凭记录总结规律。没有经费，便"砸锅卖铁"、东挪西借。1996年，为了支持父亲圆梦，沈昌健卖掉了全家赖以谋生的客运中巴车，也走上油菜科研之路。

45年的科研实践，反反复复的失败不下千次。"油菜梦"像父子俩家门前的小路一样，不断向前延伸。两代人的义无反顾，让梦想逐渐有了光亮。

2004年，沈氏父子繁育的"贵野A"不育系材料油菜新组合获国家发明专利证书；2014年，新培育的"沈杂油1号"试验亩产最高达235.5公斤，被称为杂交油菜中的"金种子"；2020年，"沈杂油1号"通过农业农村部品种审定，获得搏击市场的"身份证"。这也是我国首个由农民培育的杂交油菜新品种证书。

凭着这股数十年钻研油菜的"傻"劲，沈昌健带着父亲的梦想站在了感动中国2013年度十大人物领奖台上。颁奖词这样评价父子俩："父亲留恋那油菜花开的芬芳，儿子就把他葬在不远的山上。三十年花开花谢，两代人春来秋往，一家人不分昼夜，守护最微弱的希望。一粒种子，蕴含着世代相传的梦想。"

土里也能长出"金子"来

凭借着培育出油菜高产增收品种，沈昌健成为临澧乃至洞庭湖周边区域颇有名气的"农民育种专家"，被村民们称为"油菜大王"。

2014 年，继承父亲"油菜梦"的沈昌健决心带领村民们种油菜，让村民的钱袋子鼓起来。"父亲带着我钻研高产油菜育种，初衷就是让乡亲们告别缺油吃的日子，让高产油菜花开得漫山遍野。"

彼时，每个村民心中几乎都存在对油菜的"刻板印象"——成本高、效益差。"每亩常规油菜收入只有 600 多元，除去成本所剩无几。"沈昌健说，这也导致了农田冬荒严重，白白浪费了田地。

想要村民们跟着种油菜，就要亲身做好示范。2014 年，沈昌健带头在村上种植 500 亩油菜，收获后一测量，亩产为 200 公斤以上，比常规油菜高出了一大截。

村民们看到沈昌健油菜田里的油菜枝盘高大、荚角多，纷纷上门讨教油菜栽培技术。

村里掀起了种油菜的热潮。每年，沈昌健免费为贫困户提供优质高产油菜金种子"沈杂油 1 号"500 余公斤，带动周边农民种植油菜 2 万亩，仅一季油菜就帮助农民增收 2000 多万元。

徐淑玲是村里的贫困户。从 2016 年起，沈昌健在自己流转的农田中无偿让出 100 亩给徐淑玲进行规模化油菜种植。徐淑玲每年仅一季油菜就增收 3 万多元，不但还清了欠账，还靠油菜种植实现了脱贫致富。

"现在，我们沙龙岗村三组 20 多户村民通过种植沈昌健提供的油菜新品种，亩平收入达到 1500 多元。"新安镇沙龙岗村村民苏增也现身说法。

不仅如此，沈昌健的科研取得了新的进展——油菜种子飞向了太空。2016 年，沈昌健研发的 43.8 克"16XM864"杂交油菜种子，搭乘神舟十一号载人飞船进入太空，经过 33 天的空间科学与应用实验后返回地球。

一年后，捧着"太空旅行"回来的油菜种子，沈昌健小心翼翼地把它们一颗颗地种到地里。惊喜降临了：有的红色中透着白，有的黄色中夹着紫，五颜六色，仿佛误入百花丛……从此，油菜花不再只有黄色。

如今，"太空油菜"已经在沈昌健的育种基地里繁殖到了第五代，性状逐渐稳定。沈昌健创建了太空油菜育种基地 60 亩、高产示范基地 500 亩，种植高产油菜 1000 多亩，带领白云村 100 多位农户靠种植油菜实现了脱贫致富梦想。

"未来，我会继续为中国人提供优质高产的油菜新品种，努力让油菜地里长出'金子'来！"两代人的"油菜梦"，如油菜花开，灿烂田野。

（作者：陈奕樊）

吴安华：逆行的抗疫专家

人物档案

吴安华，1962 年 10 月生，湖南醴陵人。中南大学湘雅医院感染控制中心名誉主任，主任医师。从医执教 37 年，他牵头和参与制定 12 项国家标准，其中 4 项奠定了我国感染预防与控制方法论的基础。在武汉抗疫期间，他是湖南首位支援武汉的医疗专家，为援鄂医护人员"零感染"作出突出贡献。被评为全国优秀共产党员、全国抗击新冠肺炎疫情先进个人、全国最美医生等。

在武汉坚守 72 天，随后又逆行驰援黑龙江、吉林、辽宁、新疆、河南、江苏、内蒙古等 8 省（自治区）12 场抗疫，在抗疫一线鏖战 230 天。这是中南大学湘雅医院感染控制中心专家吴安华在抗击新冠肺炎疫情一线的战绩。最危险的战场上，总能出现这位老党员的身影。每次发生重大突发公共卫生事件，他都主动请缨，冲锋在前。

吴安华

一次次挺身而出，因为"守土有责"

时间回到 2020 年 1 月 21 日中午，受国家卫生健康委员会指派，吴安华独自一人登上了前往武汉的高铁，成为湖南逆行武汉抗疫第一人。

为什么是吴安华？

其实在业内，吴安华有一个"大咖"头衔——中华预防医学会医院感染控制分会主任委员。而在此之前，为人低调的吴安华曝光率很低，并不为大众所知。

"当时以为只是去几天，拿了个小包就走了，在车站买了两个面包当午饭。"吴安华回忆。

　　下午 4 点抵达武汉，吴安华马上投入战斗。新冠肺炎是传染性疾病，首先要防止它在医院里扩散，要尽快制定出医院内新冠病毒感染预防与控制的指南。他和其他专家一起日夜奋战。1 月 22 日，这个全国指南就发布了。

　　"我们提出，所有医护人员必须先培训再上岗。"吴安华说，越来越多的医护人员从全国赶来支援，队员们对于新的传染病防护不熟悉，再加上每天工作超负荷，容易被感染。

　　但前线的专业人才太少了。于是，他和其他专家一起，当起了培训师。为了争分夺秒与病毒赛跑，他每天都在赶场，午饭和晚饭都在车上解决，累了就靠着眯上十几分钟。事后统计，在武汉的 72 天，吴安华讲课 102 场，培训了 125 支医疗队共 14000 多人。最多的 1 天，讲课 7 场，一共 7 个半小时，共培训 9 支医疗队 1182 名医疗队员。

　　培训强度大、频次高，有工作人员建议，采取"放录像＋课后提问"的方式培训，吴安华一口回绝："讲课的互动性强，培训效果更佳。"无论多累，他都坚持面授。

　　因担心他的身体，甘肃省人民医院感控处处长张浩军提出替他几场，他婉拒："你有你要站的岗，我有我要站的岗，大家都守土有责。"

　　"确实很累，但我还是坚持下来了。当时有个信念，希望能通过我们的培训，让大家更好掌握防护知识，减少感染。"吴安华用行动实现了自己的承诺。他和来自全国各地的专家们，构筑起了前线医护人员的安全防护墙，一起创造了"中国奇迹"：全国支援湖北医疗队员 4.26 万余人，无一人感染新冠肺炎。

　　武汉战斗 72 天之后，"硬汉"吴安华并没有停下来。4 月 16 日，从武汉凯旋解除隔离第一天，国家卫健委派他奔赴哈尔滨市，指导黑龙江新冠肺炎疫情防控工作；5 月 10 日他又奉命从哈尔滨市转战吉林省，指导舒兰市聚集性疫情防控。7月中下旬，辽宁省大连市突发聚集性疫情，身为全国学科带头人，他又义无反顾出征了。

其实吴安华身体并不是很好，曾因心梗放过3个支架，需长期服用抗凝药物，但他总是把抢险救人放在第一位。1998年抗洪救灾，2003年抗击"非典"，2008年汶川地震救援，2014年抗击埃博拉和禽流感疫情，每次发生重大突发公共卫生事件，他都主动请缨，冲锋在前。

不论是台前还是幕后，不变的是对初心的坚守

因为新冠肺炎疫情，吴安华从幕后走到台前。而25年前，因为"事情总要有人做"，他从台前走到幕后。

1997年，吴安华的老师——中国医院院感专业奠基者之一、湘雅医院徐秀华教授找到正在当传染科医生的他："希望你能转行去做院感工作。"

什么是院感？全称为医院感染控制专业，通俗地说就是预防感染。医院里有成千上万的病人，有的病极具传染性，院感工作就是采取严格措施，防止病菌传播。

若将临床救治比喻为刺向病毒的"矛"，院感便是那一副保护医护人员与患者的"盾"。与临床医生相比，院感工作属于"幕后"，每天就是和一些肉眼见不到的细菌、病毒、真菌打交道。

如果转行，意味着吴安华要放弃全职临床医生的身份，放弃"名与利"。

"事情总要有人做。"没有豪言壮语，吴安华就这样服从安排，转行从事医院感染控制事业，并扎下根来。

"院感无小事。"吴安华常说，凡是涉及患者与医护人员安全的事都是大事。他仍坚持看门诊和临床会诊。同事们称之为"临床情结"，但在他自己看来，是源于自己的初心。

"会诊和门诊都是在向病人学习，提高医生的水平，所以要感谢我看过的病人。"吴安华解释，做院感要高度关注细节，除了治好病人，还要考虑为什么会感染，如何阻断传染途径，感染还可能会在哪里出现。这些问题的答案，都需要从患者身上去挖掘。他和他的团队，每年要临床会诊 5000 多人次，协助各科室病房解决高危感染病情，救病人于危难。

"我是一个有 30 多年党龄的老党员。一生所学，报效祖国，是医生的责任。"谈起工作，吴安华总有使不完的劲。

"我在外的日子里，母亲其实很担心。因为担心，她睡不好，还瘦了七八斤。这些担心，是一个母亲对儿子的深情。我也是祖国的儿子，危难时刻，挺身而出，救死扶伤，乃职责所系。"聊起母亲，这位朴实低调的平民英雄目光中闪耀着一片赤诚。

（作者：段涵敏）

徐芙蓉：抗疫一线"最美芙蓉花"

人物档案

徐芙蓉，1982 年 12 月生，湖南衡阳人。湖南省人民医院急诊三部 ICU 护士长，副主任护师，ICU 专科护士。2022 年被选为北京冬奥会火炬手。被评为全国优秀共产党员、全国抗击新冠肺炎疫情先进个人、全国三八红旗手、湖南好人、新时代湖南向上向善好青年。

对于徐芙蓉来说，2020 年的"战疫"是她一生中最难忘的经历。从 2 月 11 日至 6 月 22 日，她先是援助黄冈，随后代表国家援非抗疫。在这 133 天里，她在家总共只待了 4 天。这位急诊 ICU 护士长被誉为"最美芙蓉花"。

长沙黄花国际机场，徐芙蓉再次踏上征程，前往津巴布韦开展援外抗疫

"别怕，有我们在！"

2020 年 2 月 11 日当晚，徐芙蓉与同事们刚抵达黄冈，便参加指挥部召开的紧急会议，一直到凌晨 2 点。第二天经过实地考察和讨论，决定组建湖南医疗队重症医学科（湖南 ICU），接管黄冈市大别山区域医疗中心所有危重症患者，她被任命为护士长。

此时此地的基础设施和条件完全达不到重症医学病房基本要求。尽管内心忐忑，压力巨大，面对黄冈严重的疫情，徐芙蓉与同事们二话没说，当即立下了 3 天完成 ICU 组建的军令状。

随后，她与当地医疗机构对接，了解人财物的状况，理清思路，制定护理工作流程和感控程序，迅速完成先期排班。3 天筹备工作期间，每天的睡眠不到 4 小时，饿了就是一包方便面填肚。2 月 15 日，如期完成湖南 ICU 病房组建，第一批接收大别山区域医疗中心 15 名危重症患者。

科室成立的前半个月，由于人力相对不足、ICU 专科护士缺乏、信息系统不熟悉、人员之间需要磨合，她整天都在科室进行全面统筹安排，每天都要抽时间检查进入隔离病区的护士是否做好防护。因为她知道，只有他们安全了，才能保存队伍实力更好地作战。每天晚上躺在床上，她把当天做的事情在脑子里过一遍，再思考明天需要做什么。她把手机放在枕边，将音量调到最大，生怕错过任何一条工作信息。常常要到凌晨 2 点，她才能靠安眠药维持睡眠。那半个月，她整整瘦了 10 斤，每天超负荷工作，没有休息一天。

徐芙蓉关心每一位患者。她穿着厚重的防护服，给患者翻身拍背一点也不含糊；给患者吸痰、清理大小便，从未有过畏缩的表现；给患者洗头擦身，从未喊过一声累。她带领医护人员省下自己的口粮，为病患送去崭新的棉衣、蒸熟的苹果、热腾腾泡好的营养粉；她耐心疏导焦虑的病患，陪恐惧的病患促膝谈天；她常紧紧握住病人的手，温柔地说："别怕，有我们在！"

黄冈 42 天的坚守，徐芙蓉和队员们一起完成了 49 名危重症患者的救治任务，最终实现了医护人员零感染、患者零事故的目标。

那一刻，感到无比骄傲

在经历了 42 天黄冈"战疫"的磨砺之后，徐芙蓉作为中国（湖南）抗疫专家组成员、护理专家，2020 年 5 月 11 日被派往非洲，代表国家援非抗疫，一去就是 30 天。

徐芙蓉说，现在回想起来，那些日子虽然有些艰苦，但这段经历无可取代，感到很幸福。

2020年5月12日是第109个国际护士节。当天下午，专家组受到津巴布韦总统姆南加古瓦的接见。当徐芙蓉在津巴布韦的十几位领导人面前，用英语流利地介绍自己的时候，作为湖湘儿女，那一刻她感到无比骄傲。在各个交流场所，专家组听到最多的几句话就是："感谢中国，感谢中国医疗专家组。我们借鉴了很多中国抗疫的经验。"这些感谢，都充分肯定了中国方案、中国精神和中国力量。

在援非的日子里，她还经常被问道："中国作为世界上人口最多的国家，你们是如何在这么短的时间里控制住疫情的？中国为什么会有这么多医护人员主动请战到疫情最严重的地方去？"

徐芙蓉用自己在黄冈抗疫的亲身经历跟他们交流中国精神和中国医护精神。她说："我们没有时间考虑和犹豫去还是不去，这是我们的责任和使命。"

《芙蓉日记》，记录难忘经历

"昨夜居然失眠了……下午去大别山区域医疗中心，了解那边的情况，外面人很少，途中遇见一辆又一辆的运输车，心里踏实了很多。我在脑海里梳理要让ICU正常运转需要做的护理工作。既然来了，就想发挥自己最大的能量，将这场战役打胜，早日回家。"（2020年2月12日，湖北黄冈）

…………

这是徐芙蓉在抗疫期间写的日记。

她在抗疫之余，抽空写下 30 多篇《芙蓉日记》，用两万余字记录下 4 个多月来的抗疫历程。她说："这段抗疫的经历，每一天都记忆犹新，弥足珍贵。"

当记者问起她的这段抗疫有什么遗憾时，徐芙蓉说："陪孩子的时间太少了，对不起女儿。"2020 年 2 月 11 日至 6 月 22 日，徐芙蓉在黄冈"战疫"42 天，黄冈"清零"之后返湘回长隔离 14 天，返岗上班 15 天，之后接受援非前的封闭式培训 14 天，在非洲工作 30 天，回国隔离 14 天。在这 133 天里，她在家总共只待了 4 天。

让她感到很欣慰的是，经过这段特殊的日子，女儿似乎长大了，也懂事很多了。在援非返湘的那天，女儿手捧着她画的《最美芙蓉花》画作前来接机。女儿说："我的妈妈就像美丽的芙蓉花一样清丽淡雅。"徐芙蓉既欣慰又心酸地感叹："妈妈不在身边的日子，女儿真的长大了。"

（作者：李传新　周瑾容　梁辉）

辜鹏博：用镜头记录时代

人物档案

辜鹏博，1987 年 3 月生，湖南娄底人。湖南日报记者，2020 中国抗疫优秀摄影记者。作品《追科技之星》《跃·悦》连续两年分别获得中国新闻奖二等奖。被评为全国抗击新冠肺炎疫情先进个人、湖南省优秀新闻工作者。

"不是在现场，就是在去现场的路上。"作为一名记者，辜鹏博始终以饱满的热情奋战在新闻一线，冲锋在各种急难险重任务的最前面。疫情、洪灾、地震、火灾等重大突发事件现场，活跃着他忙碌的身影。脚下有泥、心中有光，他坚持不懈锤炼脚力、眼力、脑力、笔力。深入基层，走到了生机勃发的田间地头，走到了机声隆隆的工厂车间，他把镜头对准基层干部群众，对准火热的生活，记录历史瞬间，见证时代的发展。

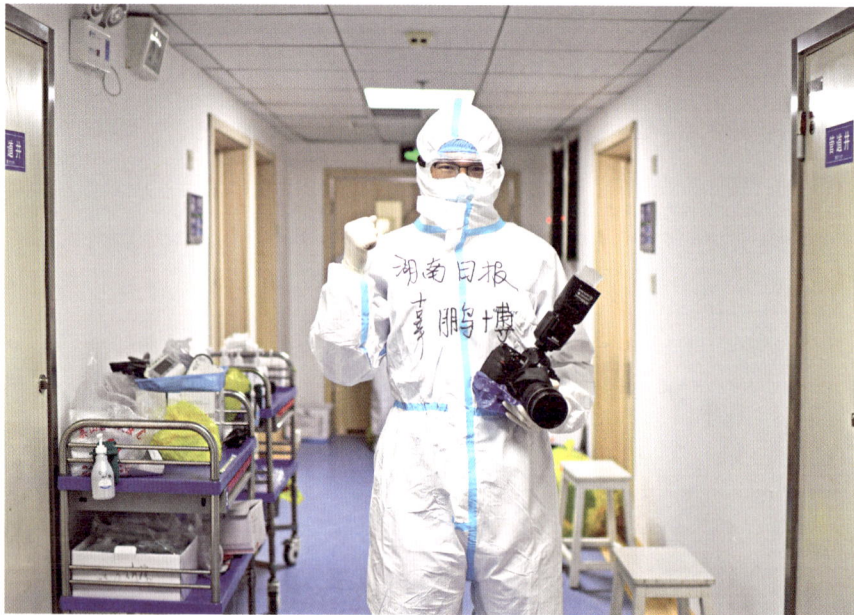

黄冈英山县人民医院，辜鹏博在隔离区采访

没有生而勇敢，只因选择无畏

2020 年，在抗击新冠肺炎疫情的战场上，无数新闻工作者无畏逆行，奋战在一线，辜鹏博就是其中一员。从娄底市中心医院隔离病区，到湖北黄冈大别山区域医疗中心、武昌方舱医院……他用 2 万多张图片、2000 段视频素材，记录抗疫中发生的故事，带给人们战胜疫情的信心。

"你怕吗？"有人问。"没有生而勇敢，只因选择无畏。"辜鹏博说。

2020 年 1 月 25 日，农历正月初一，娄底市中心医院接收了 2 名确诊病人、7 名疑似病人。得知消息，辜鹏博毅然前往。"我就是想抵达第一现场，用相机记录下来。"当晚9时许，他走进娄底市中心医院隔离病区。当时，医院医疗物资相对匮乏，为节省防护服，辜鹏博每次去医院一待就是十几个小时，凌晨三四时才离开。10天中，他细心观察、倾听、陪伴，赢得医护人员信任，见机拍摄真实、生动的瞬间。

2月16日，辜鹏博主动请缨去湖南对口援助的湖北黄冈采访。当天，他敏锐捕捉到黄冈市市长哽咽感谢湖南医疗队的瞬间，在新湖南客户端连夜推出视频报道《说到湖南援黄冈医疗队，黄冈市市长哽咽了》。该短视频冲上次日新浪微博热搜榜第三名，当日阅读量超3.2亿次。

"出于安全考虑，我们前期不被允许进入污染区（红区）。"2月27日，湖南日报社选派第二批记者去一线换岗，辜鹏博却坚持留下。他认为，摄影记者一定要守在"风暴中心"。

当时，想走进污染区，困难重重。如何穿脱防护服？如何做好相机等器材的防护？这些都是问题。经过专业老师培训后，辜鹏博独自带着一套防护服，在房间里反复练习穿脱。刚穿上时热得出汗，内层衣服湿透了又冷得后背发凉，戴两层口罩呼吸不畅，鼻梁被压得生疼，护目镜勒得头痛，起雾了看东西模糊，这些感受在以后的污染区采访中成了常态。

在黄冈33天，辜鹏博按下快门2万多次，见证了黄冈历史上第一例ECMO（体外膜肺氧合）支持下气管镜球囊扩张加支架置入手术，见证了英山清零、红安清零、麻城清零、罗田清零、大别山清零，直到黄冈清零。

在湖南ICU里拖垃圾的田倩、在鞋子上绑胶带的"晶姐"……这些人物令人感动；方舱谢幕、"医疗湘军"决胜大别山……这些时刻激动人心。这一切，辜鹏博用心记录，通过一篇篇报道传播出去。

从湖北归来结束隔离后，辜鹏博又前往全省各地，辗转 2000 多公里，拍摄湖南支援黄冈医疗队 619 名队员肖像，为历史存照。

脚下有泥，心中有光

湖南作为精准扶贫首倡地，精准扶贫带来巨大变化，可谓"一步跨千年"。这一切，辜鹏博是见证者也是记录者。他扎根各地贫困乡村，与奋战在脱贫攻坚一线的干部群众同生活、同劳动，记录着阳光照耀的乡村角落，感受着百姓幸福生活的拔节生长。

"好新闻都是用脚写出来的。"2020 年 5 月 3 日，溆浦县普降暴雨，造成双井镇一山体滑坡，伍家湾村一村民的电动车被困。辜鹏博一边帮助村民脱困，一边用镜头记录下双井镇驻村帮扶工作队队员冒雨将车从泥泞中推出的瞬间。

2021 年 7 月 20 日，河南郑州连遭暴雨袭击，灾情牵动着全国人民的心。辜鹏博得知湖南消防驰援郑州的消息后，第一时间主动联系，只身前往。紧张、期待、兴奋，是他遇到重大突发新闻事件时的心绪。最快抵达现场、最早联系采访对象，是他建立报道主动权的工作方式。

努力终会不凡。在郑州灾情报道中，辜鹏博克服交通不便、通信不畅、物资匮乏等一系列困难，深入几千名医护人员和患者被困的"孤岛"——卫辉市新乡医学院第一附属医院，发回一篇篇来自第一现场的生动报道，进行了一场长达 4 小时不间断的视频直播。他也在直播中被风雨同舟、八方驰援的暖心场面感动得热泪盈眶，这是他的真性情。

2013 年，辜鹏博遇到了 9 岁的益阳小姑娘雯雯。9 岁，本是一个做梦的年纪，可对于雯雯来说，她第一次接触到了"慢性粒细胞性白血病"和"死亡"两个词。然而，她乐观、阳光的笑容，又几乎让人忘记她是个正受病痛折磨的孩子。辜鹏博跟随雯雯从益阳辗转深圳、武汉等地求医，拍摄了一组感人的图片《隐形的翅膀》。报道引发网友爱心涌动，为雯雯筹款10万元。如今，雯雯已健康长大，还擅长舞蹈。

从业10年来，辜鹏博将责任与情怀融于每篇报道中。他深知，今天在报业转型、媒体融合的时代，需要一份坚守和创新，需要书生意气和心有所忧，需要脚踏实地和仰望星空。

"伟大的时代呼唤伟大的作品。"记录伟大时代，讲好中国故事，传播中国声音，弘扬中国精神，需要更多有担当的新闻记者，这是历史的使命，也是辜鹏博庄严的选择。

岁月如常。当黎明还未托起朝阳，辜鹏博已脚步匆匆，奔波在采访的路上；当夜空洒满星光，他仍精神百倍，敲打着键盘。只为托起两个字：记者！

（作者：王立三）

廖月娥：用"孝老"书写大爱

人物档案

廖月娥，1963 年 4 月生，湖南长沙人。长沙市岳麓区坪塘街道廖月娥敬老院名誉院长。她以敬老院为家，尽心照顾老人们，让老人们老有所依。被评为中国好人、全国孝老爱亲模范、全国道德模范。

老吾老以及人之老！作为一个文化水平不高的普通农妇，廖月娥不一定读得懂这句话，却用善行诠释了这句话的真正含义！从 1983 年到 2013 年的 30 年间，她先后将 5 名无亲无故的残疾、孤寡老人接到家中赡养。2014 年，在当地政府支持下，廖月娥敬老院建成，廖月娥担任名誉院长。从此，她以院为家，照顾着近 70 位老人，让敬老孝老成了当地一道动人的风景。

元宵佳节，廖月娥（中）为敬老院老人们送上亲手包的汤圆

为 5 位孤残老人撑起温暖的"家"

2022 年农历正月十五元宵节，长沙市岳麓区坪塘街道太平村廖月娥敬老院里，一派欢乐喜庆的节日气氛。中午时分，廖月娥为老人们端上热气腾腾的汤圆，在欢笑声中，近 70 位老人度过甜蜜的一天。

2014 年廖月娥敬老院建成后，冲着全国孝老爱亲模范廖月娥的荣誉称号，来这里养老的老人不断增加。如今年近 60 岁的廖月娥每天总像女儿般，在老人身边忙前忙后，笑脸盈盈，让老人们感到了"家"的温暖。

2014 年前，廖月娥也让几位素昧平生、无依无靠的孤残老人感受到了生活的幸福。

1982 年，廖月娥与周奇洪结婚。婚后第二年，廖月娥刚坐完月子，村里有个五保老人廖兴红，就表达了想让小两口照顾自己的愿望。

廖月娥和丈夫商议了一下，直接把廖兴红老人接到了家里，腾出来一间房给老人住。热菜热饭每天送到他手上，生病时给他喂药——自此，廖月娥照顾他 12 年，直到老人 84 岁去世。

走进廖月娥家中的第二位是任国华，26 岁患了风湿瘫痪在床。1986 年，任国华唯一的依靠——老父亲去世。于是，廖月娥把他也接到家中。

照顾任国华，廖月娥夫妇倾尽心力。任国华身体僵硬，连吃饭、穿衣这样的小事都必须依靠别人。任国华在廖月娥家中生活了 16 年，直到 2002 年因病去世。

第三位是周桂三老人，老人中风偏瘫，还得了老年痴呆症，躺在床上动不得。但廖月娥夫妇依旧无微不至地照顾老人，直到老人一年后去世。

第四位是邻村 78 岁的五保户胡锡群。第五位叫盛小洋，无儿无女，左手有残疾，家里的房子塌了后，2013 年 2 月，廖月娥把他接到了家中。

就这样，30 年间，这 5 位孤残人先后走进了廖月娥的家中，得到她尽心的照料，平凡人的善举闪耀出光辉。

30 年的辛苦换来老人晚年幸福

老人接来了，就要穿衣吃饭。20 世纪 80 年代，廖月娥家里种了 7 亩田，只能管住嘴。后来，家里开了打米厂，打一担谷子收一块钱，有些结余。1992年，打米厂维持不下去了，丈夫周奇洪买了辆摩托车在村里送客。摩托车骑坏了8辆，周奇洪的腿也落下了严重风湿，左脚大拇指因常年骑车变得畸形。

丈夫在外挣钱，家中的农活全部由廖月娥承担，还要照顾老人和两个儿子。这让她每天都忙得团团转，累得直不起身。

1995年，周奇洪在给人送货的路上遭遇车祸，大腿被撞成粉碎性骨折。接到电话，廖月娥偷偷地大哭了一场，家里有两个重病老人等着照顾，刚要出栏的4头猪死了2头，但夫妻俩硬着头皮挨过了最艰苦的日子。

一餐一饭、点点滴滴，夫妻俩尽最大的能力满足老人，让老人衣食无忧、感受到无微不至的体贴。

1997年底，任国华身体越来越差，时刻需要人照顾，廖月娥放弃了地里的农活，一心伺候在身边。

周桂三老人喜欢吃肉。廖月娥每天清早去市场买新鲜肉。老人晚上每隔一会儿就要小便，夫妻俩就打地铺轮流照顾。老人糊涂时，大小便失禁，廖月娥总不嫌脏地给他换洗。

在廖月娥的影响下，她的两个孩子也视老人为亲人，任国华对廖月娥说："孩子也要结婚成家了，我不能老占着你家的房子，我还是走吧！"这话被小儿子廖虎听到了，就安慰他说："任伯伯，您就是我们的亲人，我们结婚了还是一样，我们兄弟俩继续养您。"听着这话，任国华心里得到了安慰。

30年来，廖月娥家的日子总是过得很拮据，有时还欠债，但廖月娥总宽慰着想："只要老人们幸福，债有什么大不了的？"

让村里每位老人都老有所依、老有所养

2013 年，廖月娥获得全国道德模范荣誉称号，受到习近平总书记的接见。这让她更加坚定了关爱老人的信念。从北京回来后，廖月娥开始四处奔走，想完成自己的心愿：在村里建一所敬老院，让村里每位老人都老有所依、老有所养。

廖月娥的想法得到了长沙市岳麓区政府的支持。2014 年，原有的坪塘街道敬老院进行了提质改造，一所新的建筑面积 3000 平方米的敬老院建成，岳麓区将其命名为"廖月娥敬老院"。廖月娥敬老院预设床位 150 个，集托管、照护、颐养、康复、膳食等为一体，廖月娥担任该院的名誉院长，负责敬老院的日常管理工作。

每个房间都装有空调、电视机，配有独立的卫生间、洗浴房……美丽宽敞的庭院，加上高端的配置，敬老院成为乡里的"养老胜地"，每年争相入院的老人络绎不绝。

为了照顾好老人，敬老院招聘了 11 名爱心员工。廖月娥在大家庭中当起了一家之长，带领员工恪守孝老爱亲的传统美德，为老人们洗衣浆衫、收拾房间、端茶送水、添衣置被，将老人起居生活、饮食医疗安排得妥妥当当。

为了丰富老人们的精神文化生活，廖月娥还不断增加设施，图书室、棋牌室、娱乐室、医疗室一应俱全，并举办各种文体活动，让老人们保持精神愉悦，身体康健。

廖月娥说："只要我在一天，一定会尽自己最大的力量照顾好这些老人，就像照顾自己的亲生父母一样。"

（作者：沙兆华）

贺晓英：125 位老军人和烈属的"女儿"

人物档案

贺晓英，1961 年 7 月生，湖南桑植人。红军烈士贺学锐的孙女，桑植县退役军人事务局洪家关光荣院院长。她把光荣院里 125 位老红军、老八路和革命烈士家属当作父母一样照顾，让他们安度晚年。被评为全国退役军人工作模范个人、全国最美拥军人物。

年纪轻轻时，为何要选择到光荣院工作？酸甜苦辣中，是什么支撑着她勇往直前？一边是院里的老人，一边是家庭，又该如何平衡？贺晓英 35 年如一日，精心照料老军人和烈属的感人事迹，令人心生敬意。

贺晓英

"你为我们养老送终，比亲闺女还亲！"

"记忆里，贺院长总有干不完的活。"刘大文是一名退役军人，曾参加过湘西剿匪，说起贺晓英他就很激动，"感谢贺晓英照料，我已耄耋之年还蛮健康。来光荣院10多年了，贺院长照顾老人的故事，我能讲一箩筐。"

20世纪80年代中期，住在桑植县洪家关光荣院的钟善松老人溘然去世，老院长恰好外出。当时只有20多岁的服务员贺晓英，第一次独自处理遗体。她屏住呼吸，给老人擦身、更衣。做完这一切，汗水浸透衣服。

2011年，82岁的烈属谷伏登患了胃癌，说想吃枇杷，可枇杷已过季。贺晓英只身一人跑到光荣院后山，漫山遍野找野生枇杷。找了大半天，终于在山坳里找到一棵树上没掉的 3 颗枇杷。

2019 年，贺晓英获评"全国退役军人工作模范个人"，在北京受到党和国家领导人接见。消息传到光荣院，有的老人喜极而泣，有的老人跳起来欢呼。

每逢外出，贺晓英总会给大家捎回热乎乎的"爱"：有溢满老人乡愁记忆的苞谷粑粑，有老人天天念叨的红枣馒头，还有老人心中象征着革命胜利的刘家坪红军饺子……

30 多年间，浓浓爱意滋养着光荣院。"贺院长说，她离不开这些老人。而我想说，贺院长，是我们这些老人离不开你啊！你为我们养老送终，比亲闺女还亲！"刘大文说，"2017 年，贺院长要退休了。为了挽留她，我们联名给上级写信，希望她能留下来。"

2019 年，贺晓英拿到桑植县退役军人事务局颁发的返聘书。

"我娶了她，她却嫁给了光荣院。"

36 年前，贺晓英嫁给了韦绍平。

贺晓英是根正苗红的"红三代"，她爷爷跟着贺龙闹革命，父亲曾是当地民政局局长。在家庭熏陶下，她从小就有强烈的责任担当。

"绍平，和你商量个事。"一天深夜，难以入眠的贺晓英拍了拍熟睡的韦绍平，"我要去光荣院当服务员！"

当时，贺晓英和韦绍平结婚才一年多。

光荣院里住的是老红军、老赤卫队队员、老八路和革命烈士家属。贺晓英每天做饭、喂猪、种菜、搞卫生，还为老人们洗澡、梳头、剪指甲。

"年纪轻轻就跑去照顾老人！"当得知贺晓英去了光荣院，有些亲友找到韦绍平，让他劝她回来。

"起初，我的确是支持她的，但我生病后，有段时间我也不能理解她。"韦绍平说。

1990年，韦绍平因病无法正常行走，医生建议他去长沙做手术治疗。韦绍平和父亲打着背包，在陌生的城市里等待手术。

"晓英，绍平明天手术！"接到父亲的长途电话，贺晓英终于放下工作，奔来医院。"她精心照顾我，但我看得出她有点心不在焉，她还牵挂着光荣院。"韦绍平说。

一边是患病的丈夫，一边是需要她照顾的老军人和烈属，贺晓英两边都放不下。

"我娶了她，她却嫁给了光荣院。夜深人静，看着当时不到30岁的妻子因日夜操劳出现了皱纹与白发，我有生以来第一次感到心碎了。"韦绍平说，他当时心里暗暗发誓，往后一定要多理解妻子，支持妻子。

如今，夫妻俩有了孙辈，一家人其乐融融。

"每一片马桑树叶，都写满坚守与忠贞。"

"35年来，没陪家人吃过一顿团年饭……"谈起家庭，贺晓英哽咽了，眼泪簌簌往下落。

"我就讲一个藏在心里30多年的秘密吧。"贺晓英说，1990年，她陪爱人从长沙做完手术回来，公婆把她叫到一边。公公说："你们离婚吧！"

"我不！"贺晓英回答得很干脆。

"绍平的病治不好了，下半辈子只能坐在轮椅上，我们不能拖累你啊！"婆婆掩面抽泣。

贺晓英突然意识到，没有女主人的家庭，那是何等的脆弱啊！当时，贺晓英决心换一个工作。

"爱人不同意我换工作，他知道我离不开光荣院的工作。"贺晓英说。

为打消贺晓英的顾虑，韦绍平三番五次找父母谈心，劝他们不再让贺晓英离婚。

"有人问我，为何能坚守岗位 35 年。"贺晓英想了想，哼起桑植民歌《马桑树儿搭灯台》："马桑树儿搭灯台，写封书信与姐带。郎去当兵姐在家，我三五两年不得来，你个儿移花别处栽……"

这首民歌动人的旋律后面，有一个感人的故事。南昌起义失败后，湘鄂边革命武装创建人贺锦斋随贺龙回到洪家关老家，重新组织革命武装，任湘鄂边工农革命军第一师师长，在掩护贺龙撤退中壮烈牺牲。

贺锦斋的妻子戴桂香，是十里八乡的大美女，她安葬贺锦斋后，一辈子没再嫁人。新中国成立后，戴桂香住进洪家关光荣院，每天清晨，她总要到贺锦斋墓前去唱那首民歌。

1995 年，戴桂香去世，享年 95 岁。贺晓英按她的遗愿，将她安葬在贺锦斋墓旁。

如今，光荣院门前的马桑树挺拔葱郁。"我经常想起戴婆婆，感觉每一片马桑树叶，都写满坚守与忠贞。"贺晓英说。

（作者：宁奎　上官智慧）

曾昭斌：丹心一片慰乡愁

人物档案

曾昭斌，1940 年 1 月生，湖南新化人。长沙市雨花军休所军休干部。出身于贫苦农家，入伍后当卫生员，经多次进修学习，成长为擅长胸外科和腹外科手术的医学专家，被授予大校军衔，曾任兰州军区第二野战医院院长、兰州军区 33 医院胸外科主任。荣获战地模范军医、全国先进军队离退休干部、长沙好人·身边雷锋等称号。

酿了几十年的乡愁，究竟有多浓？ 1999 年，大校军医曾昭斌从西安退休回到湖南。一直在娘家耒阳把三个孩子拉扯大的妻子资治芳终于盼来了团圆。但团圆的日子只过了几天，曾昭斌又启程了。这回，他的目的地是大山深处的新化县维山乡龙寨村——一辈子魂牵梦萦的家乡，他一待就是 12 年。12 年里，曾昭斌带上医术、带上力气、带上自己的工资，和乡亲一道，行走在那个偏僻的山村。

曾昭斌

大校军医，乡村行医 12 年

五六平方米的房间里，只配摆下一张床和一张桌子。旁边一间更小的房间里，水泥案板上摆着几叠医学书籍。

"那是叔叔的住房和书房，退休后他在这里住了 10 多年。"曾昭斌侄儿曾月安介绍。

曾昭斌 17 岁离开家乡到部队，成长为胸外科专家，被授予大校军衔。每次回乡探亲，曾昭斌就揪着心：山高路远，村民们看病非常困难，小病拖着大病扛。

侄儿没想到，自己简陋的家成了叔叔的免费诊所。

村里吴梅容的儿媳是贵州人，鼻子下方长了一颗黄豆大的痣，有些闹心。她试着找到曾昭斌，看能不能去掉这颗痣？曾老一看，做个小手术就行了，几分钟后手术就做完了。几天后拆了线，一点疤痕都没有。做手术曾老没收一分钱。

消息很快传遍了全村，来找曾昭斌看病的人越来越多。

开始时，曾昭斌借用村里卫生室做手术，后来他寻思着在侄儿家弄个手术室。他掏钱在侄儿的房屋上加盖了一层，把最大的一间铺上地砖和墙砖，买来手术床，就成了手术室。卫校毕业的侄女是护士也是麻醉师，成了曾老的手术助手。手术器械的消毒，按大医院的操作流程在乡卫生院完成。在这间手术室里，曾昭斌为乡亲们做了疝气、乳腺包块等手术60多台。最大的一台手术，曾老至今引以为豪："以前市级医院都做不了。"

村里有个中年妇女叫曾益华，在广州打工期间患上了甲状腺囊肿，因手头不宽裕一直拖了下来。她回老家听说了曾老的故事，便找上门想做手术。曾老仔细查看病情后为她做了手术，取出了一个鸡蛋大的瘤子。手术后还要住下来康复几天，曾老的侄儿家又成了住院部。不久，曾益华的病痊愈了，问要多少钱？曾老说：没钱就算了。曾益华感动得泪流满面。

回乡12年，曾昭斌600多次看病问诊，90多次手术，收到的医药费不足500元。

当了4年村支书，建起学校和敬老院

在侄儿家住到第9年时，曾昭斌遇到了一个难题。

2008年5月12日，龙寨村进行村支两委换届选举，68岁的曾昭斌高票当选为村党支部书记。

"我并不想当村支书，不是嫌官小了。我的技术都是党和国家培养的，我回乡本来只想用自己的技术为乡亲们看看病。老支书来做我的工作，他又有恩于我，我只得上任了。"曾昭斌实话实说。为此，曾老第一次买了手机。

村里如何发展，曾老觉得首先要解决好"一小一老"两个问题。一是解决好孩子们上学、成长的问题，家乡出了人才，才会有希望；二是要解决好老人赡养问题，家乡才能养成良好的社会风尚与安定和谐的氛围。所以，他首先把目光放在了学校和养老院的修建上。

村里原有的一所小学被撤销了，孩子们上学要到几公里外的邻村小学，很不方便。村民们纷纷要求重建。可钱从哪儿来？曾老和村委会商量后，想出了一个一举两得的法子。发动乡亲们捐款重修祠堂，祠堂修好了，原先设在祠堂的小学也就重建了。

为此，曾昭斌去了好几趟县里。搭客车几块钱车票，他都舍不得，去的时候总是搭顺路货车，回来才肯坐客车。找县教育局局长、县国土局局长交报告，人家开会，他一等就是一两个钟头。中饭就是买几个馒头，边走边吃。

曾老带头捐了3.3万元，又到外面"化缘"，终于筹齐了建校资金。很快，一个可容纳100多名学生的学校建好了，孩子们又在家门口上学了。

村里要建敬老院，重担又落在年近古稀的曾老肩上。他既是总指挥，又是筹资员，还是保管员和施工员。

敬老院选址在一座荒山上。引水、平路、通电后，工棚搭起来了。曾老起早贪黑，吃住在工地上，自己采购材料、监督质量，还挑担子、砌墙砖。天气最热的时候，他打着赤膊上阵。有时衣服没有来得及洗又穿上，汗渍都看得见。那些日子里，他身上总是背着干粮和一罐水，饿了随便吃两口，渴了喝上一大杯。整个工程下来，这个身高1.75米、体重 80 多公斤的汉子硬是瘦了 10 多公斤。

2009 年底，拥有 55 张床位的敬老院竣工了，乡里 18 位五保户住了进去。为了让这些老人住得舒心，曾老兼任敬老院院长。他白天搞卫生、种菜，晚上查房巡夜。老人们很感动，说："没想到老了，还有这么大的官来照顾我们。"

老人们不知道，为了敬老院，曾昭斌还把自己的工资都垫上了。开工没多久临近春节，资金没到位，民工又要拿钱回家，可把曾老急坏了。曾老连夜赶到长沙市雨花军休所，提前预支了几个月的退休金，又匆匆忙忙赶回家乡，给民工发工资。

当村支书这几年，曾老捐了 10 多万元。

"我是一个农家子弟，是部队培养了我，是党教育了我。退休后，为贫困的家乡能作点贡献，是应该的。"问起退休不安享晚年而扎根山村，曾老总这么说。

（作者：胡宇芬　金慧　王铭俊）

刘习明：医者仁心解患者之难

人物档案

刘习明，1959 年 4 月生，湖南汉寿人。长沙生殖医学医院院长，中国民主促进会会员。我国中西医结合治疗不孕症的首批拓荒者之一。被授予全国劳动模范、全国道德模范、全国最美志愿者、中国好人、中国优秀医院院长、全国百姓放心示范医院优秀管理者等荣誉称号。

专注不孕症的研究和治疗，始终保持着最初的热情、温和与达观，为近 4 万个不孕症家庭实现生儿育女梦想。承诺"不让患者多花一分冤枉钱"，27 年来减免患者治疗费用近 2000 万元，为践行"医者仁心"写下最美注解。

刘习明（前中）在介绍雷锋事迹

39 年只做一件事

1995 年，刘习明创办湖南第一家治疗不孕症的专科医院——长沙生殖医学医院，将中西医融合贯通于治疗过程。这一年，距离刘习明开始专注于不孕症的研究和治疗，已经过去 12 年。

1976 年，刘习明开启了一生从医之路。那时，他经常看见一对对夫妇脸带愁容地拥进泌尿科，看的病是不孕不育。20 世纪 70 年代，我国还没有不孕不育学科，更找不到一家可以治疗不孕症的专科医院，不孕不育研究领域几乎是空白。

每当看到这些面露尴尬色的患者，他们的痛苦和无奈深深触动了刘习明。1983 年，他开始不孕不育的研究。

他翻阅了大量古典医学、现代医学文献，前往相关大学、研究所和医院拜访名老中医，收集了 30 余种中药处方和偏方。经过 10 年的研究，刘习明最终形成了自己治疗不孕症的中药处方，研制出的三种中药制剂，经湖南省食品药品监督管理局批准应用于临床，填补了我国在这一领域的空白。

刘习明的"拓荒之举"引来了学界、业界的关注。1991 年，著名医学家、中国医学科学院院长吴阶平亲笔致信鼓励刘习明："关于开展不育不孕的研究和治疗是一件很有意义的事。"

从 1995 年长沙生殖医学医院创建，到 2008 年该院获批试运行夫精人工授精技术，再到 2013 年获批正式运行试管婴儿技术，20 余年磨一剑，目前医院已形成试管婴儿、人工授精、中医中药、康复理疗、西医手术、宫 / 腹腔镜微创手术的不孕症治疗体系。自建院以来，医院已为近 4 万个不孕不育家庭送去拥有孩子的希望。

不让患者多花一分冤枉钱

"小时候，母亲总会在路边给人煮上一碗茶水，方便干活、赶路的人口渴的时候有口水喝。"在母亲的影响下，乐善好施也融入刘习明的血液里。

"做出了一点成绩之后，要尽微薄之力回报社会。"办院之初刘习明是这么说的，这 20 多年来他也是坚持这么做的。他立志"不让患者多花一分冤枉钱"，尽己所能为老百姓解决看病难、看病贵问题，仅 2017 年以来，共为 2000 余名患者减免 1000 多万元治疗费用，多年捐款总额达 1850 余万元。

"送人玫瑰，手有余香，我时常会被那些抱着可爱孩子来医院报喜的患者朋友的欢笑声感染，也被生命的神圣所感动。"刘习明告诉记者，不是每一对不孕不育夫妇都能支付哪怕并不是很高的医疗费用，每当这个时候，他都尽可能让这个家庭不失去希望。

一对来自株洲的夫妇，都是残疾人，夫妇俩靠摆烟摊为生，日子过得紧巴巴的。更为不幸的是，他们快 40 岁时仍未生育。经长沙生殖医学医院检查，原来丈夫患有死精子症，而妻子因为有腿疾，长年只能坐在轮椅上，孕育生命的条件之差可想而知。要治好这对特殊夫妻的病，至少要万余元的医药费，而这对夫妇不可能拿出这么多钱。面对着夫妇俩渴望的目光，刘习明当即决定，免费为他们治疗！一年后，这对夫妇生下了一个健康漂亮的女儿。

刘习明是患者心目中的好医生，也是优秀政协委员。从 1996 年至今，他先后担任区、市、省政协委员。20 多年的履职生涯里，他关注社会民生，积极建言献策，先后提出 80 多份有思考、有价值的提案。其中《加强有效干预控制我省人口出生缺陷的建议》被评为长沙市政协优秀提案，《关于促进民营医院健康发展的建议》被评为湖南省政协优秀提案。

2016 年湖南省政协开启助力脱贫攻坚"三个一"行动，刘习明与身患尿毒症的青年贺志国结为"亲戚"。"小贺说他想学一门自食其力的手艺，我在他们镇上转了一圈，发现打印店很少，于是为他拟定开文印社的脱贫方案。"

2017 年 4 月至 9 月，刘习明把贺志国接到长沙，帮助其进行操作技能培训，不仅提供食宿，还为他安排好透析治疗的医院。学成后，刘习明将全套文印设备、耗材送给他，帮助"志国文印社"顺利开张。贺志国脱贫后，激动地对刘习明说："是您让我掌握了技术，滴自己的汗、吃自己的饭，目前文印社经营小有成绩了，我会回报社会的！"

（作者：张春祥）

曾祥富："口哨哥"的马路情缘

人物档案

曾祥富，1965年9月生，湖南常德人。常德市公安局交警支队直属四大队民警。其执勤点被湖南省公安厅交警总队命名为"曾祥富交通管理示范岗"，其"口哨交通指挥五步曲"目前已在常德交警系统推广。荣立二等功1次、三等功3次，被评为全国公安系统二级英雄模范、全国特级优秀人民警察、全国最美基层民警、湖南省优秀共产党员。

2022年5月25日，作为全国特级优秀人民警察获得者，曾祥富参加了全国公安系统英雄模范立功集体表彰大会，受到习近平总书记亲切接见。

"将平淡的工作当作艺术来经营，让我的口哨会说话。"面对荣誉，从警36年的曾祥富说。他要继续奋力吹响口哨，让人民群众在出行时感受到安全，用实际行动践行初心和使命、担当时代责任。

曾祥富在指挥交通

"口哨交通指挥五步曲"

芷兰路口是常德市城区最繁忙的交通路口，周边有常德市最大的中小学校、最密集的居民小区，每天车流量近 4 万台次。由于南北方向道路狭窄无法设置提前左转道，高峰时段，仅凭交通信号灯无法确保道路畅通，稍不注意，路口就会瘫痪，交通压力十分大。

2016 年 3 月，曾祥富主动要求来到芷兰路口指挥交通。毕业于湖南省艺术学校（现为湖南艺术职业学院）的曾祥富，休息时爱吹萨克斯、葫芦丝。"我热爱工作、热爱音乐，于是将音乐融入工作，找到了一种通俗易懂的交通指挥方法。"经过反复观察研究，曾祥富创新推出了"口哨交通指挥五步曲"交通疏导法，可根据路口各方向车流量大小，用吹口哨配合打交通手势，传递"停止、直行待驶、直行、左转弯待转、左转弯"5种交通信号，哪边车流量大，就优先放行。

哨声时而急促，时而舒缓，很有节奏感。听着曾祥富的哨声，沿着他手势指引的方向，车辆一辆接一辆快速通过。在曾祥富指挥下，平常一个绿灯只能走七八辆车的路口，可快速通行二三十辆车。

最初，曾祥富的嘴吹肿了，嗓子也发炎了，进食都很痛苦。但他坚持了下来，并在工作中不断改进、完善"五步曲"，将口哨音量提升了20分贝，解决了司机驾驶室关闭窗户听不到交警口哨的问题。

来来回回走上万步、指挥手势做上万次、嘴里口哨吹上万次，这是曾祥富日复一日在芷兰路口完成的"三个上万次"。6年时间，他吹坏了108只口哨、崩坏一颗门牙，而在城区车流量大幅增加的情况下，芷兰路口的拥堵指数比起6年前下降了60%，交通事故减少了45%。

"平安之声"背后的坚守

"在岗一分钟，奉献六十秒。"这是曾祥富的初心。进入警队第一天起，他就用行动践行着自己的初心。

无论烈日当空还是雨雪风霜，曾祥富都是每天到岗最早、下班最晚的那一个。"早点到，早点准备，一旦交通堵塞了，有我们在，群众就不会有怨言。"曾祥富坚持早晨6点起床，7点提前到达执勤岗位，多年如一日。每逢春节、清明节、国庆节等重大节假日或重大活动交通安全保卫工作期间，他总是主动放弃或调整休假，毅然坚守在一线，吹响"平安之声"。

在执勤执法中，曾祥富宽严相济，坚持原则、耐心解释、寻求理解。2016年，驾驶员郑某因涉嫌酒驾被曾祥富查处。郑某态度很嚣张，还恐吓他。曾祥富没有畏惧，他坚持原则，教育郑某30多分钟，最终让郑某心甘情愿接受处罚。2020年3月，一名中学生无证驾驶无牌两轮摩托车，在路口被曾祥富查获。曾祥富耐心地对他进行了半个小时的交通法规教育。这名学生接受教育后，表示愿意接受处罚。

36年来，曾祥富先后纠正和处罚交通违法行为12万余起，行政执法6000余起，始终保持着"零投诉"纪录；先后收到受助群众送来的锦旗300多面；开设交通安全"微课堂"，为全市56万名中小学生、15万余个幼儿园小朋友送去平安。

口哨会"说话"，传递关爱与温暖

曾祥富的口哨会说话，不同的声音表示不同的信号和意义，更传递出关爱与温暖。

"哔哔，哔哔哔——"上班早高峰，急促的口哨声指引着车辆有序而行。

"我在这路口附近工作，每天早晚，曾哥一看到我，就放缓口哨声，拉着我的双手，护送我过马路。"盲人邹元华说，他已习惯了曾祥富的哨声、脚步。

2019年端午节，常德河街路口变得十分拥挤。曾祥富在这个路口，吹着口哨指挥交通。忽然，一辆出租车停在路口，车里的男子朝他大喊："老人中风了，麻烦帮我们引路！"曾祥富赶紧跑过去，朝车内一看，一位老人处于昏迷状态。他立马驾驶警车开道，辟出一条生命通道。到了医院，曾祥富又帮忙将老人抬下车，直到老人被送进抢救室才离开。第二天下班后，他还专程去医院看望老人，得知老人脱离危险，他才放心。

曾祥富时刻以群众的利益为先，因而赢得了市民的爱戴。大热天，一名踩着三轮车的送货员买来矿泉水，放在曾祥富身边，向他敬礼；暴雨天，一名公交车司机见在路口执勤的曾祥富被淋湿，递过来一把雨伞；一名被曾祥富帮扶过的学生，委托她的姑姑到芷兰路口送给他一面锦旗……

36个春秋过去，小曾成了老曾。岁月流逝，曾祥富爱岗敬业、服务人民的心从未改变。他说，他和马路的情缘还将继续下去。

（作者：周帙恒　唐芳　姜鸿丽）

谢运良：一颗诚心聚大爱

人物档案

谢运良，1963年8月生，湖南宜章人。湖南省残疾人协会副会长，宜章县好人协会会长。宜章吉兴纸业有限公司、湖南百捷利包装印刷有限公司董事长。20多年来热心助残，成为远近闻名的公益人士。获得全国诚信之星、全国最美志愿者、全国助残先进个人、中国好人、湖南省劳动模范等荣誉称号。

在素有"好人之城"的宜章，处处涌动着凡人善举，谢运良就是其中的典型代表。他的企业刚刚成立时，就招收残疾员工，企业发展壮大后，他愈加热心助残、奉献社会。新时代脱贫攻坚战打响时，他毅然承担起全县1382名贫困残疾人的帮扶任务，让最难脱贫的群体脱贫致富，让"好人之城"宜章更加温暖动人。

谢运良在工厂指导

回乡创业，用心助残

不到 18 岁，家境贫困的谢运良就只身远赴外地打拼。赚取了人生的"第一桶金"后，1998 年，35 岁的他回到了魂牵梦绕的故乡——宜章县笆篱镇，创办了吉兴纸业有限公司（以下简称"吉兴纸业"）。

一次，他走进堂叔谢志强开办的残疾人培训学校，堂叔无意中的一句话，让他迈出了助残的第一步。"如果企业做好了，能为残疾人做点事吗？"谢运良当场一口应承。

谢运良的企业逐步扩大生产、提高产能。2014 年，他又投资建设了湖南百捷利包装印刷公司。如今，企业固定资产达到 4500 余万元，年产值逾 1.5 亿元，特种黑卡纸产量在全国排名前四，出口日本、韩国、土耳其等国家和地区。

公司发展了，谢运良当初的承诺也兑现了。从一开始招收6名残疾员工，到现在累计吸纳800余名残疾人就业，目前企业在岗残疾员工有100多名，占员工总数一半以上，谢运良的企业成为全省安排残疾人就业最多的私营企业。谢运良全力推行"残健平等，同工同酬"，还给予残疾员工更多优待和关照，让他们感受到自己"不是累赘，而是宝贝"。

残疾人上班不方便，谢运良根据各人的实际情况一一给他们安排最合适的工作。他还乐当"红娘"，给单身残疾员工创造婚恋条件，如今已促成多对残疾人成婚。谢建友、周满玉夫妇就是其中一对。

"在这里，我有了家的温暖，感受到了做人的尊严。"谢建友一只手残疾，他在磨浆的岗位上干了多年，妻子周满玉是聋哑人。如今他们已有两个孩子，一家人过得幸福和美。

以一人之力帮助 3700 多户残疾贫困家庭

宜章曾是罗霄山集中连片特困地区，也是湖南省脱贫攻坚重点县。2017年，谢运良向宜章县委、县政府主动请缨，承担起3700多户残疾贫困家庭的帮扶任务。一个私营企业主竟然有如此的社会责任感和爱心，让人为之动容！

一诺千金！谢运良开始实施他的"三个一"扶贫行动——

一是投入1200万元建起一条专门的残疾人生产线，安排残疾人就业，并拿出49%的股权由残疾人投股，让他们成为企业的主人。残疾员工傅相日贷款5万元投资吉兴纸业，每月除了有2000多元工资，一年还可以分到5000元红利。谢运良的公司积极探索小额信贷、就业、工资转股权及社会扶贫等四种帮扶模式，像傅相日这样享受贷款投资分红的残疾人，达到了3720人（一户接纳一人入股）。

二是投入100万元建起一所"残疾人之家"，丰富残疾员工的业余文化生活。

三是投资400万元兴建一个残疾人技能培训基地，每年免费为300名残疾人进行文化和技能知识培训，让他们从"一技脱贫"到"一技致富"，不断巩固拓展脱贫攻坚成果。截至目前，残疾人技能培训基地培训残疾人1300多人次。

经过技能培训，腿部残疾的陈英杰被安排进吉兴纸业生产车间。陈英杰对这份工作特别珍惜："活儿轻松，每月工资有2000多元，凭自己双手脱了贫，感到很骄傲。"

2020年底，全县3700户残疾贫困户在吉兴纸业享受到分红，如期实现脱贫。

不忘初心，传递爱心

2016年12月，宜章县好人协会正式成立。这是全国首个以"好人"命名的非营利性社会公益团体，谢运良当选为会长。

如何走好公益路？谢运良又有了新的打算。宜章县好人协会队伍日益发展壮大，成员有道德模范、劳动模范、先进典型人物、爱心企业家、社会贤达等。目前，宜章县好人协会已建立行业分会、乡镇分会、村级工作站。在谢运良的带领下，宜章县好人协会近年来募集款物达2000多万元，救助困难群众3万多人次。

近年来，谢运良在扶残助学、架桥修路、兴修水利等方面，个人捐资800多万元。

得知被保送宜章县一中的邓佳军因家境困难面临辍学，谢运良当即资助其 1 万元学费。2019 年，邓佳军考入大学，从此改变命运。

宜章杨梅山镇李家塘村村民欧继雄因孩子发生车祸而致贫，谢运良主动找到欧继雄，安排他学习养鸡技术，还免费送鸡苗、饲料给他，让他当年就有了稳定的收入。如今，早已摘掉穷帽的欧继雄也加入了好人协会，积极回报社会。

2022 年 6 月，宜章县人民医院门口的"捷利桥"建成了。这座人行天桥由谢运良出资 300 余万元捐建，建成后大大方便了群众出行。这不是谢运良第一次捐资修桥。2021 年底，谢运良出资 328 万元在宜章县思源实验学校门口捐建的人行天桥"吉兴桥"落成，昔日的交通"肠梗阻"，变成了让学生安全畅行的"放心路"。

"在为人民为社会奉献的路上，我将坚守自己当初的承诺，把爱心一直传递下去，让好人之城更加温暖！"谢运良笃定地说。

（作者：沙兆华）

刘真茂：大山卫士

人物档案

刘真茂，1947年4月生，湖南宜章人。1978年退伍转业到宜章县里田乡政府工作，1980年调任长策乡（后与瑶岗仙镇合并为瑶岗仙镇）武装部部长，1983年兼任乡护林办主任，2006年退休后仍义务护林。20世纪80年代开始，刘真茂数十年如一日守护狮子口大山，巡山总里程达40余万公里，被群众称为"大山卫士"。被评为全国创先争优优秀共产党员、全国道德模范。

湘粤赣3省交界处狮子口大山，拥有原始森林35万亩、草山7万亩，动植物资源十分丰富，被誉为"生命的绿洲"。一个个山头林木茂盛、郁郁葱葱，山涧流水潺潺、清澈见底。这与一个护林员的艰苦奋斗和无私奉献分不开。这位护林员就是宜章县瑶岗仙镇退休干部、老党员刘真茂。

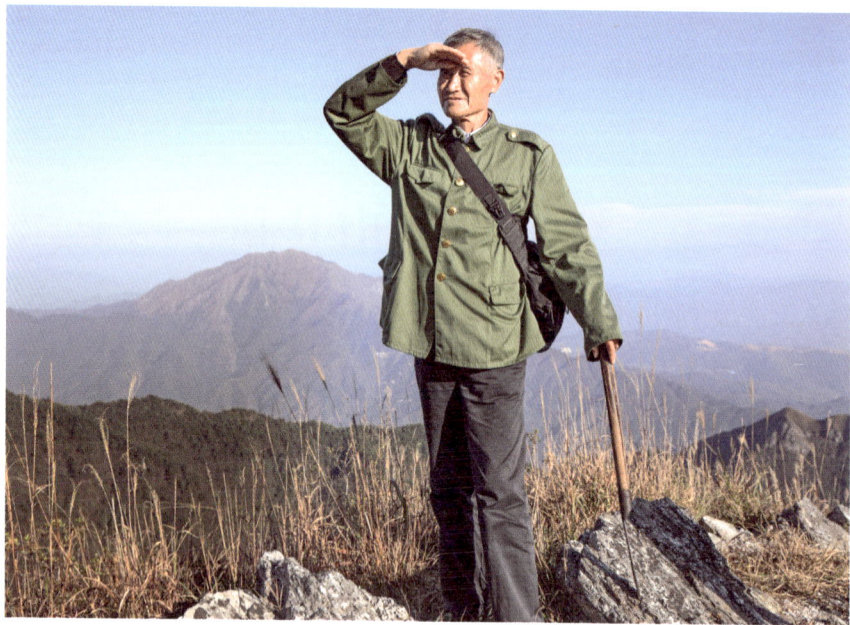

刘真茂在巡山护林

拿出家里全部积蓄建瞭望所

刘真茂上山的缘由还得从头说起。

1983 年，担任宜章县长策乡武装部部长的刘真茂，看到一片片被滥砍的树木，接触到一件件非法捕猎的案子，心如刀绞。

"再也不能这样下去了，不然狮子口大山的森林会毁在我们这一代人手里！"刘真茂主动请缨，兼任乡护林办主任，带领民兵护林队开进大山。

为保持护林队伍稳定，县武装部、乡党委提议护林队开展"以劳养武"活动。刘真茂带领大家，因地制宜养殖黑山羊，3 年时间发展到 300 多头。可是一场传染病致黑山羊纷纷倒毙，血本无归。

"以劳养武"搞不下去，护林队员一个个与刘真茂告别。

"大家都走了，狮子口大山怎么办？"刘真茂心一沉：共产党员守土有责，再艰苦也要坚持下去！

从此，刘真茂开始了一个人的护林生活。

山里气候变幻无常，虫蛇多，工作、生活艰苦可想而知。山地面积大，一个人看护很难。他前后5次搬迁居住地，一步步往森林深处搬。1993年，刘真茂不顾家人反对，拿出家里全部积蓄3.6万元，在海拔1500多米的朝阳仙山坳上，建起一座石头房子，用作狮子口大山防火护林瞭望所。

在深山，居住不容易。刘真茂先是挖野菜，后来开荒种蔬菜，养鸡、羊、猪、马，不但实现自给，还可招待来客。饮水也是问题。刘真茂多方寻找，终于在一个山窝里找到一泓清泉，他用管子把泉水引到瞭望所。

巡山总里程达 40 余万公里

伫立山顶，只见以瞭望所为中心，有6条山路弯弯曲曲，向四周延伸，总里程达100多公里。至今，这儿不通车，运输物资靠人背马驮。

山上灌木丛生，以前根本没有路，如今的路是刘真茂用柴刀一刀刀砍出来的，用锄头一锄锄挖出来的。

刘真茂早上出门巡山，往往天黑时才返回瞭望所，饿了啃一口红薯，渴了喝一口山泉。

山里的天气说变就变，刘真茂经常被雨淋湿。冬天下雪，山高路滑，他把绳索套在树干上，一步步攀上去。衣服被汗水浸湿，又被山风吹干，手脚旧伤未愈又添新伤。

山中野兽、毒蛇出没，还有偷猎者安放的捕兽夹。刘真茂用柴刀防身，小心翼翼地向前挪。

"那些捕兽夹不排除，野生动物碰到非死即伤。"刘真茂说，有时他和护林队一天清除捕兽夹、铁笼子10多个。

刘真茂说，选择了大山，就是选择了寂寞。瞭望所离最近的村庄有两三个小时的路程，很长一段时间这里没电，更没有网络。很多时候，刘真茂连个说话的人都没有。每到晚上，四周一片漆黑、阴森，陪伴他的只有微弱的煤油灯光和一台很旧、很小的半导体收音机。

从1983年以来，刘真茂有30个春节是在山上度过的。他平均每天跋山涉水30多公里。有人粗略计算了一下，他巡山的总里程有40余万公里，可绕地球10圈。

与偷伐偷猎者斗智斗勇

在忍受艰辛与寂寞的同时，刘真茂还得与偷伐偷猎者斗智斗勇。

一次，瞭望所突然来了10多个陌生人，带着8条凶狠的猎狗，准备到山上射杀水鹿。

"老乡，水鹿是国家保护动物，不能打。"刘真茂严厉阻止。

但他们并不理会，还撂下话："你不要多管闲事，否则没有你好果子吃！"

刘真茂想，对方人多，直接与他们发生冲突不是办法。于是，他改变策略，先好心招待，待他们吃过晚饭睡下后，他带着他的好帮手——一条大黄狗，上山给水鹿"报信"。

10多个人在山里转悠了好几天，连水鹿的影子都没看见，失望地下山了。

1988 年冬天，有一个村民偷砍了一些小松树，堆在后院。刘真茂上门调查，那人百般抵赖，刘真茂严词痛斥。对方恼羞成怒，挥着柴刀冲上来。刘真茂没有退却，挺身向前。

眼看柴刀就要落在肩膀上时，刘真茂大喝一声："来呀！我把坟地都看好了，死了就埋在山上！"

对方被这声怒喝镇住，将刀扔在地上："刘部长，真服了你，以后我再也不砍树了。"

刘真茂上山之初就立下誓言：只要还有一口气，就要与偷伐偷猎者斗到底。

39 年来，刘真茂遇到的各种危险、矛盾和冲突不知有多少，但他从不畏惧、退缩。

令人高兴的是，在刘真茂感召下，附近村民黄庚仁等先后加入护林队。2011 年，刘真茂牵头再次成立护林队，如今护林队已有 8 名成员。

为进一步加强护林队伍建设，2019 年，狮子口生态保护协会党支部正式成立，刘真茂担任党支部书记。

"作为共产党员，守护狮子口大山是我们的责任，再苦再累也要把这个绿洲守护好。"刘真茂说。

（作者：颜石敦　薛云松　刘从武）

谢永宏：踏遍洞庭情正浓

人物档案

谢永宏，1973年1月生，湖南永兴人。中国科学院亚热带农业生态过程重点研究室主任，湖南洞庭湖湖泊湿地生态系统国家野外科学观测研究站站长，享受国务院政府特殊津贴。

洞庭湖区原为江南古陆的一部分，古称"云梦泽"。在东洞庭湖核心区采桑湖，有一个人，为了保护洞庭湖湿地，在付出，在奔忙。这个人就是谢永宏，一位来自湖南永兴的汉子，"长江之肾"的呵护者。

谢永宏对洞庭湖了如指掌，因为他每天用脚丈量洞庭湖。他说："一定要牢牢记住一点。对洞庭湖下任何一个结论之前，都要实地考察，不要想当然。"

谢永宏在洞庭湖湿地采样

为摸清"家底"，3年跑遍了洞庭湖区

洞庭浩淼，唐代诗人孟浩然留下"气蒸云梦泽，波撼岳阳城"之恢宏诗句。诗情画意的洞庭湖，迎来送往的不仅仅是豪情万丈的诗人，守望千年的也不仅仅是渔歌唱晚的渔民。

初春时节，站在采桑湖大堤上，环顾四周，小湖星罗棋布，碧绿色的草地镶嵌其中。谢永宏说："这就是最典型的湿地。那些是薹草。现在，成群的候鸟飞走了。涨水的时候，这里又是一片水面。"

2007年开始筹建中国科学院洞庭湖湿地生态系统观测研究站（以下简称"洞庭湖站"）。为摸清"家底"，他花了3年时间，带队跑遍了洞庭湖，沿洞庭湖设置19条样带，针对荻、薹草、藜草、辣蓼

4 种群落的植被组成和群落特征展开跟踪调查。早晨六七点钟出去，晚上六七点钟回来。

2009 年 10 月的一天，到岳阳县麻塘镇春风村采样。谢永宏从堤坝走到退水后的洲滩中，完全失去了方向感，GPS 定位系统也找不到 2008 年布设的样方所在地。直到中午，才将取样点找出来，随身带的水喝完了，取完土壤样品走出洲滩已是晚上 9 点钟。

这些年，谢永宏平均每天步行 20 公里，为研究洞庭湖湿地积累了大量的基础数据资料，为洞庭湖站建设和发展提供了切实可行的思路和方案。其实，谢永宏走遍的不仅仅是洞庭湖。从东北的三江平原、西部的若尔盖湿地、北部的白洋淀到长江流域的鄱阳湖、太湖、洪湖，他的足迹遍布全国主要湿地区。

鸟类像哨兵，是人类健康与地球生态的指示器

"两个黄鹂鸣翠柳，一行白鹭上青天。"

鸟类与人类的生活密切相关。谢永宏说："鸟很聪明。它让我们知道自然界中在发生什么。鸟类像哨兵，是人类健康与地球生态的指示器。不同的鸟类，有不同的食物，我们要想办法保护和提供这些食物。"

洞庭湖滨一条长长的水沟边，谢永宏指着一排树说："这叫构树。白鹭、牛背鹭、夜莺，就栖息在上面。"虽已过了候鸟期，但还能看见构树上的鸟巢。

在洞庭湖的越冬候鸟中，小白额雁当属最具代表性的物种。每年 9 至 10 月，小白额雁从西伯利亚等地往南迁徙，主要以绿色植物的茎叶和种子为食，洲滩植被、湖中水草、农作物、嫩芽等都是小白额

雁的取食对象。

小天鹅以水生植物的根茎和种子等为食，兼食少量水生昆虫、蠕虫、螺类和小鱼。

东方白鹳主要以鱼为食，也吃蛙、蛇、蜗牛、昆虫等。

牛背鹭是洞庭湖典型的夏候鸟。每年四五月份，从南方迁到洞庭湖，筑巢安家，繁殖后代。通常，鹭鸟以鱼、虾为主食，牛背鹭是鹭鸟当中唯一不以食鱼为主而以昆虫作为主食的鸟，喜欢与水牛待在一起，捕食被水牛从草丛中惊起的昆虫，或者停在牛背上歇息，故名"牛背鹭"。

对鸟类的描绘，是美好的，但它们的生存现状是严峻的。因环境污染，栖息地被破坏，鸟类的食物被人类捕食，鸟类的生存正受到不同程度的威胁。

在大量调研的基础上，谢永宏团队率先披露洞庭湖湿地外来物种以及杨树入侵的生态学后果。2012年底，央视等20余家媒体跟进报道，国家环保局和国家林业局高度重视并组织专家组进行现场调研，促使各部门形成"洞庭湖湿地内不能种植杨树"的共识。目前，西洞庭湖保护区核心区内的3万亩杨树已被砍伐，生态逐渐得以恢复。

谢永宏说："在洞庭湖大面积人工种植杨树，将极大降低候鸟栖息地的质量。"

15亩控制试验场，是洞庭湖站的"后花园"

洞庭湖站除了综合楼，还有2平方公里的大型野外观测场、15亩控制试验场、4.5亩哺乳动物试验场、核心区地下水观测井、标准气象场等。谢永宏把综合楼后面的控制试验场视为"后花园"。里面有几个区，包括生态恢复水生植物资源区、科学控制实验区、湿地循环农业示范区等。"后花园"里还种了菜，养了牛，养了鱼。

谢永宏说，洞庭湖站要关注湿地生态功能，还要关注湿地生态农业，以便为洞庭湖生态经济区建设提供有力的科技支撑。

这些年，他为环洞庭湖地区主持完成和制定一系列规划及实施方案。比如，岳阳国家农业科技园区规划及实施方案，常德市西洞庭省级现代农业科技园和益阳市桃江县省级现代农业产业园的规划及实施方案等。

谢永宏常提到"大树理论"。他说："如果把成功比作一棵大树，洞庭湖站就是在中国湿地生态这片土地上播下的一颗坚强的种子。这颗种子，经过 10 年的培育，长出了一棵颇有生命力的幼树。要成为一棵大树，还需要很长的时间。在成长过程中，它要适应外部环境的变化，还要坚守自己的精神领地。坚韧不拔，敢于担当。"

科研是枯燥的，谢永宏却觉得有滋有味。他说："原因很简单：用情。"这正呼应了诗人艾青的名句："为什么我的眼里常含泪水？因为我对这土地爱得深沉……"

（作者：陈惠芳）

后 记

2021 年 7 月 1 日，在庆祝中国共产党成立 100 周年大会上，习近平总书记庄严宣告，经过全党全国各族人民持续奋斗，我们实现了第一个百年奋斗目标，在中华大地上全面建成了小康社会。

三湘儿女在全面建成小康社会这场气势恢宏的接续奋斗中，不忘初心、牢记使命，前赴后继、砥砺奋进，以"用我一湘壮山河"的英雄气概，以"敢教日月换新天"的奋斗精神，创造了无愧于党、无愧于人民、无愧于时代的辉煌业绩，在三湘四水书写了翻天覆地的新"山乡巨变"。

时代造就英雄，英模灿若星辰，闪亮湖湘大地。我们有毛岸英、罗盛教、欧阳海、雷锋等耳熟能详的英雄楷模；有"共和国勋章"获得者、"杂交水稻之父"袁隆平，"七一勋章"获得者、"大国工匠"艾爱国等功勋人物；有全国脱贫攻坚楷模十八洞村以及黄诗燕、蒙汉等脱贫攻坚典范；有郑培民、姜开斌、余元君等最美奋斗者及时代楷模……他们的先进事迹震撼心灵，唱响了一曲曲嘹亮的奋斗者之歌。

本书收录自新中国成立以来，特别是党的十八大以来，湖南在建设小康社会进程中涌现出来的先进典型人物，共 100 位（含群体），包括"共和国勋章"获得者、"七一勋章"获得者、"双百"人物、时代楷模、全国优秀共产党员、全国劳动模范、全国先进工作者等全国性重要荣誉获得者，也包括湖南涌现出来的为全面建成小康社会作出重要贡献的改革先锋、脱贫攻坚先进个人、最美奋斗者、最美扶贫人物等，还有引领道德精神风尚的全国道德模范、感动中国人物、中国好人等，涵盖经济、政治、文化、社会和生态文明建设等领域的先进典型人物。全书分时期、分领域、按重要荣誉排序。

本书在中共湖南省委宣传部统筹指导下，由湖南日报社组织编写。湖南日报社党组书记、社长姜协军，党组副书记、总编辑邹继红负总责，对书稿进行审核把关；王志红、颜斌、夏似飞、沈德良、吴文海等副总编辑把关审阅；湖南日报社编委会成立写作专班，由金中基统筹，邓梅辉、刘建光、周卫国、李志林、李军、苏原平、刘银艳等参加编写工作。

本书出版前得到湖南省发改委、湖南省教育厅、湖南省工信厅、湖南省民政厅、湖南省生态环境厅、湖南省交通运输厅、湖南省农业农村厅、湖南省商务厅、湖南省乡村振兴局、中共湖南省委党校、湖南省总工会、湖南省工商联、湖南省科协、湖南省文联等单位细致而专业的审读指导，还得到湖南人民出版社的大力支持，在此一并表示感谢！

书中所选先进典型人物年代跨越大、涵盖范围广，因此难免有疏漏之处，恳请读者批评指正。

本书编写组
2022 年 6 月

责任编辑：周　熠　贺正举　古湘渝

封面设计：石笑梦

版式设计：周方亚　谢俊平

图书在版编目（CIP）数据

全面建成小康社会湖南奋斗者/本书编写组编著.—长沙：湖南人民出版社，
　2022.10

（"纪录小康工程"地方丛书）

ISBN 978 - 7 - 5561 - 2925 - 6

Ⅰ.①全… Ⅱ.①本… Ⅲ.①小康建设 - 先进工作者 - 先进事迹 - 湖南

Ⅳ.① K820.864

中国版本图书馆 CIP 数据核字（2022）第 088001 号

全面建成小康社会湖南奋斗者

QUANMIAN JIANCHENG XIAOKANG SHEHUI HUNAN FENDOUZHE

本书编写组

湖南人民出版社 出版发行

（410005　长沙市开福区营盘东路 3 号）

湖南天闻新华印务有限公司印刷　新华书店经销

2022 年 10 月第 1 版　2022 年 10 月长沙第 1 次印刷

开本：710 毫米 × 1000 毫米 1/16　印张：32.25

字数：420 千字

ISBN 978 - 7 - 5561 - 2925 - 6　定价：115.00 元

邮购地址 410005　长沙市开福区营盘东路 3 号

湖南人民出版社销售中心　电话：（0731）82221529　82683301